Blandine Calais-Germain

La respiración

ANATOMÍA PARA EL MOVIMIENTO® - TOMO IV

El gesto respiratorio

Traducción supervisada por José Luis Marín

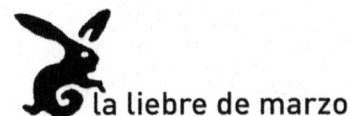

la liebre de marzo

Título
Respiration. Anatomie. Geste respiratore

Primera edición
Mayo 2006

Decimoquinta reimpresión
Agosto 2025

© 2005 Blandine Calais-Germain

© de las ilustraciones
Blandine Calais-Germain

© 2006 para la edición en castellano
La Liebre de Marzo, S.L.

Traducción
Mercè Prunés

Revisión científica
José Luis Marín Mateo
Fisioterapeuta. Profesor asociado de la Escuela Universitaria de Fisioterapia de Valencia

Diseño gráfico
Mauro Bianco

Diseño portada
Núria Sordé

Impresión y encuadernación
Service Point F.M.I., S.A.

Impreso en España

Depósito Legal
B-41952-2005

ISBN
978-84-87403-84-2

La Liebre de Marzo, S.L.
Apartado de Correos 2215 E-08080 Barcelona
Fax. 93 449 80 70
espejo@liebremarzo.com
www.liebremarzo.com

Prefacio

Hace más de diez años que se publicó en español la primera edición de *Anatomía para el movimiento*, de Blandine Calais Germain. Después, se han ido sucediendo las reediciones y han aparecido nuevos libros, constituyendo una inestimable fuente de conocimientos para todas las personas interesadas en el movimiento, tanto en la teoría como en la práctica de éste.

Su última obra, *La respiración*, tiene como objetivo estudiar la caja torácica, las vías respiratorias, las vísceras de la respiración, los músculos implicados, poniendo especial atención en el diafragma, y la fisiología de los volúmenes respiratorios. Aborda el análisis de los movimientos respiratorios en su aspecto anatómico, así como las fuerzas internas y externas que intervienen. Del mismo modo, observa los grandes tipos de movimientos y sus fases, permitiendo conocer unas treinta variantes de formas respiratorias.

Todo ello está magníficamente ilustrado con numerosos dibujos creados por la misma autora, que muestran su extraordinaria calidad pedagógica, al ser capaz de transmitir con gran sencillez todas las complejas sensaciones del movimiento, tal como hemos podido constatar en los cursos de postgrado para fisioterapeutas que ella imparte en la Universidad de Valencia.

En definitiva, estamos delante de una nueva obra muy interesante para la consulta permanente, y de gran utilidad en su vertiente de aplicaciones prácticas. Este libro debería encontrar un lugar en la biblioteca de todo estudiante o profesional interesado en el estudio de la cinética respiratoria y sus múltiples aplicaciones, que conciernen al campo de la Fisioterapia, la Rehabilitación, la Educación Física, la Psicología, el Deportes y las Artes Escénicas.

Manuel A. Valls Barberá
Profesor titular de Escuela Universitaria
Departamento de fisioterapia
Universidad de Valencia

Agradecimientos a

Jean-Bernard Arbeit,
Pau, Uriel, Mateu Bruguera,
Félix Castellanos,
Bernard Coignard,
Joséphine Contreras,
Anne-Marie Doe de Maindreville,
François Doe de Maindreville,
Catherine Feuillet,
Barbara Gaultier,
François Gibut,
Brigitte Hap,
Francis Jeser,
Christiane Mangiapani,
José Luis Marín Mateo,
Patricia Romero,
Frédéric Sauvage,
Michel Sanchez,
Núria Vives,
Sophie Zeffferey,

que me han ayudado posando para los dibujos, leyendo y corrigiendo los textos, y acompañándome a diario durante los momentos de escritura y dibujo.

Prólogo

Desde los inicios de mi trabajo como profesora de danza, empecé a observar, a estudiar la respiración, a utilizarla de manera estructurada. Ocupaba, en efecto, un lugar importante en la práctica y la enseñanza de la escuela donde yo trabajaba*, tanto por sus aportaciones a la fisiología como a la expresividad del movimiento.

Poco a poco, me fui dando cuenta de la variedad del gesto respiratorio en sí mismo, pero también del hecho de que este gesto existe como un contrapunto de otros movimientos del cuerpo: a veces, los dos movimientos se superponen; a veces, son muy independientes; a veces son, recíprocamente, uno la causa del otro...

Este itinerario se enriqueció con aportaciones científicas durante mis estudios de fisioterapia. Después, múltiples preguntas-respuestas de curso en curso, en particular en lo concerniente a las técnicas vocales. He podido constatar que la respiración es uno de los campos del trabajo corporal en el que circulan mayor cantidad de ideas falsas. Muchas personas piensan que es el pulmón el que abre las costillas cuando se hincha, que el diafragma sube cuando se coge aire, e incluso que arrastra las vísceras hacia arriba. Casi todo el mundo se imagina la inspiración como un movimiento ascendente...

Es también un dominio en el cual, de una técnica a otra, circulan muchas reglas estáticas, poco fundadas: aquí, es mejor inspirar que espirar...; allí, se dice exactamente lo contrario... Recientemente, escuché, durante una emisión televisiva, «cómo respirar bien, es decir, con el vientre y no con la caja torácica, porque así el aire circula más libremente»... En otra parte se piensa al contrario, que debemos desarrollar absolutamente la respiración costal..., etc.
De ámbito en ámbito, he descubierto que ninguna de estas respiraciones es nociva en sí misma, que ninguna es la única buena, sino que hay que saber elegirlas en el momento adecuado.

A partir de estas observaciones, deseo que este libro contribuya a una práctica más clara del gesto respiratorio. Que cada lector comprenda bien por qué, en un momento dado, espontáneamente respiramos de un modo determinado. Y por qué, al contrario, podemos escoger conscientemente un gesto respiratorio en una técnica concreta, para una finalidad o circunstancia determinadas.

---

* *Escuela Anne-Marie Debatte, estudio danza-creación (59700 - Marcq en Baroeul - metrópoli de Lila).*

Este libro propone dos tipos de informaciones

Leer y comprender
los movimientos de la respiración:

– Observar el *desarrollo* de estos movimientos con sus variantes, sin tener en cuenta sus causas en un primer momento.

– *Conocer las principales estructuras* implicadas en estos movimientos: es la parte anatómica.

– *Reconocer las fuerzas* que actúan para que el movimiento se realice de un modo u otro. Algunas son internas respecto al cuerpo, se estudian en la parte anatómica. Otras son externas al cuerpo, se estudian por separado.

Experimentar y practicar
los movimientos de la respiración
(páginas prácticas):

– Ejercicios de preparación corporal para algunas respiraciones.

– Práctica de las respiraciones más fácilmente localizables.

Sumario

Primeras observaciones del gesto respiratorio

Respiración interna y externa, pág. 15. Los movimientos respiratorios, pág. 18. Los dos grandes tipos, pág. 24. Los volúmenes respiratorios, pág. 25. Las velocidades respiratorias, pág. 32.

El esqueleto de la respiración

Caja torácica, pág. 37. Costillas, pág. 40. Cartílagos costales, pág. 42. Esternón, pág. 43. Columna vertebral, pág. 44. Articulaciones costovertebrales, pág. 47. Pelvis, pág. 50. Cintura escapular, pág. 52. Vértebras, pág. 54. Cráneo, pág. 55.

Las vísceras de la respiración

Pulmones, pág. 58. Alveolos, pág. 60. Pleura, pág. 62. Árbol bronquial, pág. 64. Vías aéreas superiores, pág. 66. Nariz, pág. 72. Boca, pág. 74. ¿Respirar por la nariz o por la boca?, pág. 77.

Los músculos de la respiración

Diafragma, págs. 80-86. Inspiradores costales, págs. 87-95. Espiradores, pág. 96.

Las principales fuerzas que actúan en el gesto respiratorio

Músculos, pág. 108. Pulmones, pág. 110. Gravedad, pág. 112. Esqueleto, pág. 115.

Las fuerzas que intervienen en los diferentes volúmenes respiratorios

En el volumen corriente, pág. 118. En el VRI, pág. 120. En el VRE, pág. 122.

Las relaciones entre las estructuras anatómicas en la respiración

Los dos cajones, pág. 126. El diafragma y el pulmón, pág. 129. La caja torácica y el pulmón, pág. 129. Los frenos respiratorios oclusivos, pág. 130. Los frenos respiratorios retentivos, pág. 131.

Análisis de las principales respiraciones. Análisis de movimientos corrientes en los que intervienen los mismos actores que en la respiración

Inspiración diafragmática, pág. 134. Inspiraciones costales, pág. 141. Respiración paradójica, pág. 144. Espiración torácica, pág. 146. Espiración abdominal, pág. 148. Descompresión de las vísceras abdominales, pág. 150. Técnica de Valsalva, pág. 151. Suspiro, pág. 152. Hipo, tos, estornudo, voz, grito, risa, empuje expulsivo hacia abajo, pág. 154. Movimiento inspiratorio en la espiración, pág. 157.

Páginas prácticas

Preparación del cuerpo para la respiración: caja torácica, pág. 161. Epigastrio, pág. 172. Estiramiento del diafragma, pág. 173. Inspiraciones diafragmáticas, págs. 176-188. Inspiraciones costales, págs. 189-199. Espiraciones costales, pág. 200. Espiraciones abdominales, pág. 202. Práctica de los volúmenes respiratorios, pág. 204. Gran respiración completa, pág. 210. Gran encadenamiento de respiraciones posteriores, pág. 212. Respiración «del perrito», pág. 214. Con fuerzas invertidas, pág. 215.

Primeras observaciones
del gesto respiratorio

El gesto respiratorio: es el que hacemos para respirar... Bajo esta evidencia, se esconde un gesto furtivo, tan íntimamente unido a nuestra vida, que a menudo no lo reconocemos. Sobre todo porque se mezcla con otros: los que hacemos para andar, hablar, comer, etc...

Ritmos orgánicos de todo tipo recorren así nuestro cuerpo, sin saberlo normalmente: la digestión, la vigilia y el sueño, la circulación sanguínea y linfática... La respiración es uno de ellos. Sin embargo, a diferencia de los latidos del corazón, por ejemplo, ésta ocurre en las vísceras, pero implica también músculos, regiones del esqueleto, articulaciones. Es indisociable de todo ello. Y por eso, el gesto respiratorio es como *una interfaz* entre dos dominios: el visceral y el locomotor.* Además, puede estar regulado por los sistemas nerviosos propios de cada uno de ellos, aunque hay límites a esto.

Al igual que una «contraseña», el gesto respiratorio permite también *una interacción entre los dos sistemas.* Por una parte, la respiración es casi siempre inconsciente, automática. Influye en nuestras acciones, en nuestras emociones, así como también está influenciada por ellas. Pero es al mismo tiempo un acto sobre el cual podemos intervenir ampliamente, de manera consciente y voluntaria, variándolo de múltiples formas, con repercusiones a muchos niveles.

En esta primera parte, lo que se propone al lector es observar primero el *desarrollo* del gesto respiratorio, con sus tiempos, sus localizaciones corporales, sus volúmenes, sus velocidades.

En primer lugar, debemos distinguir diferentes sentidos que se dan a la palabra «*respiración*».

---

* «Interfaz», término del ámbito de la Informática: «Conexión física y funcional entre dos aparatos o sistemas independientes» (Dicc. de la Real Academia). –Nota del corrector.–

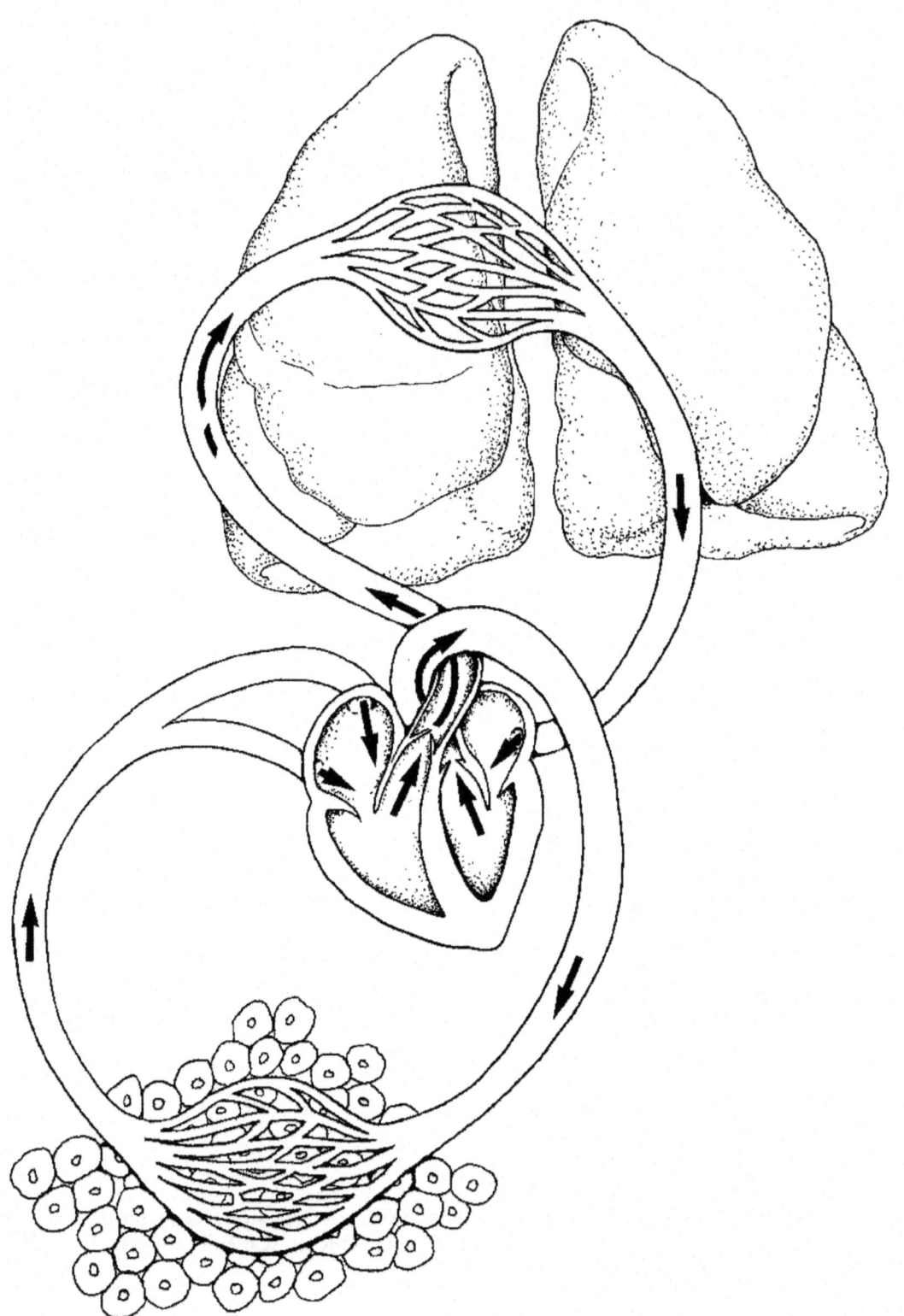

Respiración interna
respiración externa

El gesto respiratorio tiene una primera finalidad,
que es también una finalidad permanente: **la hematosis.**

En los tejidos del cuerpo, las células, para su funcionamiento, tienen necesidad de *oxígeno*, que es aportado por la sangre arterial (desde los pulmones y el corazón).

Este mismo funcionamiento produce un desecho, el *gas carbónico* (dióxido de carbono), que es transportado por la sangre venosa (hacia el corazón y los pulmones).
Este doble fenómeno se denomina respiración interna. Se produce en los tejidos y las células.

Para que esto sea posible,
en el interior de los pulmones se realiza *la hematosis*,
es decir, la transformación de la sangre venosa en sangre arterial.
Ésta también se hace por el intercambio de oxígeno y de gas carbónico:
 – Desde el exterior, el aire entra en los pulmones, rico en oxígeno.
 – Desde los tejidos, la sangre llega también a los pulmones, rica en gas carbónico.
Los gases se intercambian a través de las membranas alveolocapilares pulmonares (véase página 60).

Para ello, el aire entra desde el exterior del cuerpo hacia los pulmones y sale de ellos alrededor de 12 a 17 veces por minuto.
Este fenómeno se denomina respiración externa o ventilación. Se produce en los pulmones.

El objeto de este libro es el *gesto que permite esta respiración externa*,
con sus numerosas variantes, lo que podemos denominar también
gestos o movimientos de ventilación.

La coincidencia entre el gesto respiratorio y la respiración

El cuerpo no puede almacenar el oxígeno:
Por tanto, es necesario respirar sin cesar, día y noche.

Sin embargo, *el gesto respiratorio
no se corresponde siempre de una forma estricta
con las necesidades de oxígeno en el cuerpo.*

¿Por qué? Porque, con frecuencia,
*este gesto contribuye
al mismo tiempo a otras finalidades,
está relacionado con otras circunstancias.*

Por citar algunos ejemplos,
se puede realizar
un gesto respiratorio...

– para acompañar el impulso de un movimiento;
– para modificar emociones;
– para modificar el tono corporal,
   hacia la relajación
   o hacia la fuerte subida de tono;
      – para acompañar
         o modificar placer o dolor;
            – para sostener la voz
               hablada o cantada;
            – para movilizar las vísceras...;

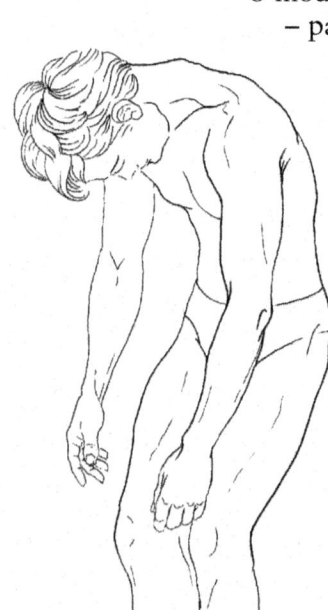

            – para abrir o cerrar
               más las costillas;

            – para acentuar o moderar
               una curvatura vertebral, etc...

         Muchos objetivos,
            que no están directamente
            relacionados con la oxigenación.

A veces, algunas de estas situaciones pueden, incluso, acumularse al mismo tiempo. Por ejemplo, se puede respirar a la vez para oxigenarse, para soplar en una flauta
y para marcar una línea musical...

*Así, con frecuencia existe un «desfase»,
más o menos consciente y voluntario,
entre las necesidades de la hematosis
y el gesto respiratorio.*

Inversamente,
se pueden practicar movimientos respiratorios
sin que haya paso de aire:
esto ocasiona combinaciones muy variadas de diferencias
de presión entre el tórax y el abdomen
(algunas de estas combinaciones se abordan en el capítulo 7).

Aprender a respirar...
¿«Aprender» los gestos de la respiración?

Oímos decir a veces: «No se aprende a respirar, siempre hemos respirado sin aprender». Así, en ciertas técnicas (incluidas algunas de las más desarrolladas), se opta a veces por la *abstención de toda consigna respiratoria durante el ejercicio*, basándose en que «solamente la respiración espontánea puede acordarse bien con el movimiento».
Al contrario, en otras técnicas (por ejemplo en el Yoga), *la respiración es objeto de un aprendizaje en sí mismo.*

Es cierto que la respiración de oxigenación es un movimiento automático, que no necesita aprendizaje. Se puede trabajar corporalmente de esta manera, para quedarse en un registro muy espontáneo de movimiento.

Pero podemos observar también que, *más allá de la necesidad inmediata de oxígeno*, hay una gran variedad de gestos respiratorios. Es un repertorio de una gran riqueza, y estos gestos no siempre son espontáneos. La mayoría de las grandes tradiciones de trabajo corporal han reparado en alguno de estos modos de respirar, que se convierten entonces en objeto de una transmisión aprendida.
Son estos gestos con sus variantes lo que este libro observa. No relacionados con una técnica particular, sino estudiados en sí mismos, y pudiéndose encontrar en todo tipo de situaciones.

Constataremos a lo largo de las páginas que, con frecuencia, podemos para ventilar la misma cantidad de aire de formas muy diferentes. Y que, recíprocamente, se puede utilizar una u otra respiración para finalidades muy diversas, aparte de la ventilación.

Respirar:
a simple vista, siempre es el mismo gesto...

La respiración espontánea parece repetirse sin cesar. En cambio, si miramos o escuchamos a alguien respirar... Si observamos o sentimos en nosotros mismos la respiración en diferentes situaciones..., podemos constatar fácilmente que el gesto respiratorio *cambia sin cesar*.

Se puede desarrollar en diferentes zonas del tronco: más bien en las costillas, más bien en el abdomen..., aunque el aire entre solamente en los pulmones. Puede tener repercusiones a distancia bien lejos del tronco.

Puede ser mínimo, casi imperceptible o, al contrario, tomar una importancia considerable en amplitud, en potencia...
Puede cambiar de velocidad y/o de ritmo.
Puede ser más o menos voluntario. El mismo gesto puede alternativamente ser activo o pasivo...
Puede ser más o menos silencioso o ruidoso...

Lo que tienen en común todas las respiraciones es la alternancia incesante de los movimientos de ida y vuelta que son la **inspiración** *y la* **espiración**, *ritmados por tiempos de pausa llamados* **apneas**.

Es por estos movimientos por donde va a empezar el estudio.

La inspiración
(llamada a veces «inspir» en esta obra)

Tomamos aire sin cesar, más o menos doce veces por minuto en la vida corriente...

La inspiración es el tiempo en el cual hacemos que el aire *llegue a los pulmones desde el exterior del cuerpo:* a veces se representará, en las figuras que ilustran este libro, con una flecha que indica el movimiento del aire hacia el interior del cuerpo.

Este tiempo siempre se va a manifestar con una *expansión de una parte del tronco:* abdomen, costillas...

Puede vivirse con *amplitudes* –volúmenes de aire– muy diferentes: se puede tomar más o menos aire (véanse páginas 25-29).

Se puede vivir también con *velocidades* muy variadas: se puede tomar aire más o menos deprisa, e incluso acelerando o enlenteciendo el movimiento.

Puede ser más o menos ruidoso, sonoro...

Es un tiempo que puede ser poco activo, en una respiración de reposo..., o muy activo, muy potente, por ejemplo en una gran inspiración...

En algunas respiraciones, también puede ser completamente pasivo (véanse págs. 113 y 117), lo que se buscará a menudo en las técnicas de relajación...

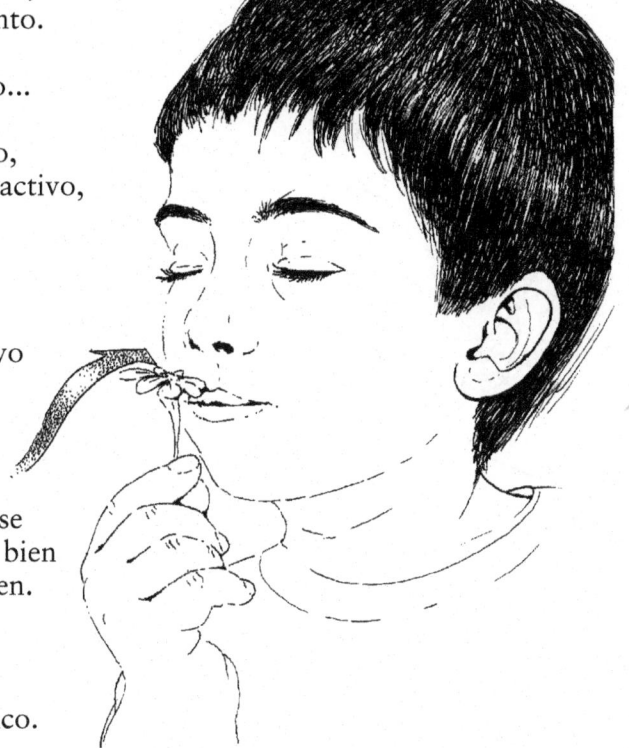

Este tiempo de inspiración puede hacerse con movimientos que predominan más bien en las costillas o más bien en el abdomen.

Igualmente, puede hacerse con movimientos que predominan en la parte anterior y posterior del tronco.

La espiración
(llamada a veces «espir» en esta obra)

La espiración es el tiempo durante el cual *devolvemos el aire desde los pulmones hacia el exterior del cuerpo:* se representará a menudo, en las figuras ilustradas en el libro, con una flecha que indica el movimiento del aire hacia el exterior del cuerpo.

Con frecuencia, se va a manifestar por un repliegue, un «*cierre*» de una parte del tronco: costillas, vientre, columna vertebral.

Igual que la inspiración, este acto puede vivirse con *amplitudes* –volúmenes de aire– muy diferentes: podemos vaciar más o menos el aire contenido en los pulmones (véanse páginas 26-28).

Se puede vivir también con *velocidades* muy variadas: podemos sacar el aire más o menos deprisa, e incluso acelerando o enlenteciendo el movimiento.

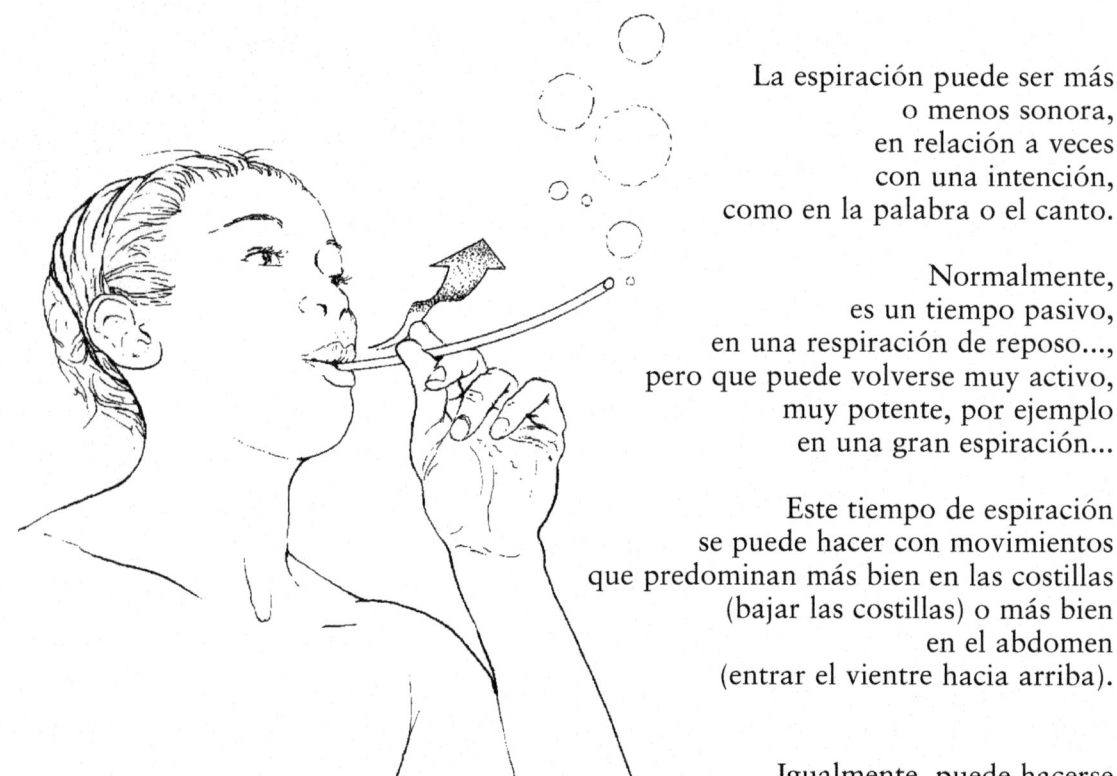

La espiración puede ser más
o menos sonora,
en relación a veces
con una intención,
como en la palabra o el canto.

Normalmente,
es un tiempo pasivo,
en una respiración de reposo...,
pero que puede volverse muy activo,
muy potente, por ejemplo
en una gran espiración...

Este tiempo de espiración
se puede hacer con movimientos
que predominan más bien en las costillas
(bajar las costillas) o más bien
en el abdomen
(entrar el vientre hacia arriba).

Igualmente, puede hacerse
con movimientos que predominan
en la parte anterior
o posterior del tronco.

La apnea

La apnea (del griego *a-pnein*; *a*: privativo, *pnein*: respirar) designa *todo momento de pausa del flujo respiratorio*.
Esta pausa puede producirse en cualquier instante de la respiración.
Es un tiempo que se manifiesta, normalmente, a nivel del tronco respiratorio, por una *suspensión del movimiento*.

En la respiración corriente, esta pausa se hace naturalmente, para pasar de un movimiento respiratorio al movimiento inverso:
– Después de la inspiración, un pequeño tiempo sin respiración precede la espiración.
– Después de la espiración, sigue un tiempo sin respiración, a menudo más largo, antes de volver a tomar aire.

En general, estas apneas fisiológicas tienen su duración *regulada de manera automática, en relación con las necesidades que tiene el organismo de oxígeno y de expulsión del gas carbónico*.

Pero se puede también *modificar la duración de la apnea, de manera consciente y voluntaria*: acortarla o alargarla (es, incluso, una vía de trabajo corporal muy actual).
Sin embargo, esto sólo es posible hasta cierto punto: por ejemplo, después de un cierto tiempo de apnea, si el cuerpo llega al límite de sus necesidades fisiológicas, la respiración se reanuda de manera automática.

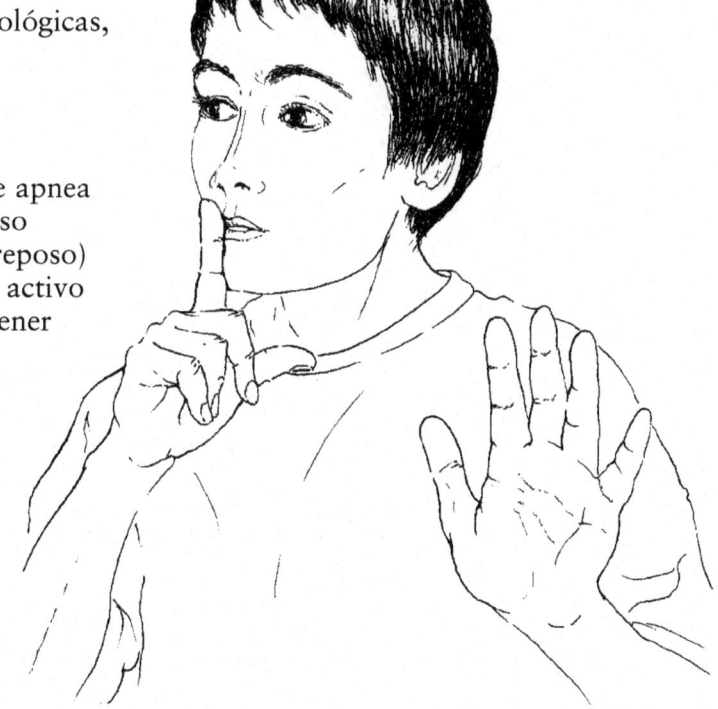

Según los casos, el momento de apnea puede ser un momento de reposo (después de una espiración de reposo) o, al contrario, un tiempo muy activo (por ejemplo, si se quiere mantener una apnea después de una gran inspiración).

Por último, hay que precisar que un tiempo de apnea puede desarrollarse en una respiración alta, costal, o baja, abdominal.

La respiración puede mover el tronco por todas partes...

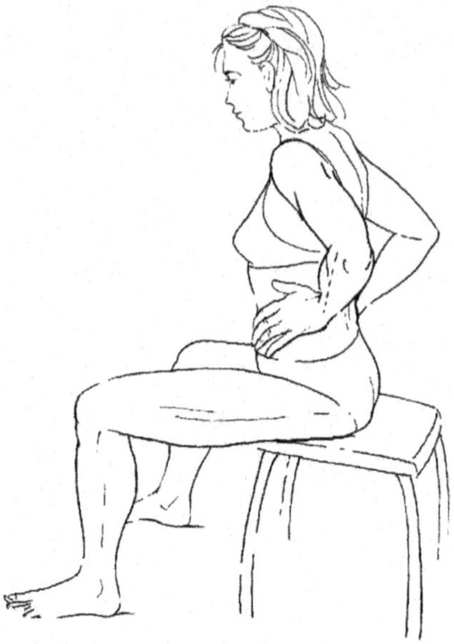

Ya sean costales o abdominales, los gestos respiratorios pueden repercutir en casi todas las regiones del tronco. De esta manera, se puede inspirar o espirar sintiendo que se desarrolla movimiento, por ejemplo:

– En las costillas, delante, pero también detrás; o a los lados, más o menos arriba en las costillas.

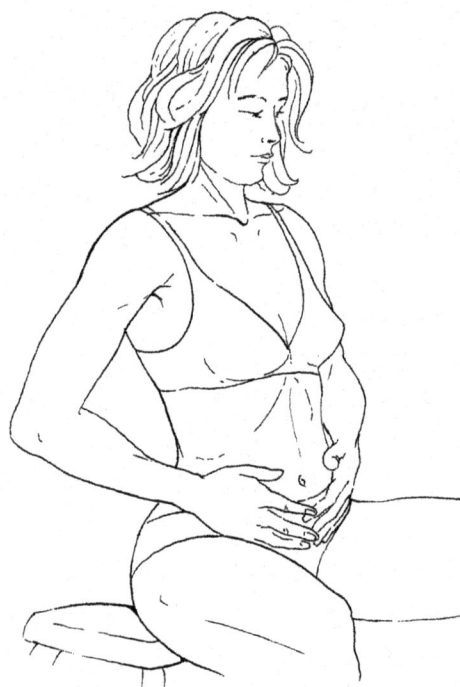

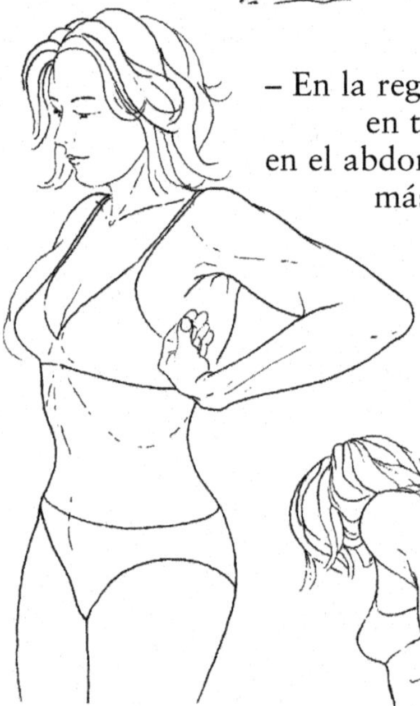

– En la región de la cintura, en todo su contorno; en el abdomen, por delante, más o menos arriba.

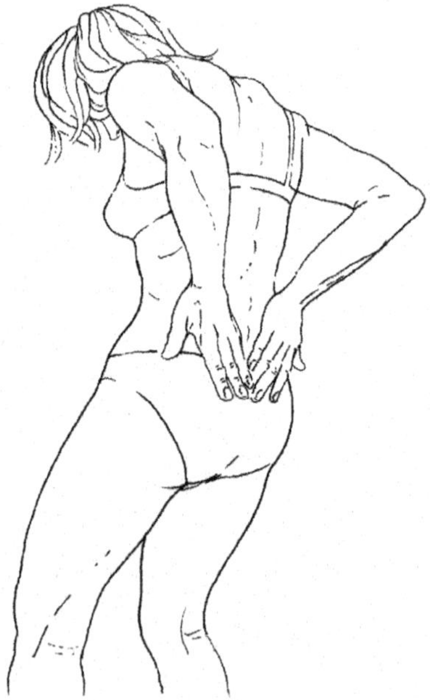

– Más abajo, en la región de la pelvis, por delante, por detrás, en la región del periné, etc...

Es así como se habla de respiración «en el vientre», «en las clavículas», «en la espalda»..., etc. Sin embargo, el aire inspirado no va hacia todas las regiones puestas en movimiento: incluso en una respiración intensa, *el aire nunca va más allá de los pulmones*, los cuáles no ocupan más que una pequeña parte de la caja torácica.

... pero el aire sólo va a los pulmones

En cambio, es cierto que algunas respiraciones
ventilan de manera privilegiada
ciertas regiones de los pulmones.

Por ejemplo, una respiración muy alta,
que moviliza las primeras costillas,
lleva el aire más bien a la cima
de los pulmones.

> Oímos decir:
> «respirar en el cuello».

Una respiración abdominal
lleva el aire, al contrario,
más bien a la base de los pulmones.

> Oímos decir a menudo:
> «hinchar el vientre».

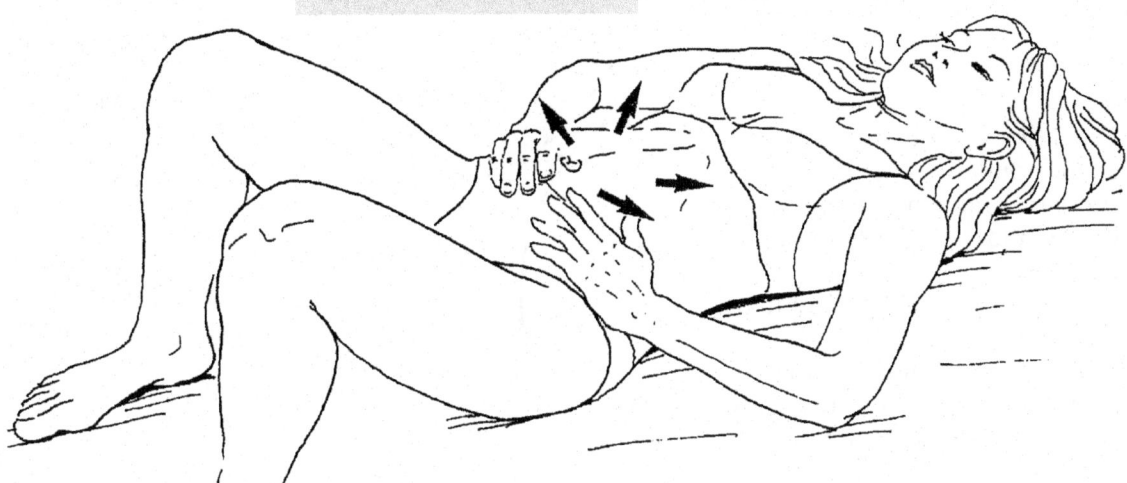

Pero aquí, igualmente, el aire nunca va fuera de los pulmones.

Es, pues, importante no confundir
las zonas del tronco donde se produce el gesto
   – a causa de la respiración,
   – o para favorecer ciertas respiraciones,
con las zonas por donde pasa el flujo de aire respiratorio,
que son siempre los pulmones.

Hay dos grandes tipos de gestos respiratorios

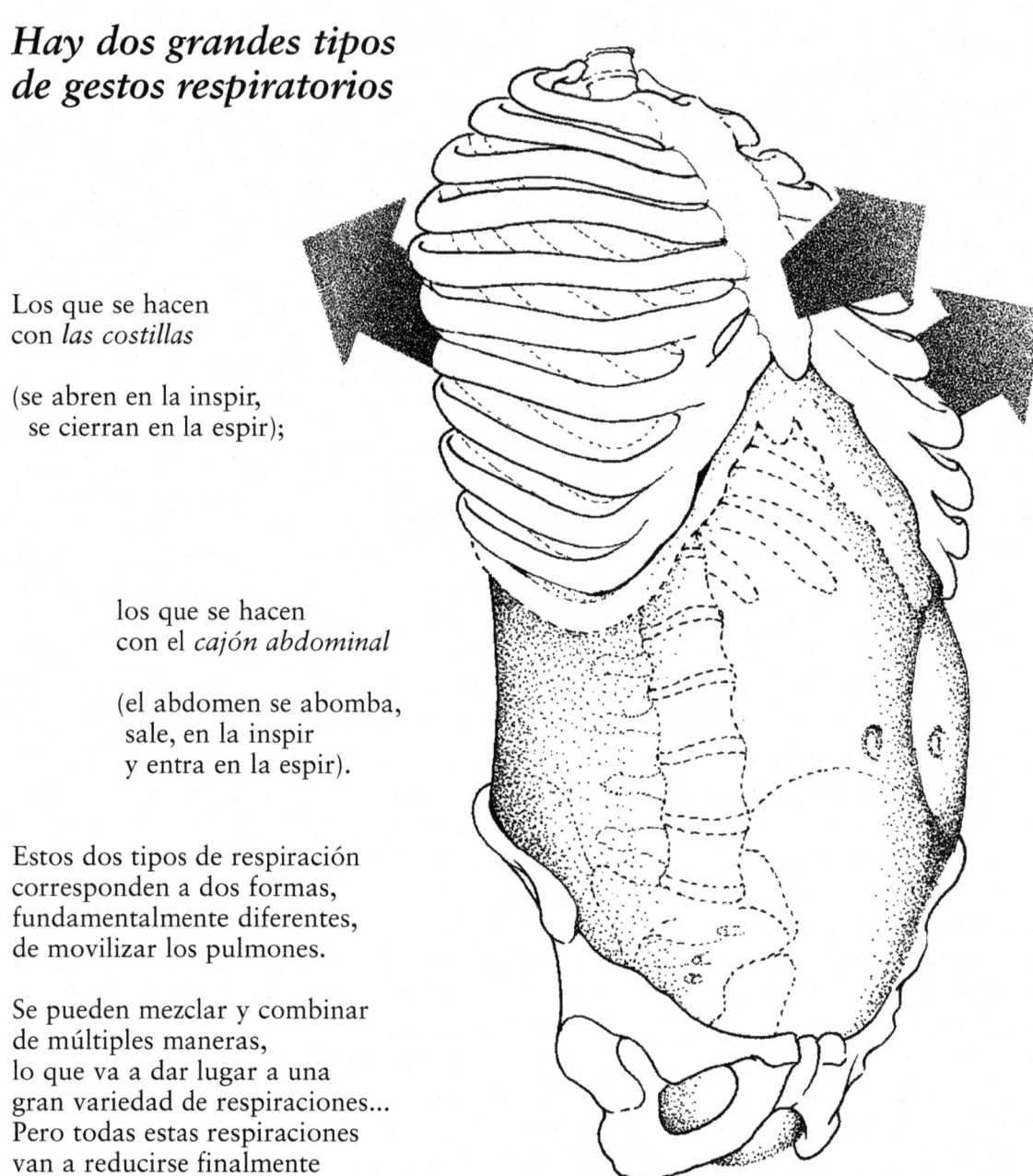

Los que se hacen
con *las costillas*

(se abren en la inspir,
 se cierran en la espir);

    los que se hacen
    con el *cajón abdominal*

    (el abdomen se abomba,
     sale, en la inspir
     y entra en la espir).

Estos dos tipos de respiración
corresponden a dos formas,
fundamentalmente diferentes,
de movilizar los pulmones.

Se pueden mezclar y combinar
de múltiples maneras,
lo que va a dar lugar a una
gran variedad de respiraciones...
Pero todas estas respiraciones
van a reducirse finalmente
a uno u otro de estos dos grandes tipos,
lo que aparecerá progresivamente a lo largo de este estudio.

Contrariamente a lo que se enseña a veces,
ninguna de estas respiraciones es «la buena» o «la mala»:
son apropiadas simplemente para circunstancias diferentes, para finalidades diferentes.
Es, por ello, importante practicar respiraciones muy variadas, sobre todo si uno se da cuenta
de que tiene tendencia a respirar con un solo tipo de movimiento.

Los volúmenes respiratorios

Tanto en la inspiración como en la espiración, el gesto respiratorio puede tener *diversas amplitudes*. Esto ha permitido describir diferentes *volúmenes respiratorios*.

En la práctica, el volumen de aire no es nunca el mismo de una vez a otra: esto demuestra la variedad de la actividad y, por consiguiente, de las necesidades de oxígeno. El volumen más regular es durante el sueño. Pero, al margen de esta observación, podemos identificar varios volúmenes característicos.

Es importante comprender muy claramente lo que son estos volúmenes en su descripción, pero también reconocerlos en la propia práctica corporal. ¿Por qué? Porque la *mecánica de la respiración es muy distinta entre cada uno de ellos, y, por tanto, en cada uno de estos volúmenes suceden efectos diferentes*. Ahora bien, a menudo, en la acción, encadenamos o combinamos volúmenes unos detrás de otros, a veces en una misma respiración, pero sin darnos cuenta: esto lleva a confusiones en la interpretación de lo que ocurre verdaderamente.

Es, pues, aconsejable comprender bien y retener muy claramente lo *que son estos volúmenes*, primero en una descripción aislada, después a lo largo de encadenamientos de respiraciones.

Más tarde, habrá que comprender *cuáles son las fuerzas que intervienen en cada uno de ellos*. Esto se abordará en las páginas 117-123.

En fin, hay que *llegar a comprender todos estos datos conjuntamente, al mismo tiempo que ejecutamos un movimiento respiratorio*. Esto será fundamental para adaptar en tiempo real una respiración a un movimiento, a una finalidad dada, o a la inversa. Es por esto que, a lo largo de este libro, se hará referencia permanentemente a estas nociones de volúmenes.

El volumen corriente:
la respiración «habitual»

Cuando estamos en reposo o con pequeña actividad física (la lectura, por ejemplo), practicamos una respiración de *pequeña amplitud*.
Es la respiración que hacemos más frecuentemente.
Moviliza un volumen de aire de alrededor de medio litro en cada ciclo. Más o menos, según el tamaño de la persona (mucho más en un hombre de gran estatura, mucho menos en un niño).

Este volumen corriente puede variar un poco en la práctica, según las circunstancias: durante una relajación profunda o durante el sueño está en su mínimo. Durante una actividad muy moderada, como puede ser una pequeña marcha a ritmo relajado, se moviliza ya un poco más de aire. Pero seguimos siempre en el volumen corriente. Veremos (páginas 118 y 119) que lo que caracteriza este volumen son las fuerzas que intervienen en él.

En este volumen de respiración «corriente» se pueden practicar
tanto inspiraciones como espiraciones.
Se puede también, en cualquier momento de este volumen,
parar el movimiento respiratorio y quedarse en apnea,
tanto en la inspir como en la espir.

En la práctica, la mayoría de las veces,
el volumen corriente no es una
respiración consciente ni voluntaria:
es un movimiento automático,
que se regula permanentemente
según las necesidades
de oxígeno en el cuerpo.

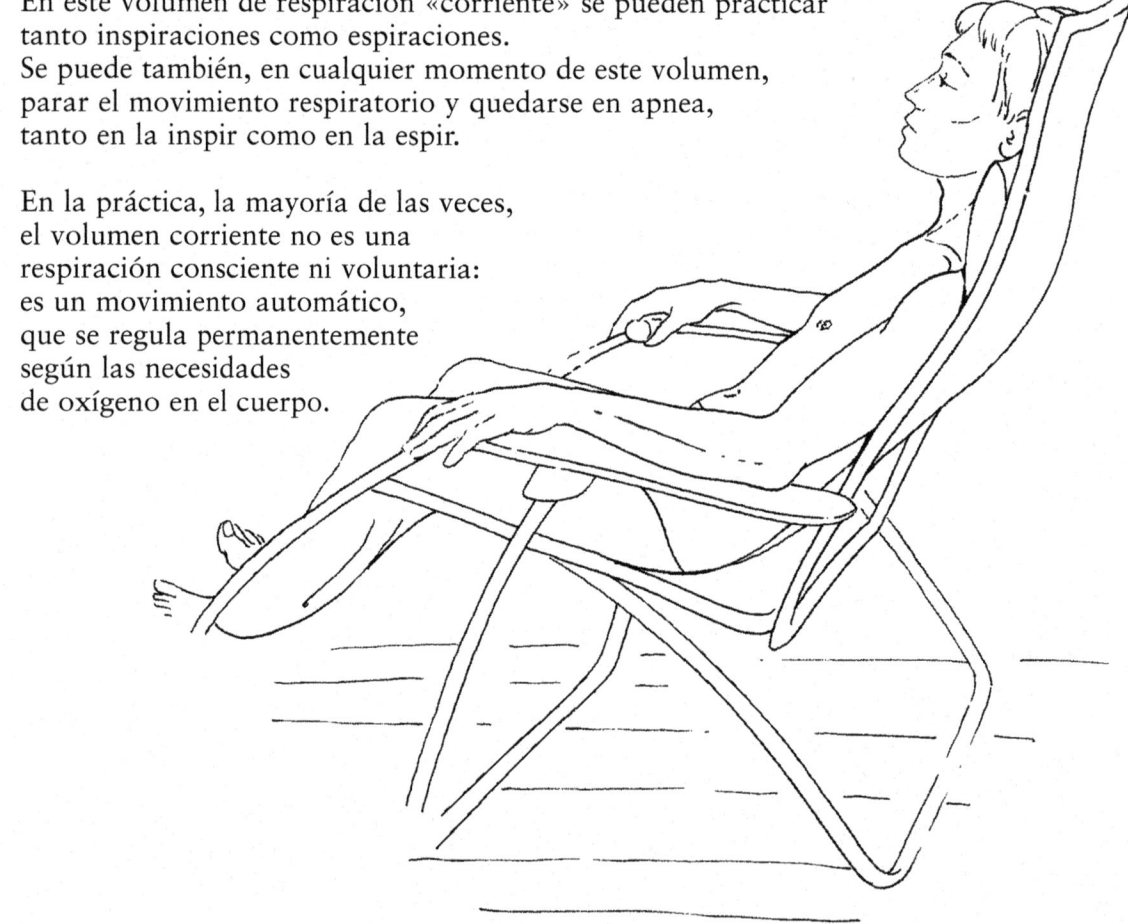

Cuando tomamos más aire:
El volumen de reserva inspiratorio (VRI)

Podemos *aumentar la amplitud* de la toma de aire, de la inspiración.
De este modo, cuando una inspiración es más amplia, nos encontramos en lo que se llama el volumen de reserva inspiratorio (VRI).

Éste puede variar de 2 a 3,5 litros de aire según las personas (según su medida, su aptitud corporal, etc...).

En este volumen, podemos respirar más o menos completamente: podemos, por ejemplo, tomar sólo un pequeño suplemento de aire o, al contrario, inspirar lo máximo posible (véanse páginas 206 y 207).

En este volumen de reserva inspiratorio podemos, evidentemente, inspirar, pero también espirar. Por ejemplo, espirar para volver hasta el volumen corriente. Es una «espiración de VRI».

En el VRI también podemos
parar el movimiento respiratorio,
tanto en la inspir como
en la espir, y encontrarnos
en apnea: es una «apnea de VRI».

Cuando espiramos a fondo: el volumen de reserva espiratorio (VRE)

Podemos querer *espirar más completamente* (lo que solemos llamar «una espiración forzada»). Así, cuando una espiración es más importante en amplitud que la simple espiración de reposo, nos encontramos en un volumen llamado volumen de reserva espiratorio (VRE). Éste puede variar de 1 a 1,2 litros de aire según las personas (según su talla, su aptitud corporal, el entrenamiento, las patologías, etc.)

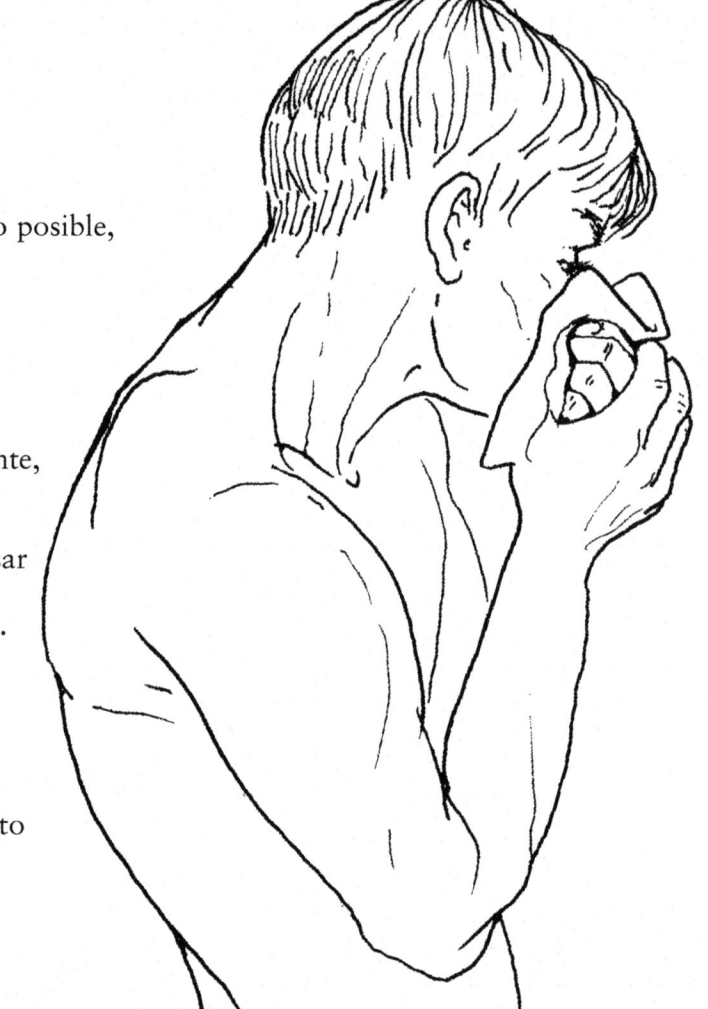

En este VRE, podemos hacer esto más o menos completamente: por ejemplo, espirar sólo un pequeño suplemento de aire o, al contrario, espirar lo máximo posible, como cuando nos sonamos o tosemos (véase página 208).

En este volumen de reserva Espiratorio se puede, evidentemente, practicar la espiración. Pero también se puede inspirar (por ejemplo, inspirar para regresar al volumen corriente). Entonces es una «inspir de VRE».

También podemos quedarnos en apnea, sin movimiento respiratorio, en cualquier momento durante el transcurso de la inspir o de la espir de VRE: en este caso estamos en «apnea de VRE».

El volumen residual (VR)

Cuando espiramos al máximo, queda siempre un poco de aire en los pulmones.
Incluso después de haber espirado a fondo o, por ejemplo, después de haber tosido varias veces seguidas sin volver a tomar aire, después de este máximo, sigue quedando un pequeño volumen de aire en el interior de los pulmones.

Éste impide que los alveolos pulmonares se aplasten y se «peguen» sobre sí mismos durante la espiración (lo que haría la reinspiración difícil, incluso imposible). Este volumen se llama volumen residual (VR). Tiene una media de 1 a 1,2 litros de aire.

>Todos los volúmenes que han sido descritos en estas cuatro páginas, pueden variar considerablemente de amplitud según la estatura
>de la persona. Varían también según el entrenamiento o, al contrario, según las patologías.
>
>Algunos ejemplos:
>
>– Una flexibilización de la caja torácica permite aumentar
> la amplitud de la inspiración, o sea, del VRI.
>
>– Un aumento de la fuerza de los músculos espiradores
> permite aumentar la amplitud del VRE.
>
>– Una patología de la elasticidad pulmonar (enfisema)
> puede disminuir la amplitud del VRE y aumentar la del VR.

Todos estos volúmenes respiratorios pueden combinarse entre ellos

Por ejemplo, cuando respiramos para hablar o cantar:
hacemos primero una gran toma de aire, es decir, una inspiración en un gran VRI; después, espiramos recorriendo sucesivamente:

– un retorno de VRI,

– un retorno de volumen corriente,

– una espiración de VRE.

*En las páginas prácticas se proponen algunos ejemplos
de recorridos encadenando diversos volúmenes respiratorios.*

Estos volúmenes respiratorios se suelen representar de dos maneras:

... o bien se representa el cambio de volumen del alveolo pulmonar,*

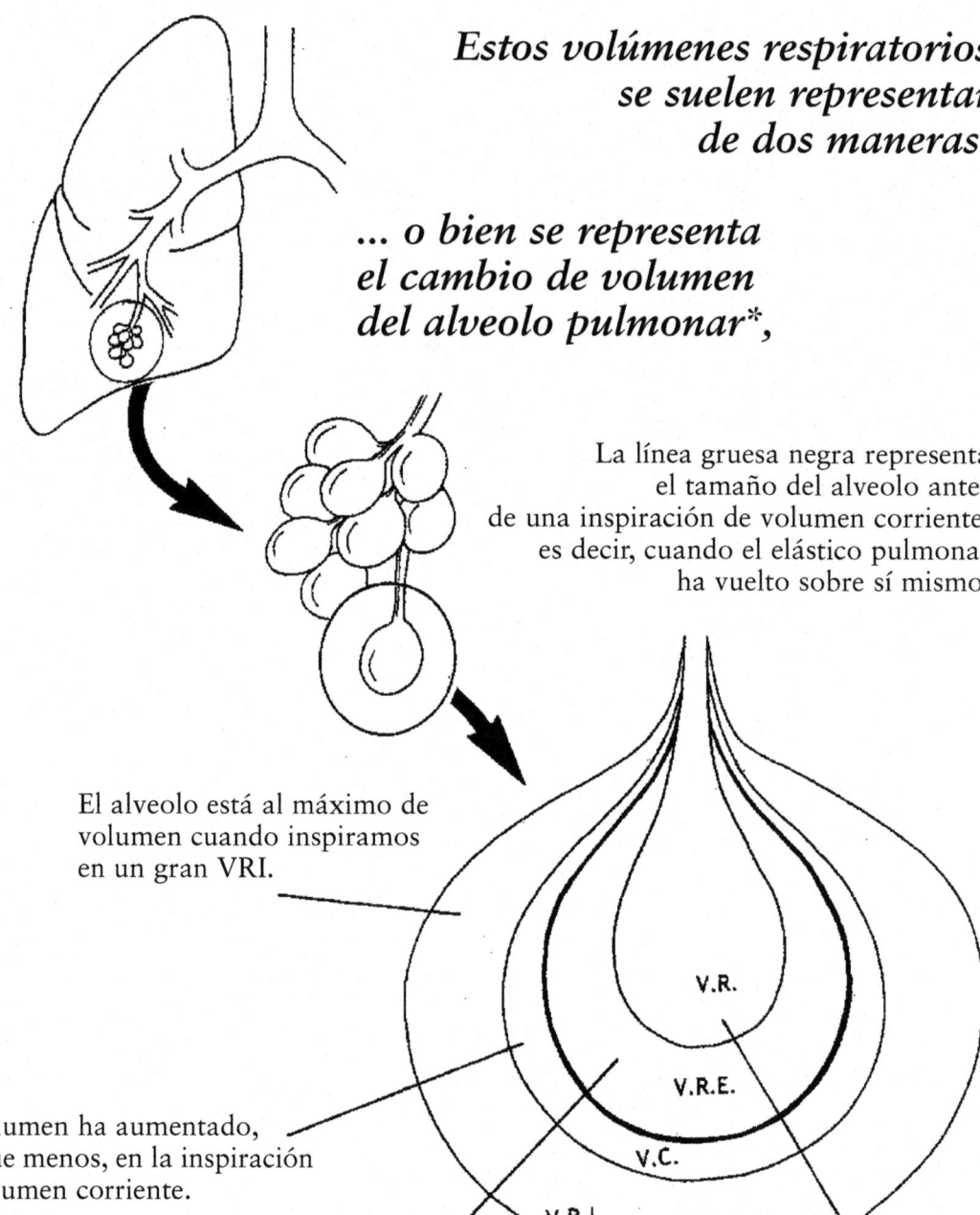

La línea gruesa negra representa el tamaño del alveolo antes de una inspiración de volumen corriente, es decir, cuando el elástico pulmonar ha vuelto sobre sí mismo.

El alveolo está al máximo de volumen cuando inspiramos en un gran VRI.

Su volumen ha aumentado, aunque menos, en la inspiración de volumen corriente.

La espiración en el volumen de reserva Espiratorio disminuye más el volumen del alveolo*.

El volumen más pequeño representa lo que queda de aire después de una espiración completa: el volumen residual.

* Véase alveolo pulmonar página 60.

...o bien se representa la inscripción hecha con el espirógrafo (instrumento de medida de la respiración)

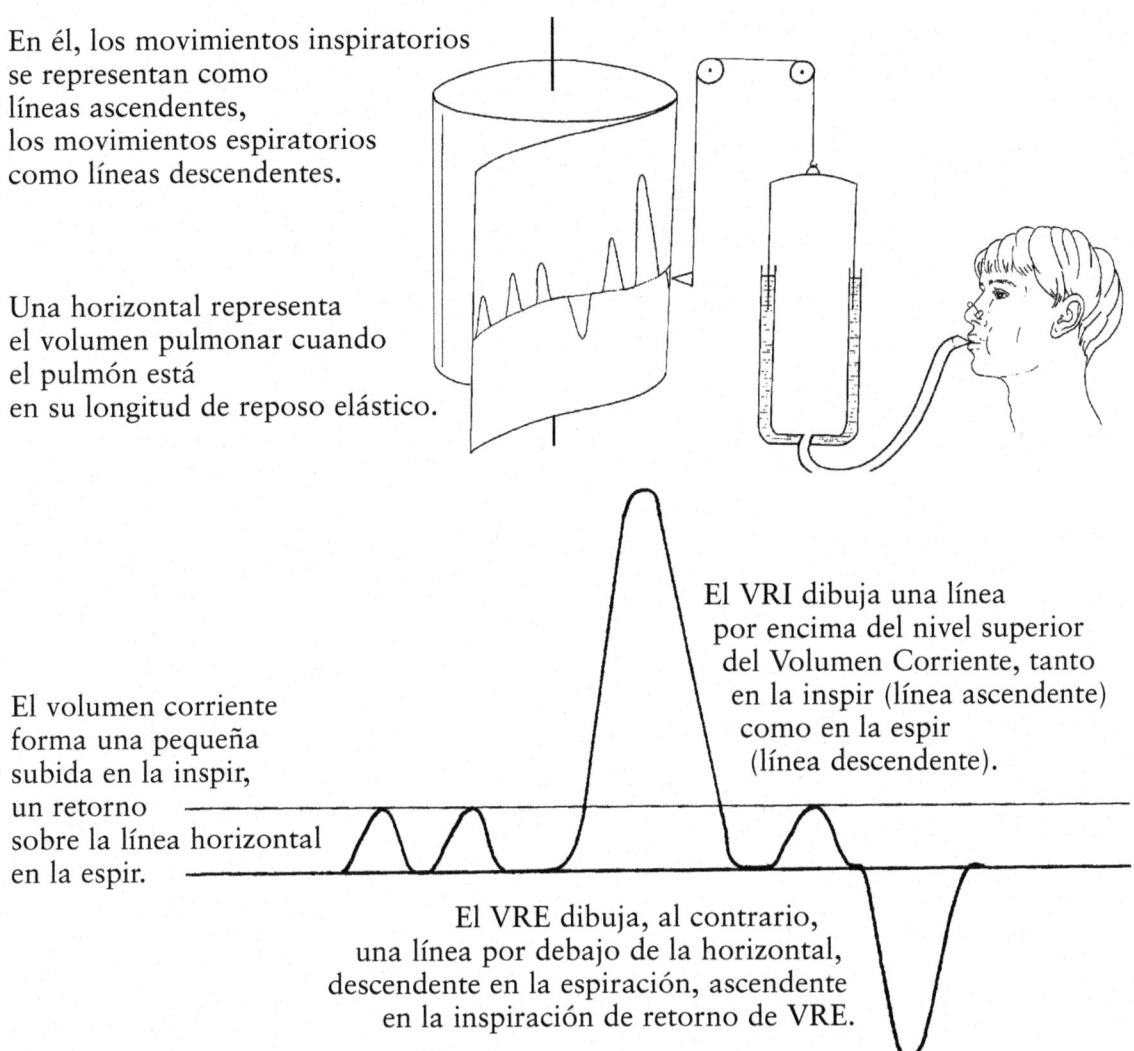

En él, los movimientos inspiratorios se representan como líneas ascendentes, los movimientos espiratorios como líneas descendentes.

Una horizontal representa el volumen pulmonar cuando el pulmón está en su longitud de reposo elástico.

El volumen corriente forma una pequeña subida en la inspir, un retorno sobre la línea horizontal en la espir.

El VRI dibuja una línea por encima del nivel superior del Volumen Corriente, tanto en la inspir (línea ascendente) como en la espir (línea descendente).

El VRE dibuja, al contrario, una línea por debajo de la horizontal, descendente en la espiración, ascendente en la inspiración de retorno de VRE.

Esta representación tiene ventajas: permite identificar bien la inspir y la espir en cada volumen, clarificando después el juego de fuerzas. También permite «escribir» el gesto de varias respiraciones seguidas, parecido a lo que se hace en una partitura musical.

Tiene un inconveniente importante: *la inspiración se representa como un movimiento ascendente.* Sin embargo, muchas inspiraciones se hacen por un movimiento descendente (del diafragma). **Por esta razón,** *este tipo de imágenes suele dar lugar a confusiones en la idea que nos hacemos del movimiento respiratorio.*

Los movimientos de la respiración pueden hacerse a diferentes velocidades

En tiempo normal, la respiración se hace alrededor de 12 a 15 veces por minuto para movilizar un volumen corriente. La velocidad del flujo de aire es en este caso una *velocidad corriente.*

Podemos modificar esta velocidad de varias maneras:

– Podemos aumentar o disminuir la *frecuencia* de las respiraciones.

– También podemos cambiar la *velocidad del flujo de aire sólo en un movimiento respiratorio*. Por ejemplo: después de una inspiración muy lenta, retomar una respiración con velocidad corriente.

– Podemos *cambiar esta velocidad en varios movimientos respiratorios seguidos.* Por ejemplo: inspirar lo más rápido posible, espirar lo más lentamente posible.

– Podemos también *acelerar o enlentecer la velocidad del flujo de aire en el interior de un mismo movimiento respiratorio*. Por ejemplo: inspirar al principio lentamente, y después muy deprisa, como en un impulso.

La velocidad del movimiento respiratorio puede modificarse por varias razones:

– A causa de patologías (esto no se detallará aquí).
– Para adaptar la respiración al esfuerzo.
– Para otras finalidades muy diferentes: por ejemplo, la velocidad del movimiento se modifica mucho según las emociones, a menudo de manera involuntaria.

La podemos modificar de manera consciente: por ejemplo, preparación respiratoria para la voz hablada o cantada (esto se explora en todas las técnicas vocales).

A pesar de todo, las variaciones de velocidad del flujo de aire se quedan siempre en los límites de las necesidades de oxígeno del cuerpo.

En un trazado espirográfico, la pendiente más o menos vertical/horizontal de dicho trazado indica la velocidad con la que se desarrolla el movimiento.

Páginas anatómicas

En las páginas siguientes (34 a 105) se exponen las estructuras anatómicas implicadas en la respiración:

- Huesos y articulaciones.
- Vísceras.
- Músculos inspiradores y espiradores.

Estas estructuras intervienen de manera muy diferente según su combinación con las regiones anatómicas vecinas, las fuerzas puestas en acción y los volúmenes respiratorios. Esto es lo que abordaremos después, en las páginas 107 a 157.

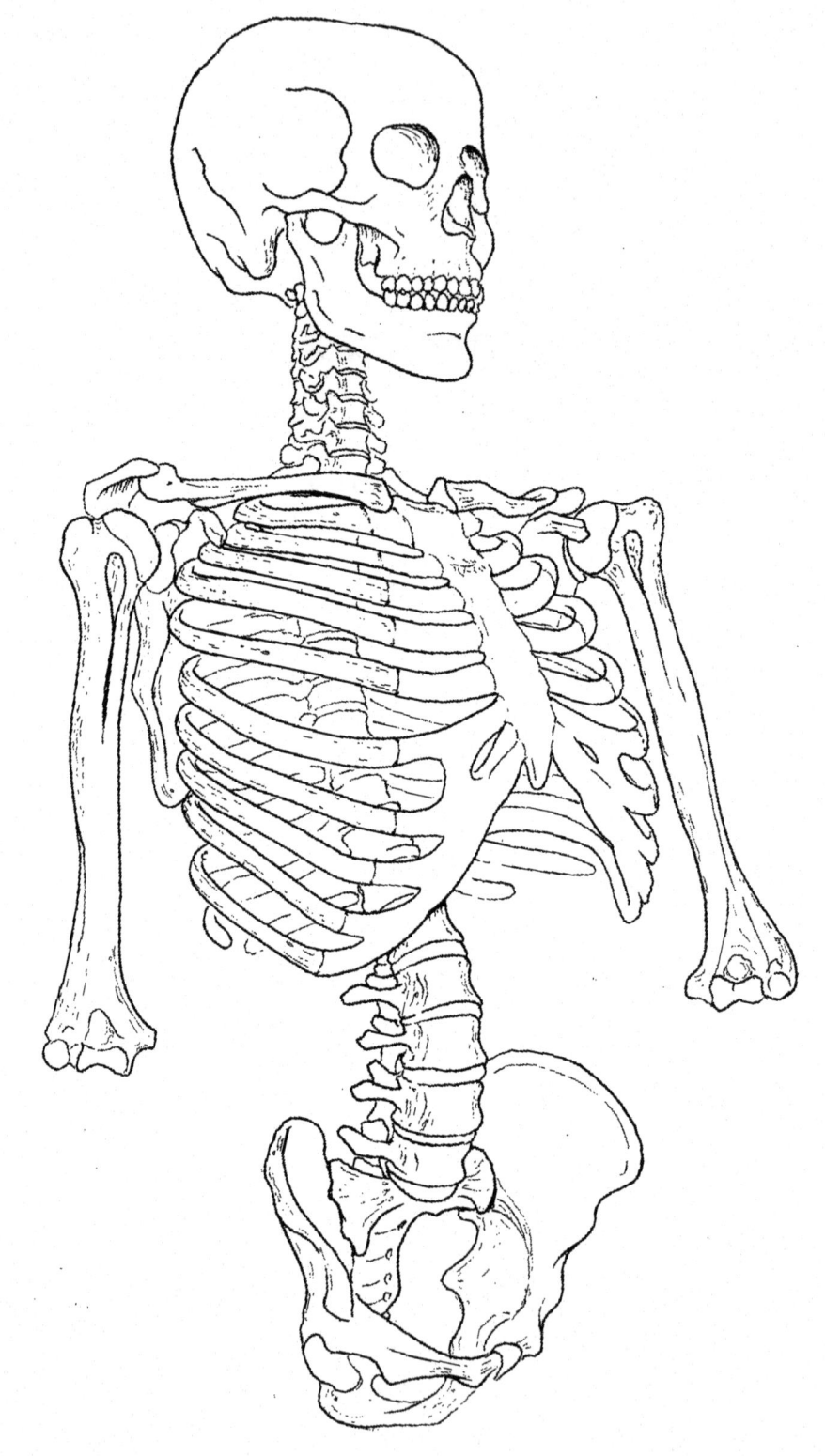

El esqueleto de la respiración

Si la respiración es un acto fluido que funciona con el aire, el aparato respiratorio se sostiene sin embargo en una *estructura ósea*. Ésta, por su *rigidez*, da una forma precisa a los movimientos respiratorios y asegura la estabilidad de ciertas acciones.

Los huesos y los cartílagos implicados son muy numerosos y están unidos por muchas *articulaciones*, permitiendo todo esto una gran *movilidad* al conjunto.

Veremos en este capítulo cuáles son los huesos y las articulaciones:
– movilizados directamente para respirar,
– que sirven de soporte, de armazón a las estructuras y a los músculos de los movimientos respiratorios...

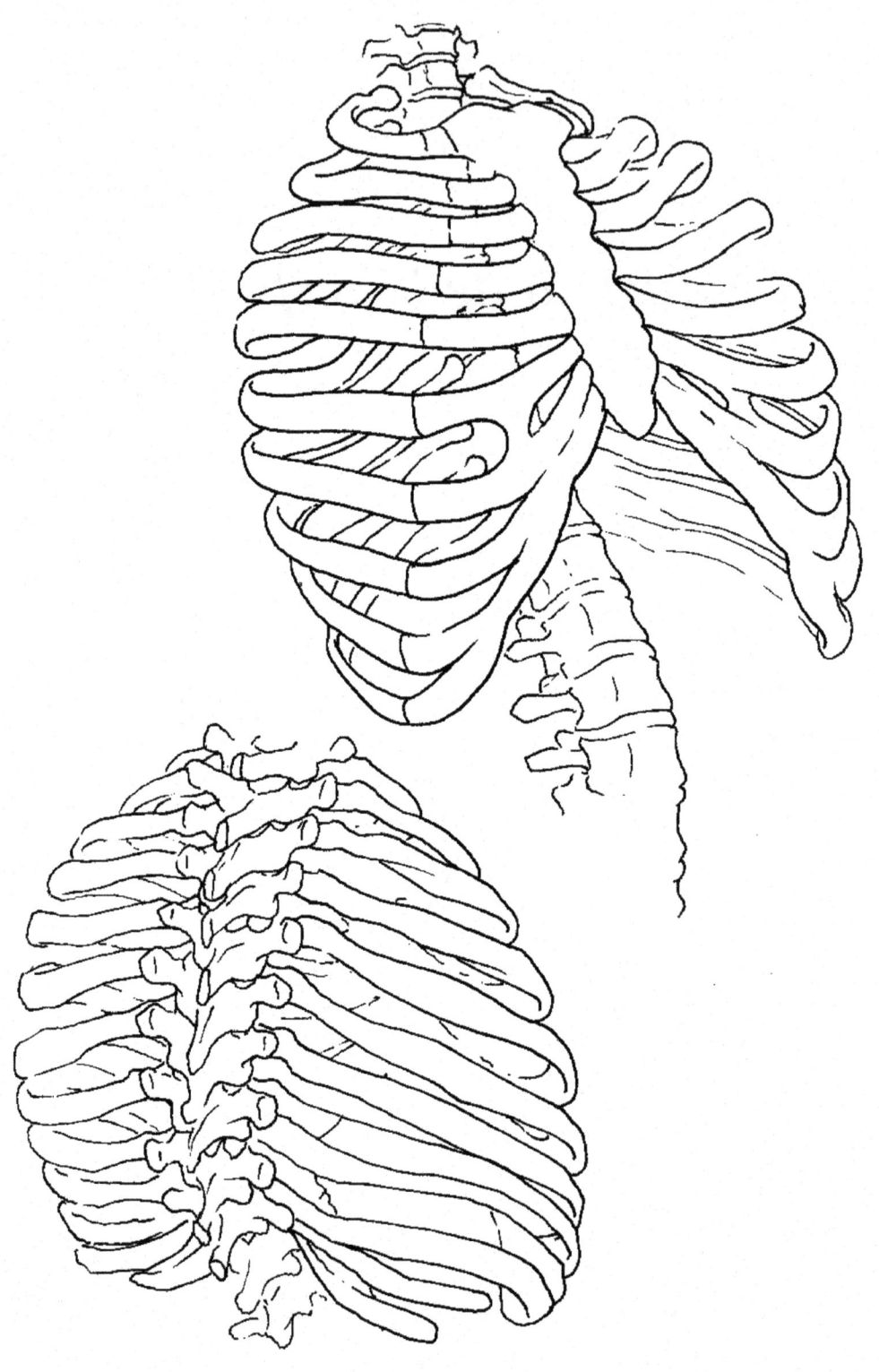

El esqueleto de los pulmones:

la «caja» torácica...

Suele ser la primera región ósea en la que se piensa cuando se evoca la respiración, aunque muchas respiraciones se hacen sin movimiento en esta caja torácica.
A veces, se confunde con el tórax, que es una zona visceral. Es una región muy particular del esqueleto, que posee características únicas:

...Está compuesta por *más de ochenta articulaciones, de las cuáles, cuarenta son móviles*: esta disposición hace que sea una estructura muy adaptable, como el pie y la mano, o incluso la columna vertebral.

...Además, esta plasticidad aumenta gracias a *una propiedad de las costillas, única en todo el esqueleto:* estos huesos son *deformables* e incluso *elásticos en su curvatura:*
- Deformables: una costilla puede curvarse, en mayor o menor medida. También puede llevarse más o menos en torsión sobre sí misma.
- Elásticos: cuando una costilla se lleva fuera de su curva de origen, tiende a volver a ella de manera elástica.

...Más aún: delante, *los cartílagos costales, que unen las costillas al esternón, son una zona más flexible* que las costillas.

...una caja flexible.

Caja torácica... vista en conjunto

La caja torácica está compuesta por numerosos elementos:

– Por detrás,
  las **12 vértebras dorsales**
  o torácicas,
  y sus **discos intervertebrales.**

– Detrás
  y a los lados,
  las **costillas.**

– Delante, los **cartílagos costales.**

– Delante y en medio,
  el esternón.

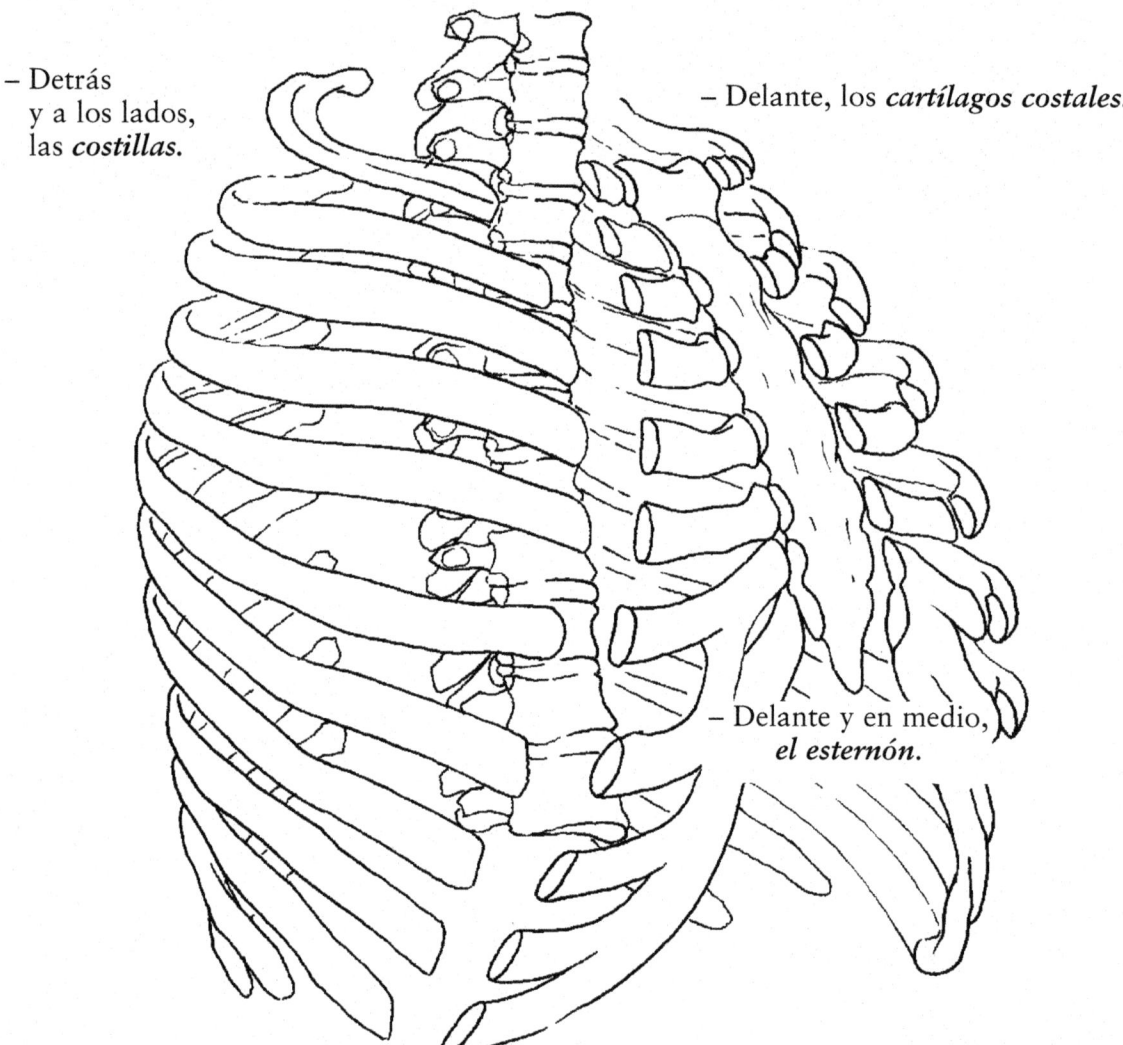

– Estos elementos no son todos óseos.
– Algunos pertenecen a otros conjuntos funcionales.
  Por ejemplo: la columna dorsal forma parte de la columna vertebral,
     el esternón forma parte de la cintura escapular.

El arco costal... y sus articulaciones

En el estudio de la respiración, a veces se habla de **arco costal**.
Éste es diferente de una *costilla*.
Cuando es completo, comprende:

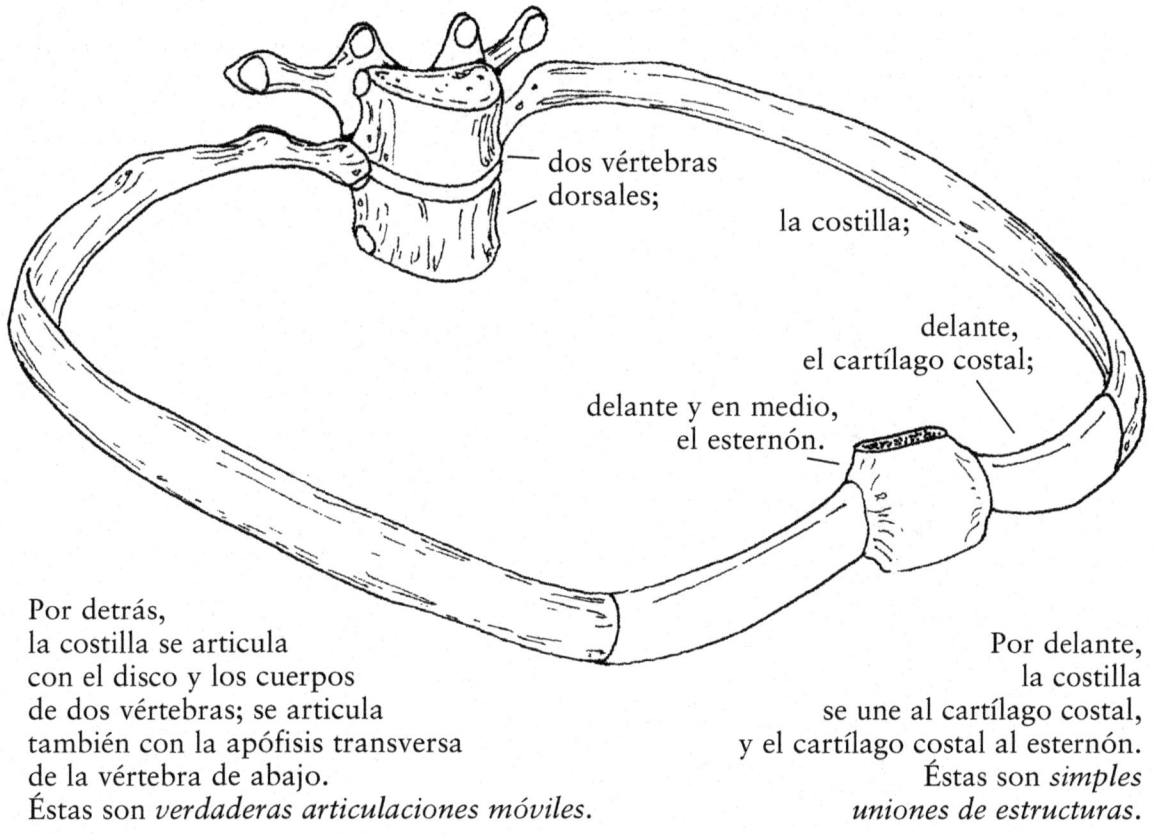

dos vértebras dorsales;
la costilla;
delante, el cartílago costal;
delante y en medio, el esternón.

Por detrás,
la costilla se articula
con el disco y los cuerpos
de dos vértebras; se articula
también con la apófisis transversa
de la vértebra de abajo.
Éstas son *verdaderas articulaciones móviles*.

Por delante,
la costilla
se une al cartílago costal,
y el cartílago costal al esternón.
Éstas son *simples
uniones de estructuras*.

Este arco costal varía según la zona:
El primero es particularmente pequeño. A este nivel, los dos arcos (derecho e izquierdo) delimitan, con la parte superior del esternón, el *círculo de la base del cuello*.
Los arcos 8 a 10 son los más grandes y los más flexibles, considerando el tamaño de la costilla y del cartílago costal.
Los dos últimos arcos son incompletos porque no existe cartílago costal a este nivel.

Este arco costal es móvil.
Acumula las movilidades de sus diferentes elementos: la flexibilidad propia de la costilla y del cartílago costal (véanse páginas 41 y 42), pero también las movilidades debidas a las articulaciones costovertebrales (véanse páginas 47 y 48) e intervertebrales (véanse páginas 45 y 46). Por lo tanto, un trabajo sobre la movilidad de los arcos costales debe dirigirse a todos estos elementos (véanse páginas prácticas 162-165).

Las costillas

La caja torácica posee *doce pares de costillas*, que le dan su forma.

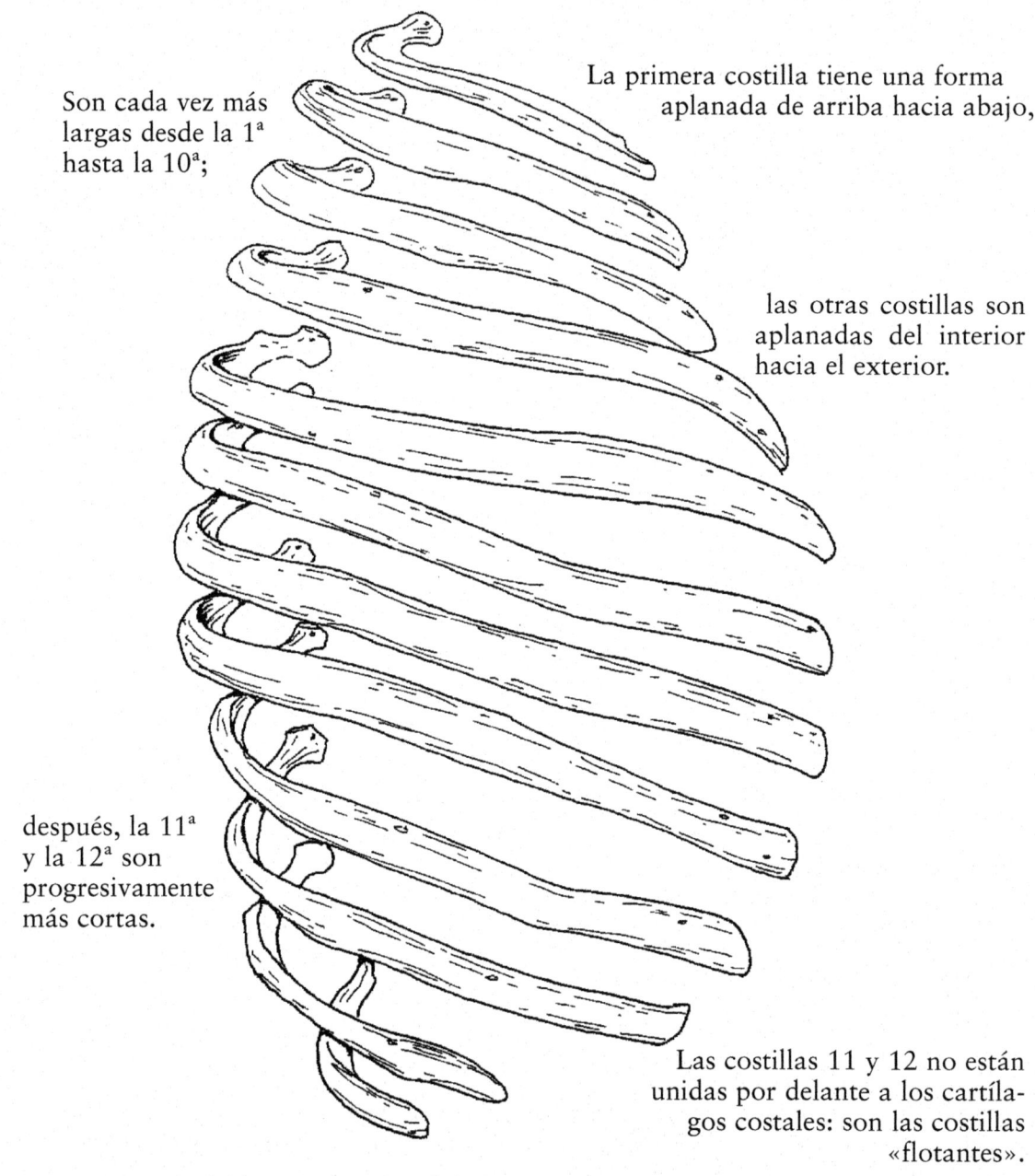

Son cada vez más largas desde la 1ª hasta la 10ª;

La primera costilla tiene una forma aplanada de arriba hacia abajo,

las otras costillas son aplanadas del interior hacia el exterior.

después, la 11ª y la 12ª son progresivamente más cortas.

Las costillas 11 y 12 no están unidas por delante a los cartílagos costales: son las costillas «flotantes».

Una costilla...

...es un hueso plano y flexible, que comprende varias partes:

Por detrás, la *cabeza*;
una parte más delgada,
el *cuello*;
un abultamiento,
la *tuberosidad costal*.

Después, dibuja una curva
que rodea el tórax,
formando como un «asa de cubo»
y haciendo una torsión sobre sí misma...

Por detrás, esta curva forma
un *ángulo posterior*, fácilmente localizable
a 10 cms de la columna.

...Esta forma de lámina, curvada y en espiral, así como su finura, le dan una flexibilidad que ningún otro hueso del esqueleto posee hasta este punto: esto permite curvar más o menos las costillas, y cambiar la forma del tórax.

Por delante, la costilla presenta
una *carilla* que se articula
con el cartílago costal.

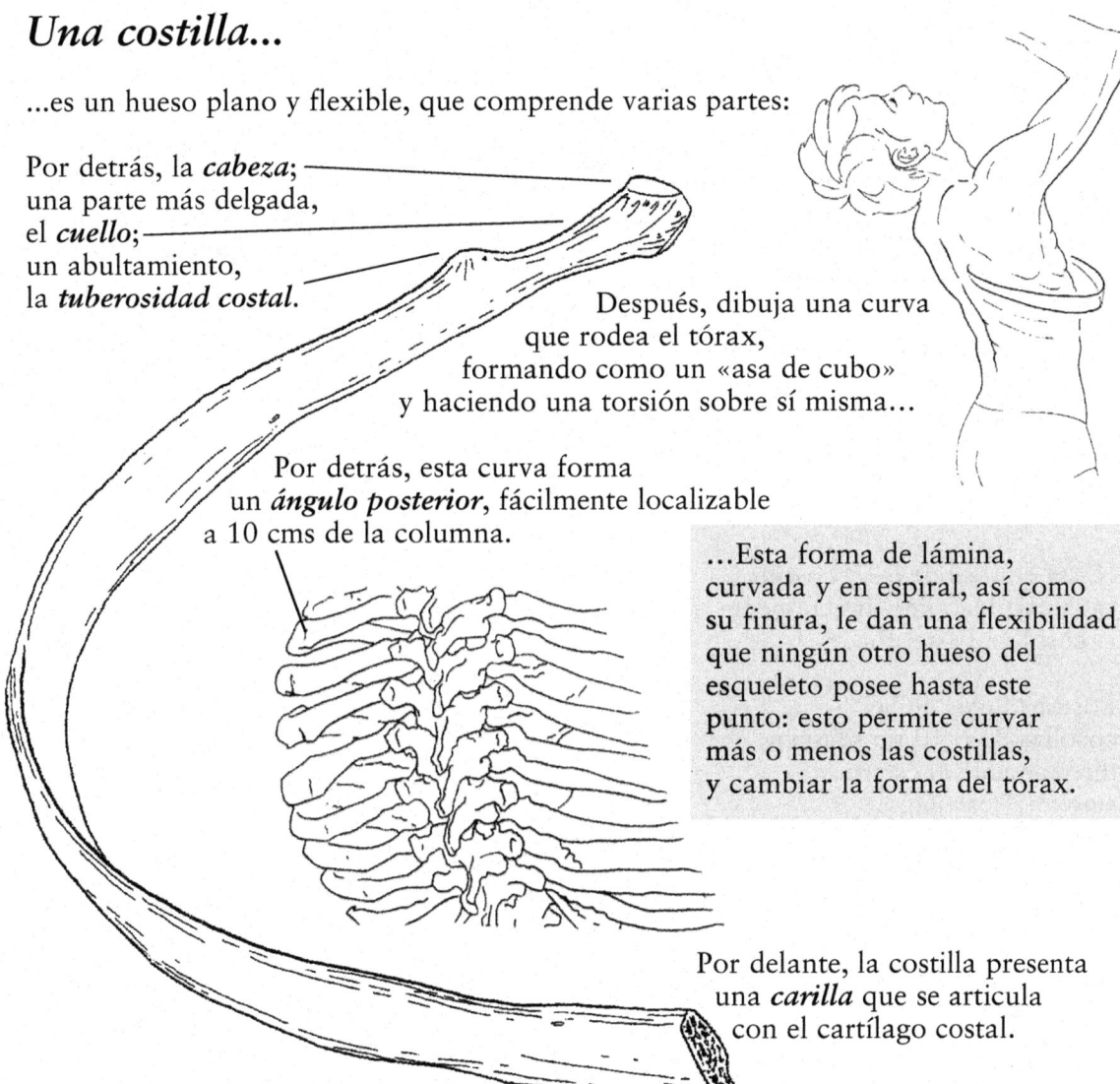

La costilla posee también una cierta *elasticidad*: vuelve a su posición inicial después de haber sido curvada. Veremos que esta elasticidad costal es una fuerza que algunas veces contribuirá a los movimientos respiratorios, tanto en la inspiración como en la espiración.

La elasticidad y la flexibilidad de las costillas se mantienen con el movimiento, en particular con los movimientos respiratorios. Pero no sólo respiratorios: podemos mover las costillas, de forma pasiva y activa, sin que haya necesariamente respiración (*véanse páginas prácticas 162-164, movimientos para mantener esta flexibilidad costal*).

Los cartílagos costales:
una zona flexible en la parte anterior del tórax

Por delante, las costillas se unen al esternón por medio de los *cartílagos costales*. Éstos tienen el mismo perfil que la costilla. Están constituidos por tejido cartilaginoso hialino, más flexible y elástico que el hueso. Es así como se encuentra, en la parte anterior del tórax, a cada lado del esternón, *una zona más flexible* que permite aumentar considerablemente la amplitud de los movimientos respiratorios.

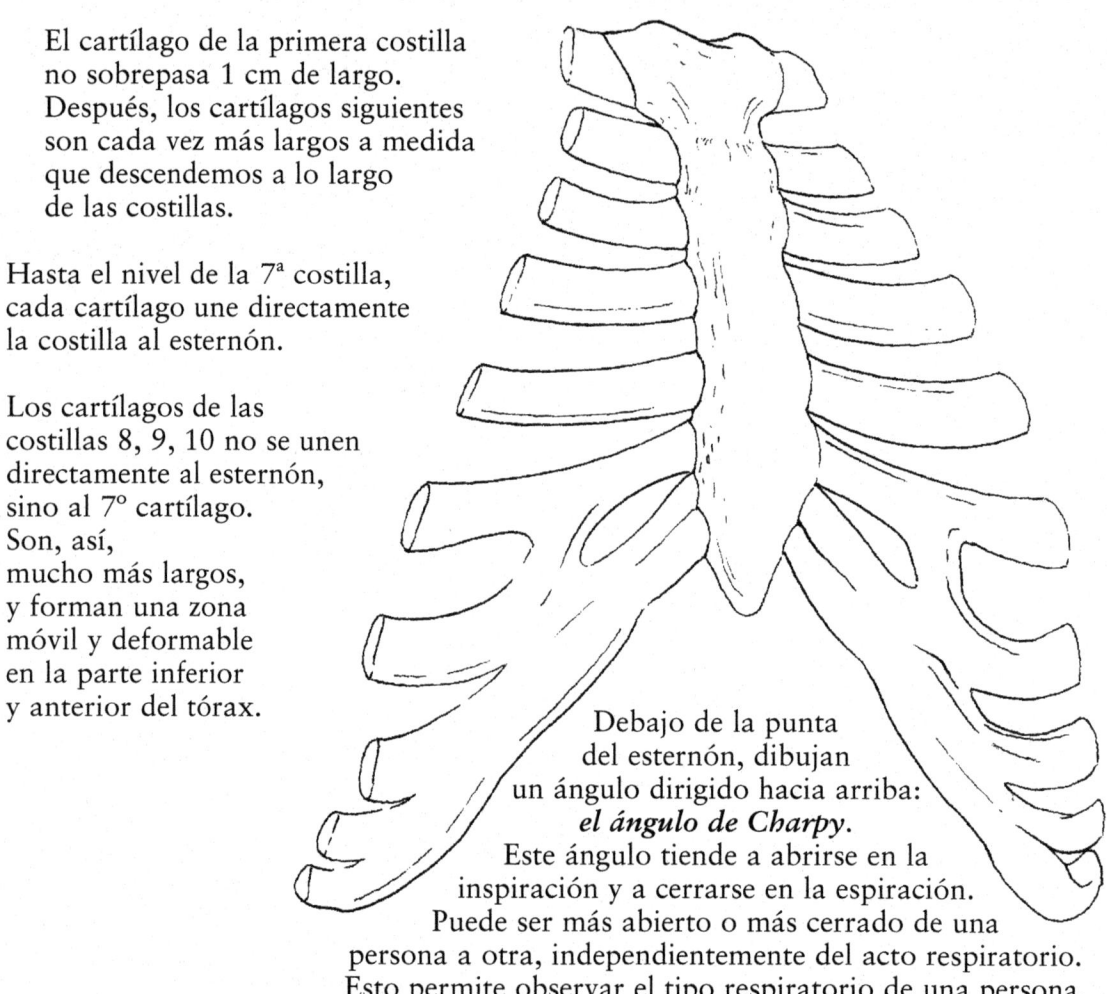

El cartílago de la primera costilla no sobrepasa 1 cm de largo. Después, los cartílagos siguientes son cada vez más largos a medida que descendemos a lo largo de las costillas.

Hasta el nivel de la 7ª costilla, cada cartílago une directamente la costilla al esternón.

Los cartílagos de las costillas 8, 9, 10 no se unen directamente al esternón, sino al 7º cartílago. Son, así, mucho más largos, y forman una zona móvil y deformable en la parte inferior y anterior del tórax.

Debajo de la punta del esternón, dibujan un ángulo dirigido hacia arriba: *el ángulo de Charpy*. Este ángulo tiende a abrirse en la inspiración y a cerrarse en la espiración. Puede ser más abierto o más cerrado de una persona a otra, independientemente del acto respiratorio. Esto permite observar el tipo respiratorio de una persona.

La flexibilidad de los cartílagos costales se añade a la de la costilla y a las movilidades de las articulaciones costillas–vértebras. Esta flexibilidad es importante para los movimientos respiratorios, en amplitud y en calidad. Tiende a perderse con la edad y la falta de movilidad torácica. Pero puede mantenerse mediante prácticas de movimientos, respiratorios o no, de la región (véanse páginas prácticas 162-164).

El esternón

Situado en la parte alta y en medio de la caja torácica, el esternón es un hueso plano, vertical en una persona de pie, que tiene, en cierto modo, la forma de una espada, lo que permite describir tres partes en él:

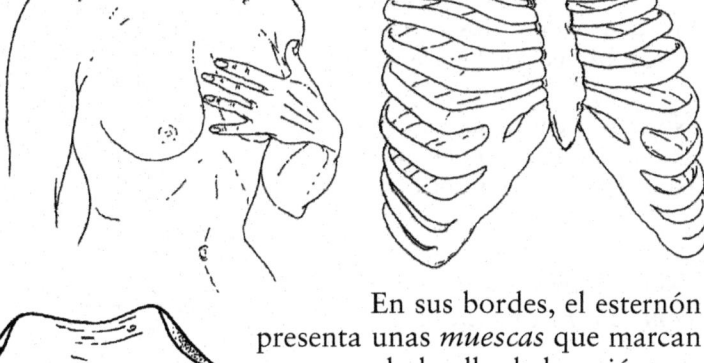

– La parte superior, llamada *manubrio*, se corresponde con los dos primeros arcos costales.

En sus bordes, el esternón presenta unas *muescas* que marcan la huella de la unión con el cartílago costal.

La primera huella se encuentra justo debajo de la clavícula.

La segunda se encuentra en la unión del manubrio con el cuerpo del esternón, al nivel de una cresta llamada *ángulo de Louis*.

– La parte más larga: el *cuerpo*, que se corresponde con los arcos costales 3° a 7°.

La séptima huella es un poco más ancha, se corresponde con el 7° cartílago costal, al que se unen los cartílagos 8, 9 y 10.

– La punta, llamada *apéndice xifoides*.

En los movimientos respiratorios, el esternón es un punto de referencia importante para observar y palpar: puede movilizarse más o menos vertical u oblicuamente. Es un testigo de las acciones del diafragma sobre la caja torácica y de las acciones de los músculos inspiradores costales (véanse páginas prácticas 190, 198 y 201).

La columna vertebral y la respiración

La columna vertebral
es un trazo de unión esquelética
entre las diferentes zonas
concernidas por la respiración.

No se estudiará aquí en detalle,
sino únicamente lo que interesa
para el gesto respiratorio.

**Esta columna es
*como un tutor sólido...***

...para el cuello y la cabeza,
donde se insertan
los músculos inspiradores
esternocleidomastoideos,
escalenos, serratos menores;

...para la caja torácica,
que está unida a la columna
por unas cuarenta articulaciones
y numerosos músculos,
y puede moverse o fijarse
alrededor de ella;

...para la región lumbar,
que se corresponde
con las vísceras abdominales
relacionadas con los músculos
diafragma y abdominales,

...hasta el sacro,
parte posterior de la pelvis,
donde se insertan los músculos
del suelo pélvico.

En un trabajo preparatorio
para la respiración,
es importante, por lo tanto,
mantener la **fuerza
y la eficacia de los músculos
que erigen la columna
y que aseguran su sostén.**

Es como un *tallo flexible*...
en el cual los movimientos, sobre todo a nivel dorsal, influyen y/o completan los de las costillas.

...La extensión vertebral hace subir el esternón, y lleva el tórax a posición inspiratoria.

...La flexión vertebral hace descender el esternón y lleva el tórax a posición espiratoria.

...En inclinación lateral, las costillas se acercan en el lado cóncavo de la columna y se separan en el lado convexo.

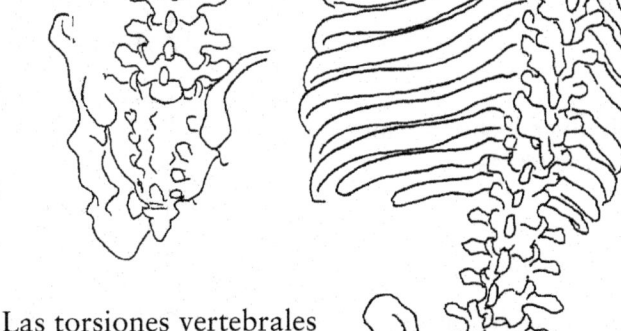

...Las torsiones vertebrales en la región dorsal llevan las costillas y los pulmones a deformarse asimétricamente.

En un trabajo preparatorio para la respiración, es importante, por lo tanto, ejercitar la **movilidad** de la columna vertebral, **sobre todo en la región dorsal.**

Véanse ejercicios preparatorios para la respiración, páginas 165-169.

La columna dorsal...

... es la región de la columna que *corresponde a la caja torácica.*

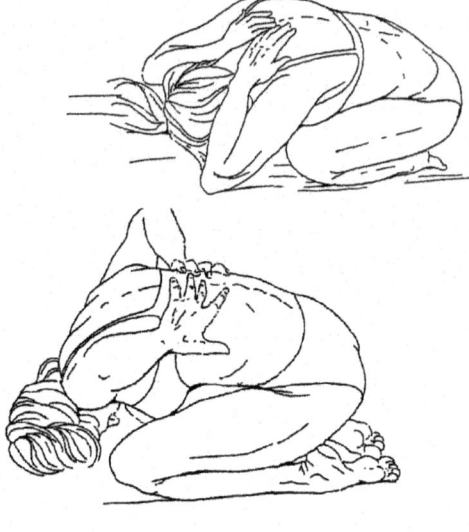

Aquí, las vértebras están adaptadas para articularse con las costillas:

... en ellas encontramos numerosas superficies articulares revestidas de cartílago, en los lados de los cuerpos vertebrales y en la parte anterior de las apófisis transversas.
Es, globalmente, *el nivel menos móvil de la columna vertebral:* su movilidad está dificultada por la presencia de las costillas, unidas a su vez al esternón.
Éste es, sobre todo, el caso de las vértebras D1 a D7.
Más abajo, las costillas se unen al esternón por medio de cartílagos más largos, o no están unidas a él: las vértebras correspondientes son, de hecho, más móviles.

Las costillas están unidas a la columna dorsal por las articulaciones costovertebrales

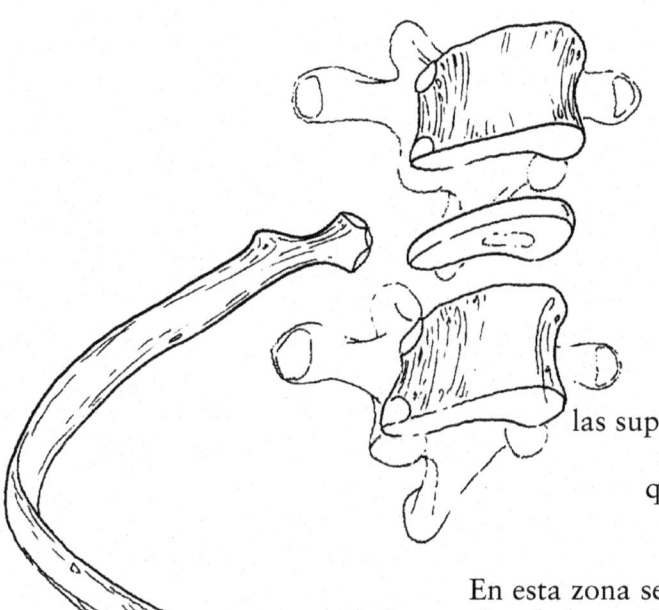

En la parte posterior de los cuerpos de las vértebras dorsales, destacan unas pequeñas superficies articulares: una arriba, otra abajo. En cada nivel, las superficies de dos vértebras superpuestas, más el espesor del disco intervertebral que las une, forman una única zona articular.

En esta zona se enclava la extemidad posterior de la costilla («la *cabeza*»), que presenta una pequeña superficie articular cartilaginosa.

Más hacia atrás y hacia fuera, la *tuberosidad costal* se articula con la *apófisis transversa de la vértebra más baja*. Para esto, existen pequeñas superficies articulares.

Esta segunda articulación *une la costilla a una apófisis transversa*. De esta manera, **cada costilla se une mediante dos articulaciones a las vértebras**. Estas articulaciones permiten a la costilla pivotar sobre su eje longitudinal y elevarse o descender.

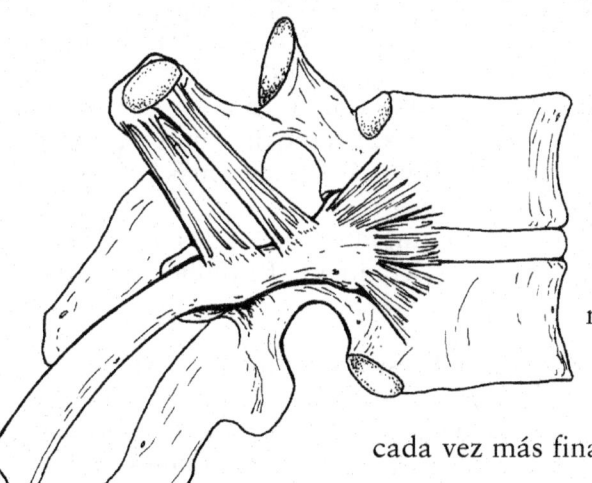

Una serie de ligamentos mantienen cada una de estas pequeñas articulaciones. Como todo ligamento, tienen un papel de sostén, pero en ellos encontramos también numerosas terminaciones sensitivas: son un lugar privilegiado de reconocimiento del movimiento articular.

Así, el hecho de movilizar estas articulaciones desarrolla una sensación cada vez más fina de los movimientos costo-respiratorios.

El eje del movimiento de la costilla varía según el nivel, lo cual favorece ciertos movimientos:

Se dirige *de dentro hacia fuera* en las articulaciones altas (D1/D5). Esto favorece los movimientos de las costillas *hacia delante*.

Así, en la parte alta del tórax, los movimientos de las costillas se hacen más bien *hacia delante/hacia detrás*. El esternón se desplaza entonces lejos de la columna dorsal (y a la inversa), como el mango de una bomba de agua antigua.

El eje se dirige *de delante hacia atrás* en las articulaciones más bajas (D 6-D12).

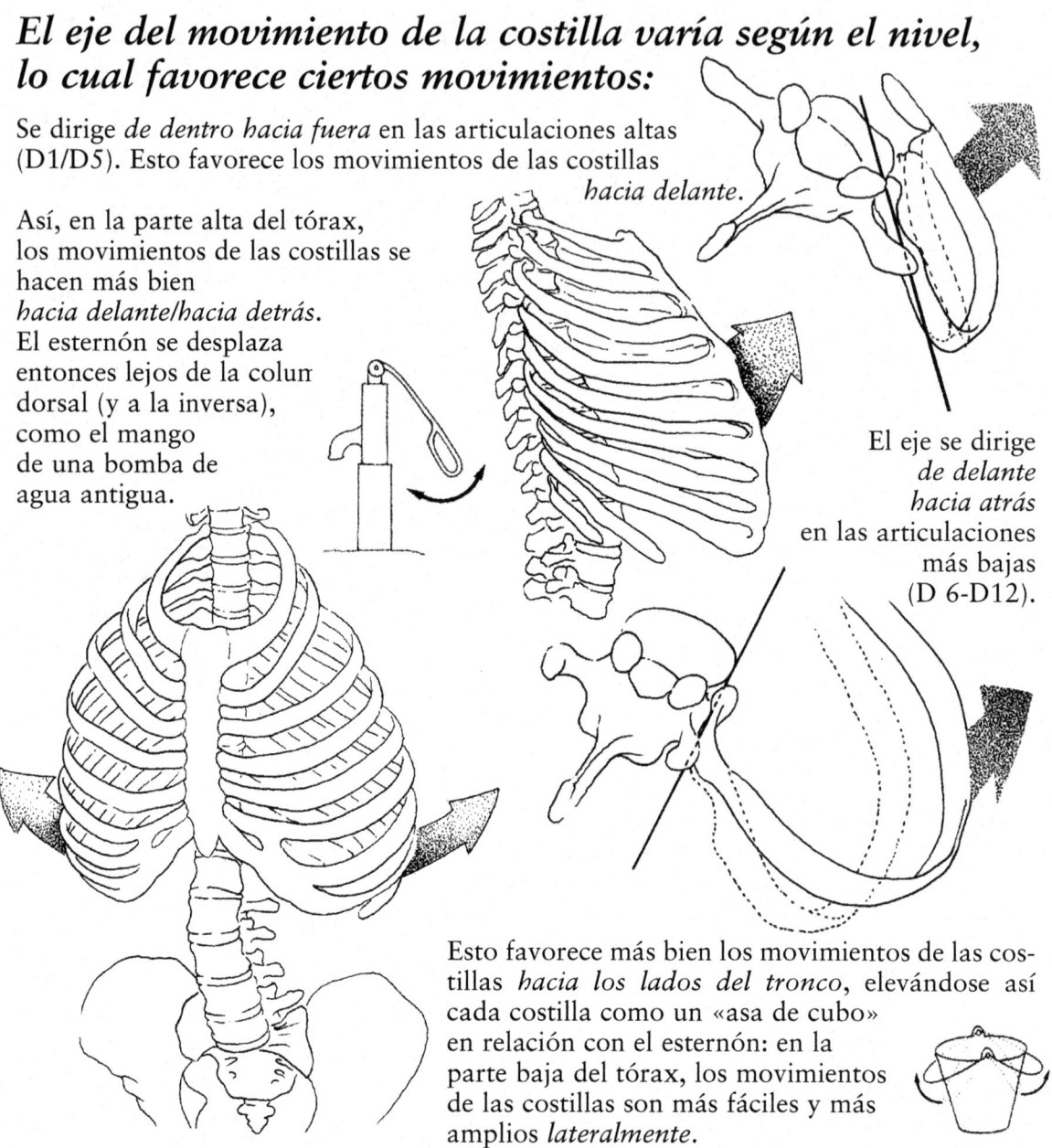

Esto favorece más bien los movimientos de las costillas *hacia los lados del tronco*, elevándose así cada costilla como un «asa de cubo» en relación con el esternón: en la parte baja del tórax, los movimientos de las costillas son más fáciles y más amplios *lateralmente*.

Estas tendencias de movimientos según los niveles no impiden que las dos direcciones de movimientos puedan existir en toda la caja torácica, debido a la flexibilidad de las costillas y de los cartílagos costales.

> Algunas personas privilegian habitualmente uno de estos dos tipos de respiración, lo que da un tórax más bien estrecho y profundo (en el primer caso) o plano y ancho (en el segundo caso). Durante un trabajo de movilidad costal, será interesante ejercitar las costillas en las dos direcciones, sobre todo si se constata una tendencia a moverse de una sola manera.

Un movimiento que eleva las costillas, aumenta los diámetros del tórax.

Cuando se elevan las costillas lateralmente, vemos que aumenta el diámetro frontal del tórax.

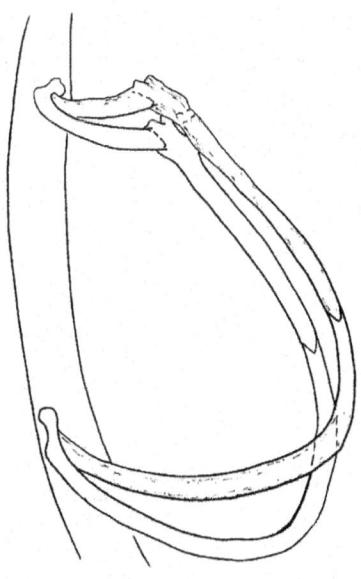

Cuando se elevan las costillas como un «mango de bomba», pasando de una posición oblicua a la posición horizontal, el esternón se separa de la columna dorsal, y aumenta el diámetro sagital del tórax.

Nota: podríamos decir lo mismo si se retrocediera la columna dorsal en relación al esternón.

Es éste el *mecanismo principal de la inspiración costal* (véase página 141).

Esto también explicará *por qué el diafragma puede ser «separador» de las costillas*, aunque está en el interior de la caja torácica (véase página 138).

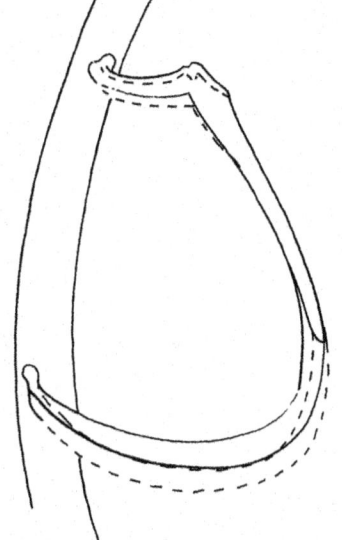

Pero esto sólo es cierto partiendo de una posición baja de las costillas. Más allá de la horizontal, vemos que este efecto deja de existir: la elevación de las costillas no provoca verdaderamente más aumento, y podría incluso, sobrepasando la horizontal, acarrear, al revés, una disminución del diámetro.

Es así como una posición muy abierta de las costillas al comienzo de la inspiración no permite una inspiración costal eficaz, contrariamente a lo que a menudo se piensa (véase página 135).

La pelvis

La pelvis está implicada en la respiración,
ya que es la parte baja del cajón abdominal.

Su forma no se estudiará en detalle aquí, sino sólo
lo que interesa para los movimientos de la respiración.

Es un conjunto óseo situado en la base del tronco,
que presenta a la vez la forma de un continente
para las vísceras, y de un anillo sólido que une
el tronco a los miembros inferiores.

Comprende 4 huesos:
los *dos huesos ilíacos*, el *sacro*, el *coxis*.

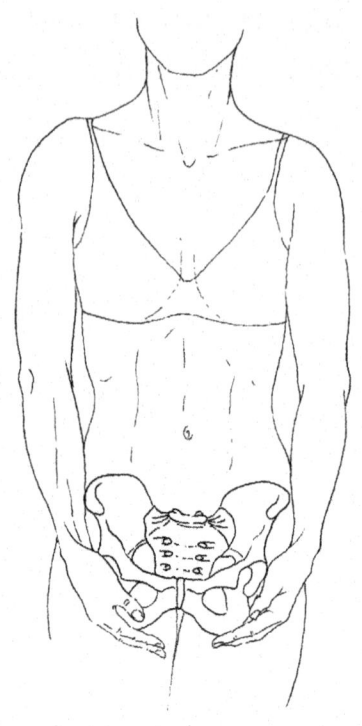

Algunos puntos de referencia:

la *cresta ilíaca* (1), donde ponemos
«las manos en las caderas»;

su parte más anterior:
la *espina ilíaca
anterosuperior* (2);

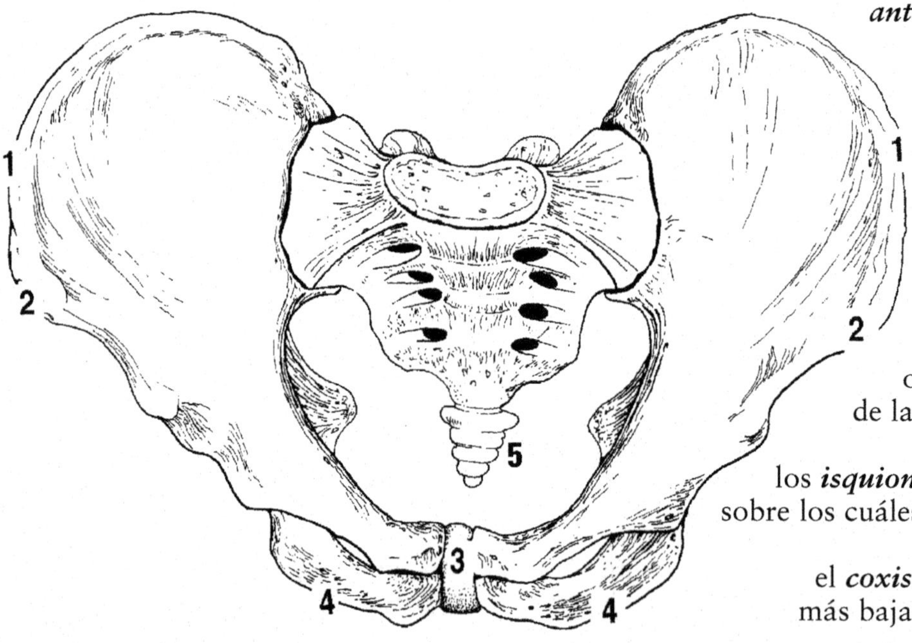

el *pubis* (3),
o la articulación
de la sínfisis púbica;

los *isquiones* (4), salientes
sobre los cuáles nos sentamos;

el *coxis* (5), en la parte
más baja de la columna;

la *cresta sacra*, en la parte posterior
del sacro, en medio (visible de espaldas).

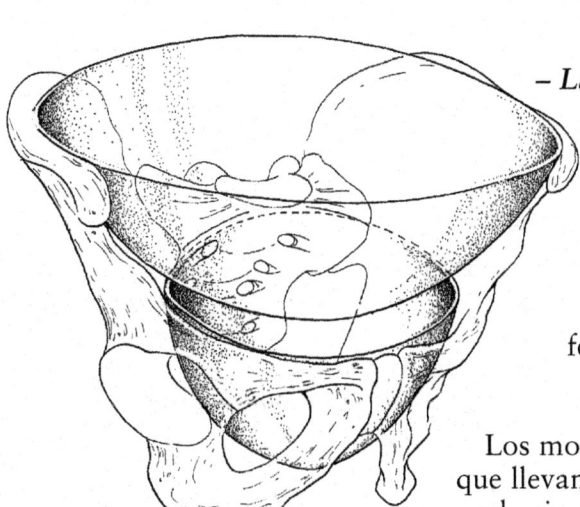

La pelvis interna comprende dos partes:

– *La pelvis mayor*, ancha y abierta por delante, da inserción a los músculos del abdomen y recibe las vísceras abdominales bajas.
– *La pelvis menor*, completada por abajo con los músculos del suelo pélvico, contiene las vísceras pelvianas.

La pelvis está unida a los fémures por las articulaciones de las *caderas*: de este modo, se mueve sobre los muslos en todas las direcciones.
Los movimientos más conocidos son las «básculas» que llevan la espina ilíaca hacia delante (anteversión) o hacia detrás (retroversión).

Las vértebras lumbares prolongan hacia arriba la pelvis, y forman el esqueleto posterior del *cajón abdominal*, uniendo la pelvis a la caja torácica.
Son cinco vértebras macizas, donde se insertan numerosos músculos de la respiración: diafragma, transverso, cuadrado lumbar, serrato menor posterior e inferior...

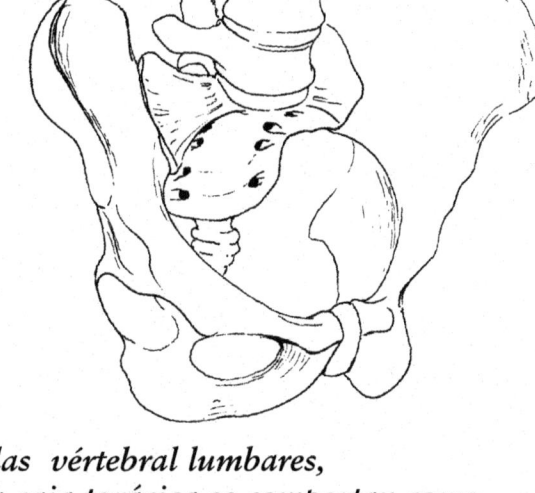

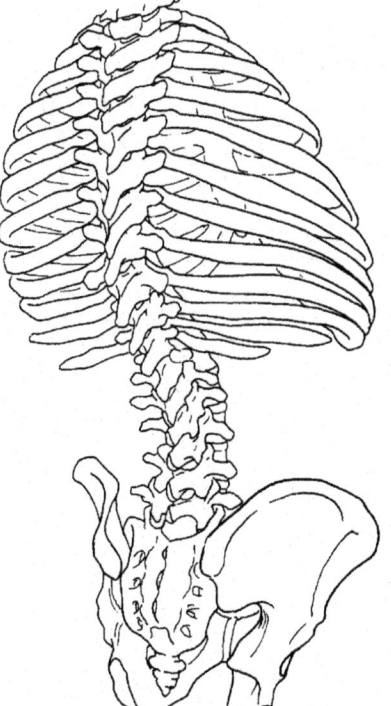

Unidas por las vértebral lumbares, la pelvis y la caja torácica se comportan como dos continentes interdependientes.

Sus movimientos influirán en los contenidos (las vísceras), que se deformarán e influirán a su vez en el gesto respiratorio (véanse páginas 115, 127, 128 y 147).

La cintura escapular

Lo que llamamos «cintura» escapular,
es el conjunto de huesos y articulaciones
que unen el tronco a los miembros superiores.

La forma de esta cintura no se estudiará aquí en
detalle, sino sólo lo que interesa para el gesto respiratorio.

Esta estructura está implicada en la respiración:
– Numerosos músculos inspiradores costales se insertan en ella.
– Su posición y sus movimientos influyen en el tórax y lo llevan a una actitud
   más o menos inspiratoria o espiratoria.

Esta cintura se compone del *esternón*
por delante, de las dos *clavículas*
y los dos *omóplatos*.

El *esternón* lo hemos
visto en la página 43.

La clavícula es una pequeño hueso
dispuesto en la parte anterior del
tórax, entre el esternón
y el omóplato.
Vista de cara, es más o menos
rectilínea; vista desde arriba,
tiene una forma
de S itálica que contornea
parcialmente la parte
superior de las costillas.

El omóplato
es un hueso plano,
de forma triangular,
dispuesto detrás
y sobre los lados
de las costillas más altas.
Su cara anterior
está pegada al tórax
y se desliza sobre él.
Su cara posterior está
recubierta de numerosos músculos,
con algunos relieves óseos bajo la piel.

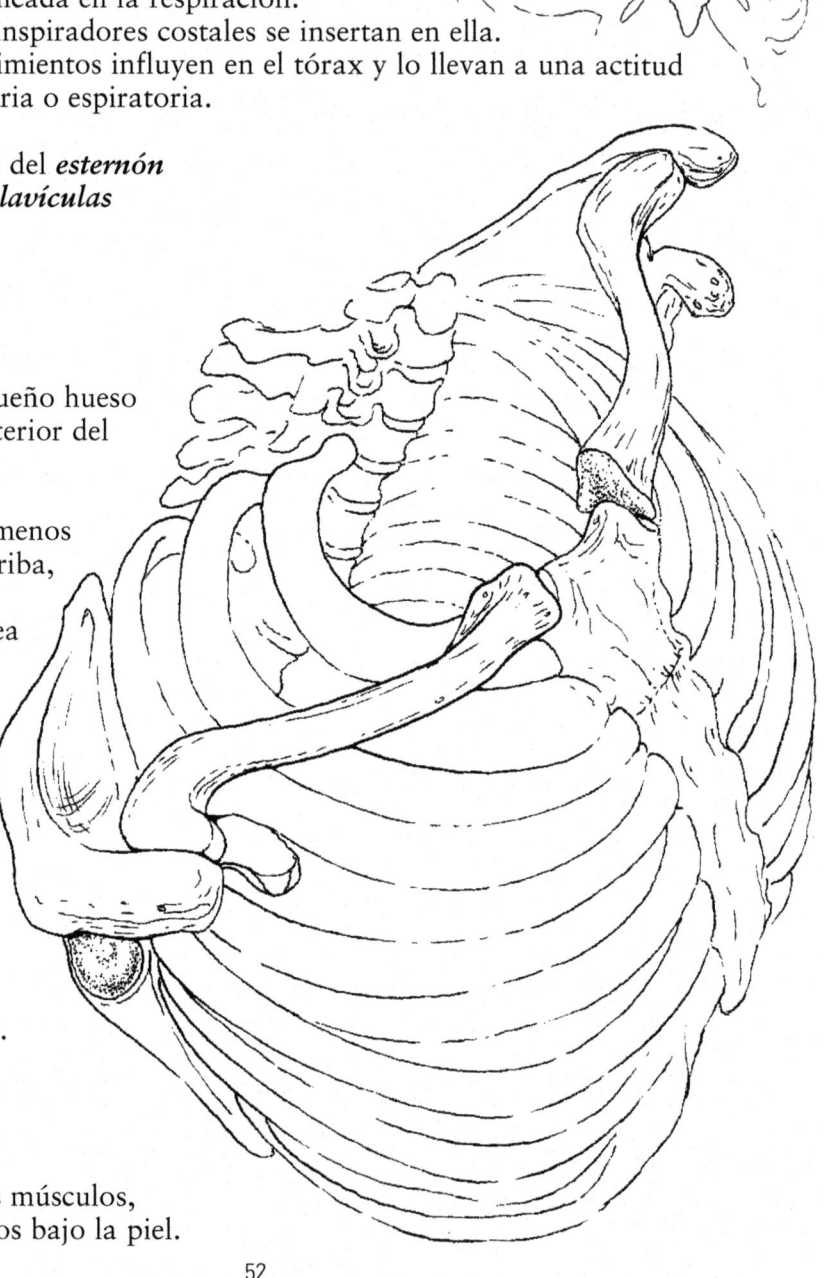

Las articulaciones de la cintura escapular

Estos huesos se unen mediante articulaciones poco encajadas y poco voluminosas:
– Entre el esternón y la clavícula, *la articulación esternoclavicular*, cuyas superficies cartilaginosas tienen una forma de silla de montar con encaje recíproco. Permite a la clavícula movimientos en todos los sentidos a partir del esternón, como subir, bajar, avanzar o retroceder el hombro.

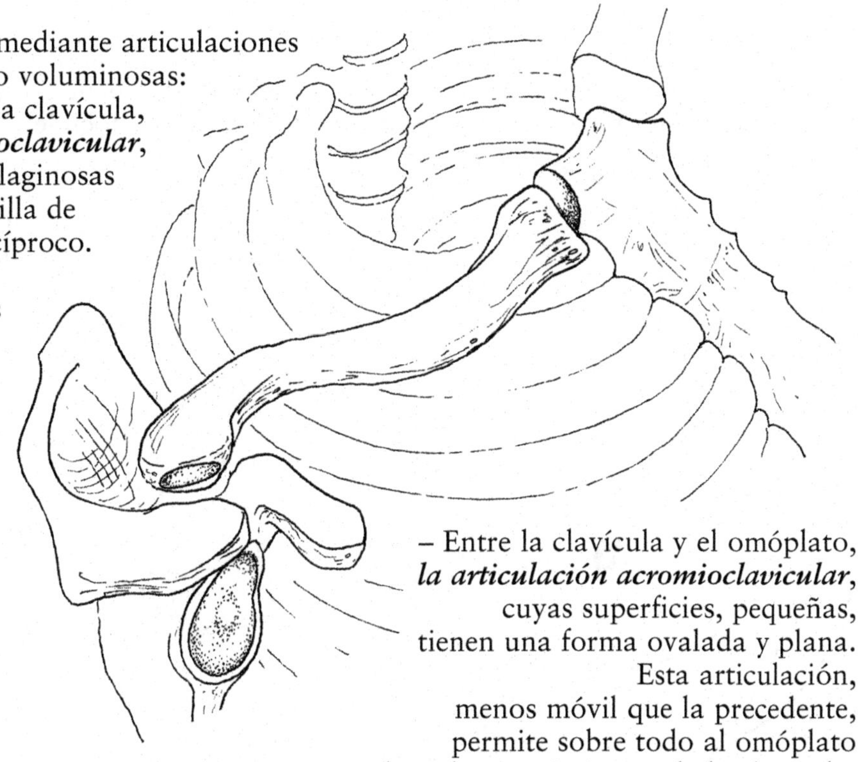

– Entre la clavícula y el omóplato, *la articulación acromioclavicular*, cuyas superficies, pequeñas, tienen una forma ovalada y plana. Esta articulación, menos móvil que la precedente, permite sobre todo al omóplato completar los movimientos de la clavícula.

Estas articulaciones, sumando sus movilidades, posibilitan una gran amplitud en los movimientos del hombro. Esto facilita, más allá, la amplitud de los movimientos del brazo.

A menudo, en la práctica, los movimientos del hombro y de la caja torácica se combinan: es frecuente inspirar subiendo los hombros.

El húmero

Es el hueso del brazo.
Está implicado en la respiración, ya que es el lugar de inserción del pectoral mayor, uno de los principales músculos inspiradores costales.

El húmero se une al omóplato por la *articulación escápulohumeral*, que pone en contacto la cabeza del húmero (superficie en forma de esfera llena) con la glena del omóplato (superficie en forma de esfera hueca).

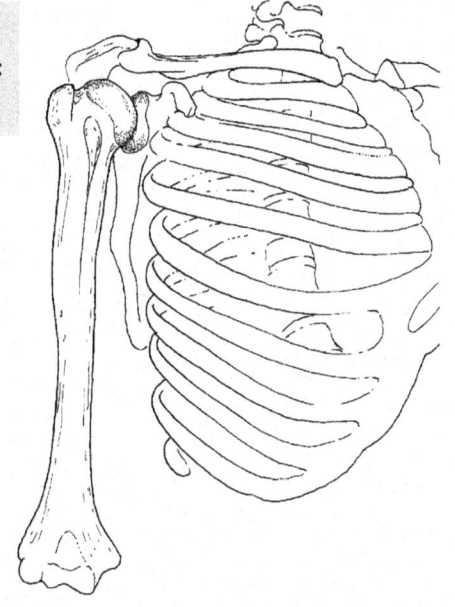

Las vértebras del cuello...

...Forman la parte más alta de la columna vertebral. Todas se caracterizan por tener un tamaño muy pequeño. Las dos más altas, *atlas* y *axis*, tienen una forma particular. Las cinco siguientes tienen una forma de vértebra más reconocible.

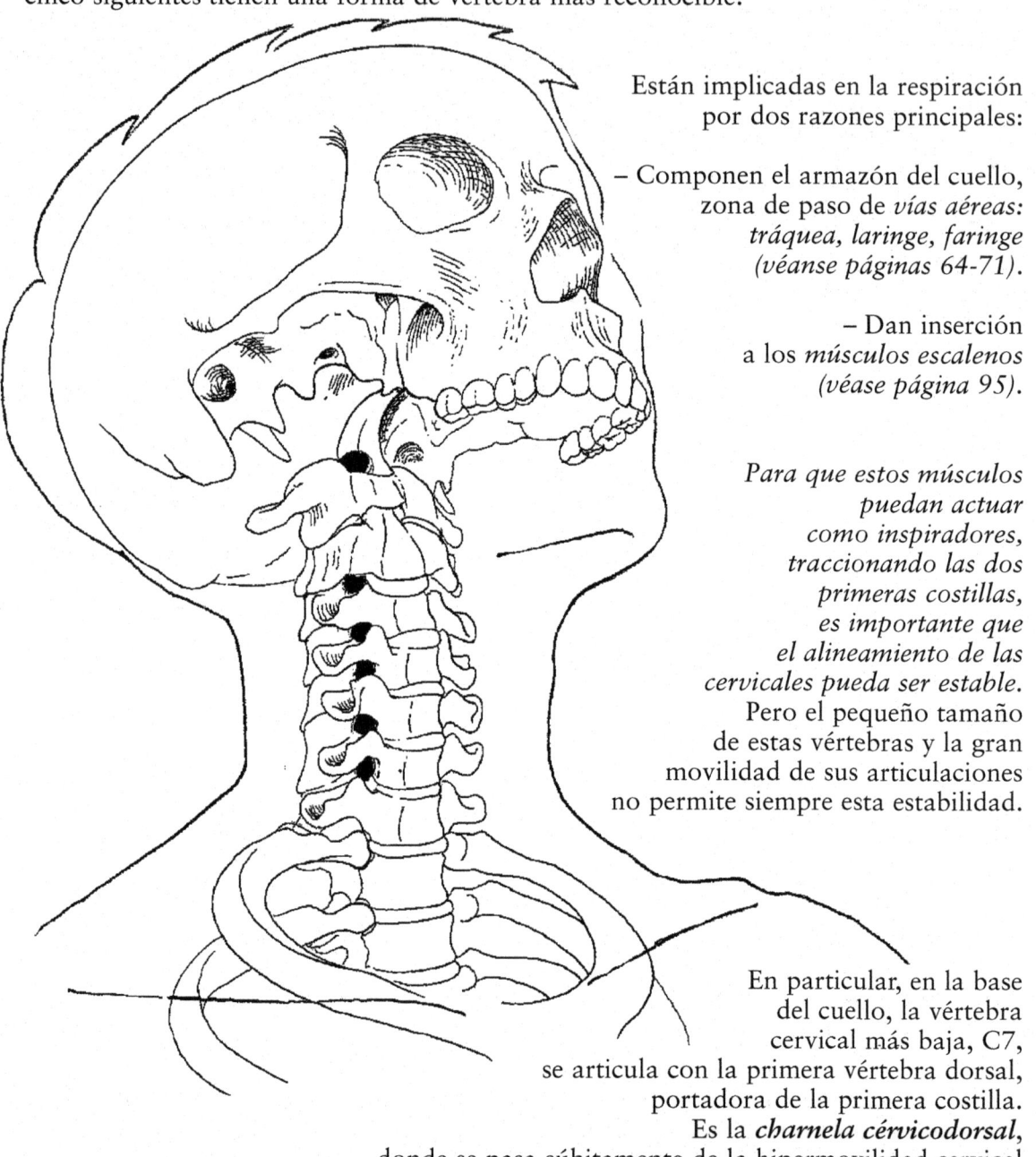

Están implicadas en la respiración por dos razones principales:

– Componen el armazón del cuello, zona de paso de *vías aéreas: tráquea, laringe, faringe (véanse páginas 64-71).*

– Dan inserción a los *músculos escalenos* (véase página 95).

Para que estos músculos puedan actuar como inspiradores, traccionando las dos primeras costillas, es importante que el alineamiento de las cervicales pueda ser estable. Pero el pequeño tamaño de estas vértebras y la gran movilidad de sus articulaciones no permite siempre esta estabilidad.

En particular, en la base del cuello, la vértebra cervical más baja, C7, se articula con la primera vértebra dorsal, portadora de la primera costilla. Es la *charnela cérvicodorsal*, donde se pasa súbitamente de la hipermovilidad cervical a la hipomovilidad dorsal alta: es frecuente que esta base de la columna cervical se posicione en flexión, y pierda su movilidad.

Los huesos del cráneo...

... Forman en parte la estructura de las vías respiratorias y dan inserción a algunos músculos de la respiración.

Son, sobre todo, huesos de la base del cráneo: *el esfenoides, el occipital, los temporales, los maxilares superiores, los palatinos*, así como *el vómer, el etmoides*, el frontal, *los huesos propios de la nariz y los cornetes*. Hay que añadir además *el maxilar inferior*.

No se describirán aquí en detalle. Sólo se citarán puntos de referencia óseos necesarios a propósito de la respiración, en una descripción simplificada.

La base de cráneo tiene globalmente una forma ovoide.

– *La parte posterior*, redondeada, bastante regular, está formada en medio por la *escama del occipital*, y, lateralmente, por los *huesos temporales*, que presentan un saliente: la *apófisis mastoides*, y una superficie cartilaginosa que se articula con el maxilar inferior. Más adelante, el occipital está perforado por el *agujero occipital*. Después, se prolonga un poco por delante de este agujero formando la *apófisis basilar*, que se articula con el *hueso esfenoides*.

– *La mitad anterior* de la base del cráneo es mucho más compleja:

Distinguimos en ella el *paladar duro*, limitado por las arcadas dentales superiores. Está formado por los dos *huesos maxilares* superiores delante y los dos *huesos palatinos* detrás. Toda esta región sobresale claramente más hacia abajo que el resto de la base del cráneo. En esta zona, más hacia arriba, encontramos los huesos que forman el *esqueleto de la nariz* (páginas 72, 73).

El *maxilar inferior* o mandíbula se expone con la boca (páginas 74, 75).

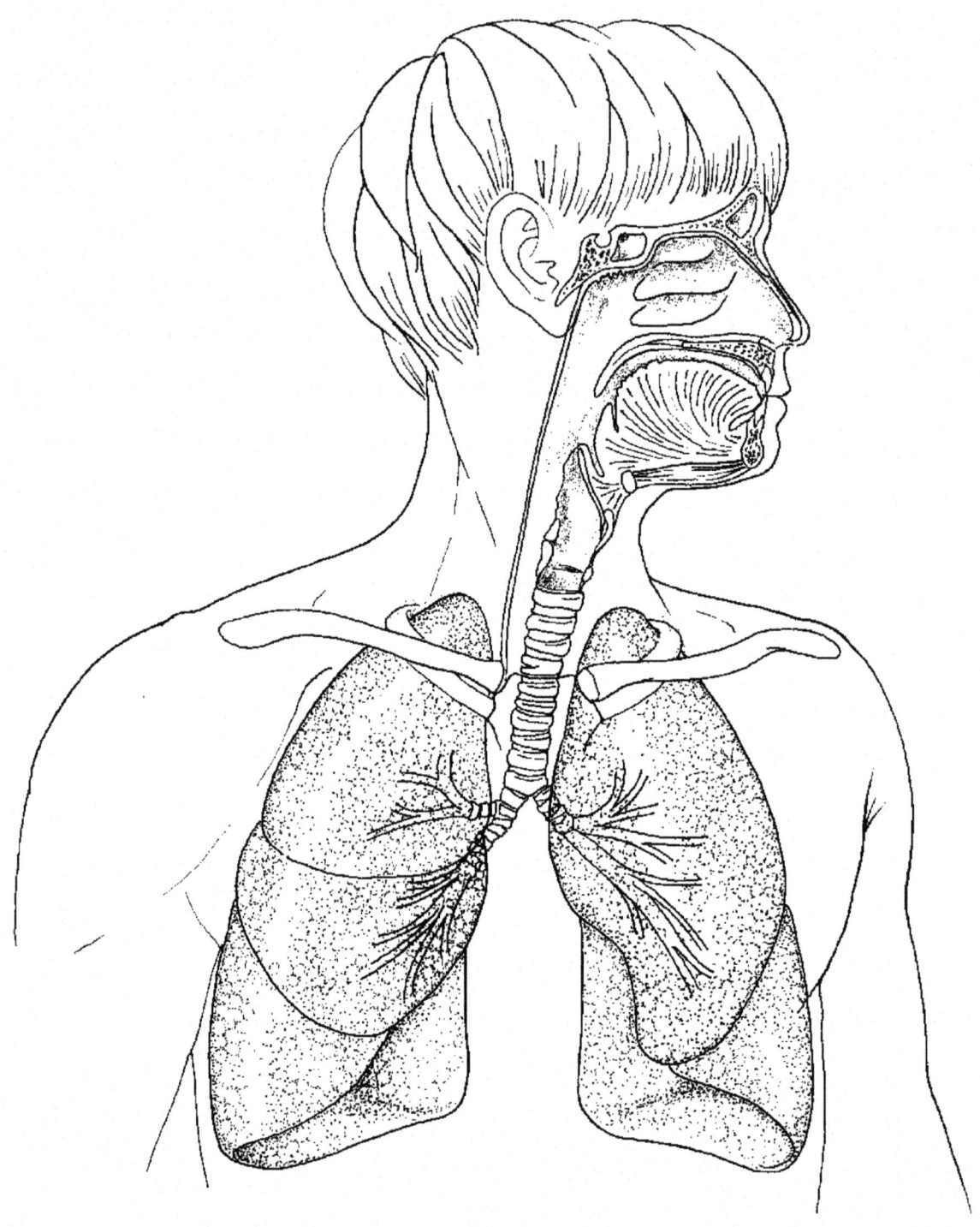

Las *vísceras de la respiración*

En el trabajo corporal, se insiste a menudo en el hecho de que la respiración es un acto que concierne a todo el cuerpo. Esto es cierto debido a que los movimientos respiratorios tienen prolongaciones necesarias hasta las extremidades del cuerpo. Es verdad también en el sentido de que la respiración influye considerablemente en el conjunto de las funciones corporales, rebasando ampliamente la zona de lo que denominamos el «aparato respiratorio». Por último, es cierto porque el acto respiratorio moviliza a la vez el tórax y el abdomen.

Sin embargo, las vísceras de la respiración propiamente dichas se sitúan únicamente en tres zonas: el tórax, el cuello y la cabeza.

En el tórax se encuentran principalmente los *pulmones*, que son las vísceras funcionales de la respiración (es decir, que aseguran la función activa propiamente dicha de respiración o ventilación).

En el cuello y la cabeza se encuentran elementos del aparato respiratorio que tienen en la respiración una función más bien pasiva, de *conductos*: son las *vías aéreas*.
Se les llama *vías aéreas superiores* en el cuello y la cabeza,
vías aéreas inferiores en el tórax.

Estas vías pueden, sin embargo, influir activamente en la respiración: a veces tienen la función de freno al paso del aire. Esto, a varios niveles y con más o menos intensidad.

Los pulmones:
lugar de encuentro de la sangre y el aire

Los dos pulmones
son los órganos de la respiración:
es ahí donde la sangre venosa,
rica en gas carbónico,
procedente del corazón derecho,
se transforma en sangre arterial,
rica en oxígeno, que va de nuevo
hacia el corazón izquierdo,
y de ahí hacia todo el cuerpo.

Están situados
en la mitad superior
de la caja torácica,
a la derecha y a la izquierda.

Contrariamente
a lo que solemos imaginar,
no ocupan toda
la caja torácica en altura.

Dejan entre ellos
un espacio
llamado
mediastino.

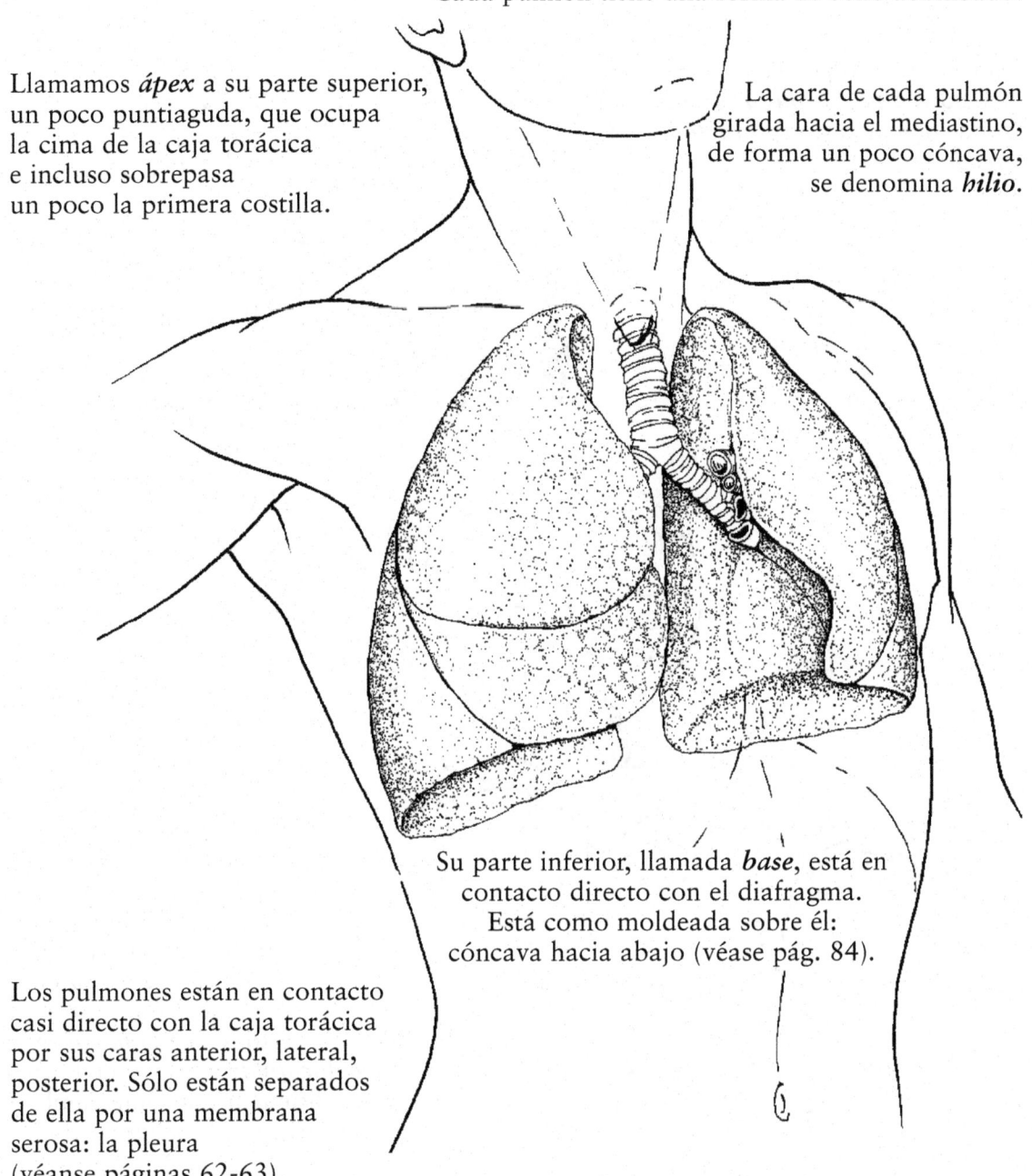

Cada pulmón tiene una forma de cono abombado.

Llamamos *ápex* a su parte superior, un poco puntiaguda, que ocupa la cima de la caja torácica e incluso sobrepasa un poco la primera costilla.

La cara de cada pulmón girada hacia el mediastino, de forma un poco cóncava, se denomina *hilio*.

Su parte inferior, llamada *base*, está en contacto directo con el diafragma. Está como moldeada sobre él: cóncava hacia abajo (véase pág. 84).

Los pulmones están en contacto casi directo con la caja torácica por sus caras anterior, lateral, posterior. Sólo están separados de ella por una membrana serosa: la pleura (véanse páginas 62-63).

El corazón, situado un poco a la izquierda de la línea media, hace que los dos pulmones no tengan ni la misma medida ni la misma forma: el pulmón derecho es más grande, el pulmón izquierdo más pequeño. La cara interna de éste es excavada y se moldea con la forma del corazón.

Los alveolos pulmonares

Cada pulmón está compuesto por pequeños sacos llamados *alveolos pulmonares*, donde desembocan *conductos alveolares* muy finos, descritos en la página 64.

Estos alveolos son extremadamente numerosos: alrededor de 300 millones. Sus paredes desplegadas cubrirían 150 m²... Están agrupados en *lóbulos pulmonares*.

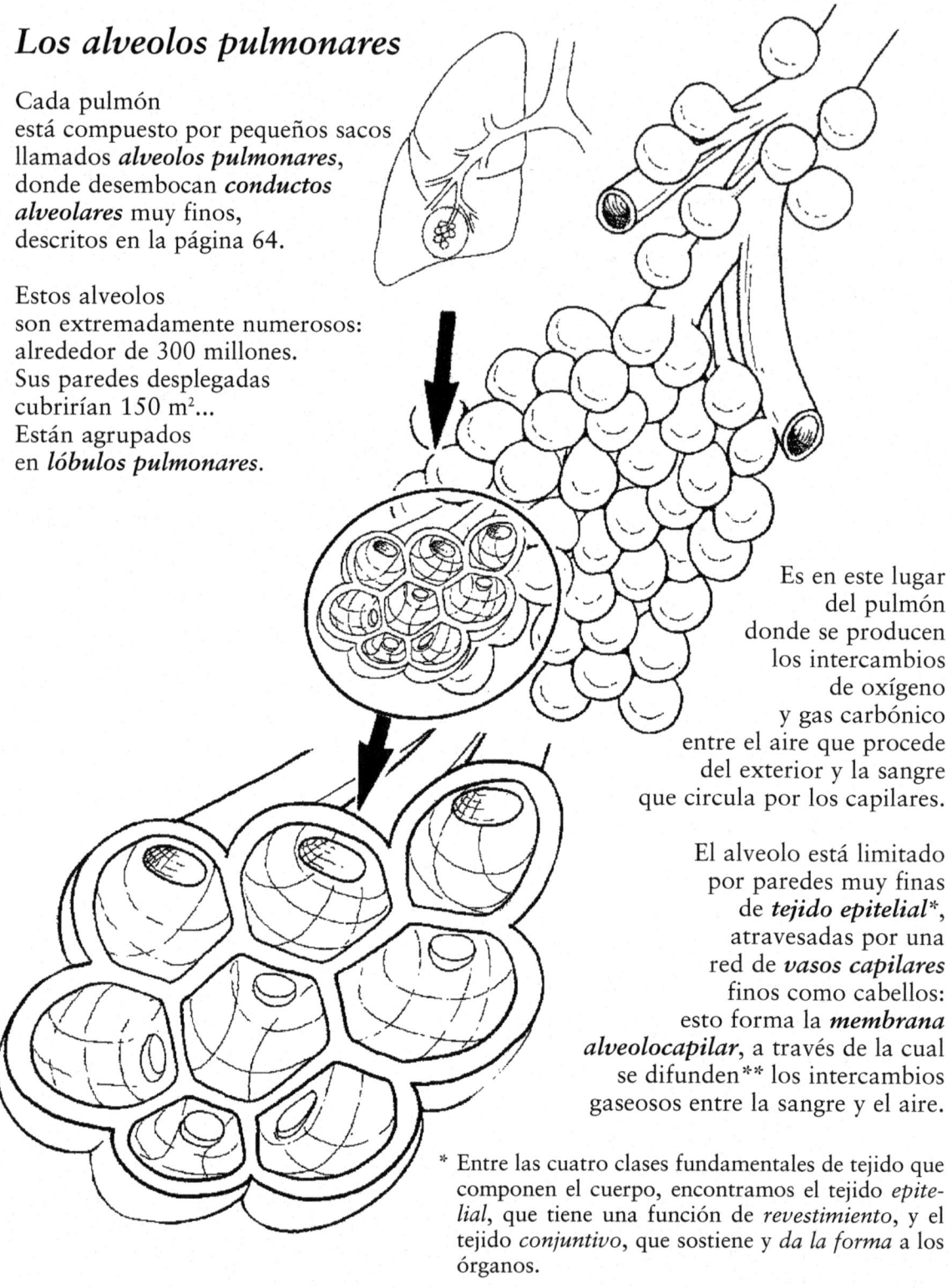

Es en este lugar del pulmón donde se producen los intercambios de oxígeno y gas carbónico entre el aire que procede del exterior y la sangre que circula por los capilares.

El alveolo está limitado por paredes muy finas de *tejido epitelial**, atravesadas por una red de *vasos capilares* finos como cabellos: esto forma la *membrana alveolocapilar*, a través de la cual se difunden** los intercambios gaseosos entre la sangre y el aire.

* Entre las cuatro clases fundamentales de tejido que componen el cuerpo, encontramos el tejido *epitelial*, que tiene una función de *revestimiento*, y el tejido *conjuntivo*, que sostiene y *da la forma* a los órganos.

** Difusión: movimiento o propagación de moléculas o iones entre dos zonas que están conectadas (Nota del corrector).

El pulmón es como un elástico

Hay otro aspecto del pulmón normalmente poco conocido: entre los alveolos, la estructura pulmonar es un tejido conjuntivo **excepcionalmente rico en fibras de elastina**.

Aquí vemos un lóbulo pulmonar en corte, mostrando el tejido epitelial que tapiza el interior de los alveolos (las células tienen la forma de pequeños adoquines). Entre los alveolos, vemos el grosor del tejido conjuntivo, atravesado, entre otros, por vasos. Vemos también en este tejido conjuntivo fibras de colágeno y, sobre todo, **una gran cantidad de fibras elásticas.**

Por esta razón, el tejido pulmonar es elástico: se puede **estirar**, y **resiste** a este estiramiento, volviendo luego a su longitud inicial.

Esta elasticidad constituye una fuerza importante, que interviene a menudo en la respiración.

Por extensión, en este libro se hablará con frecuencia del «elástico pulmonar», observando en este caso los dos pulmones como un solo volumen de materia elástica.

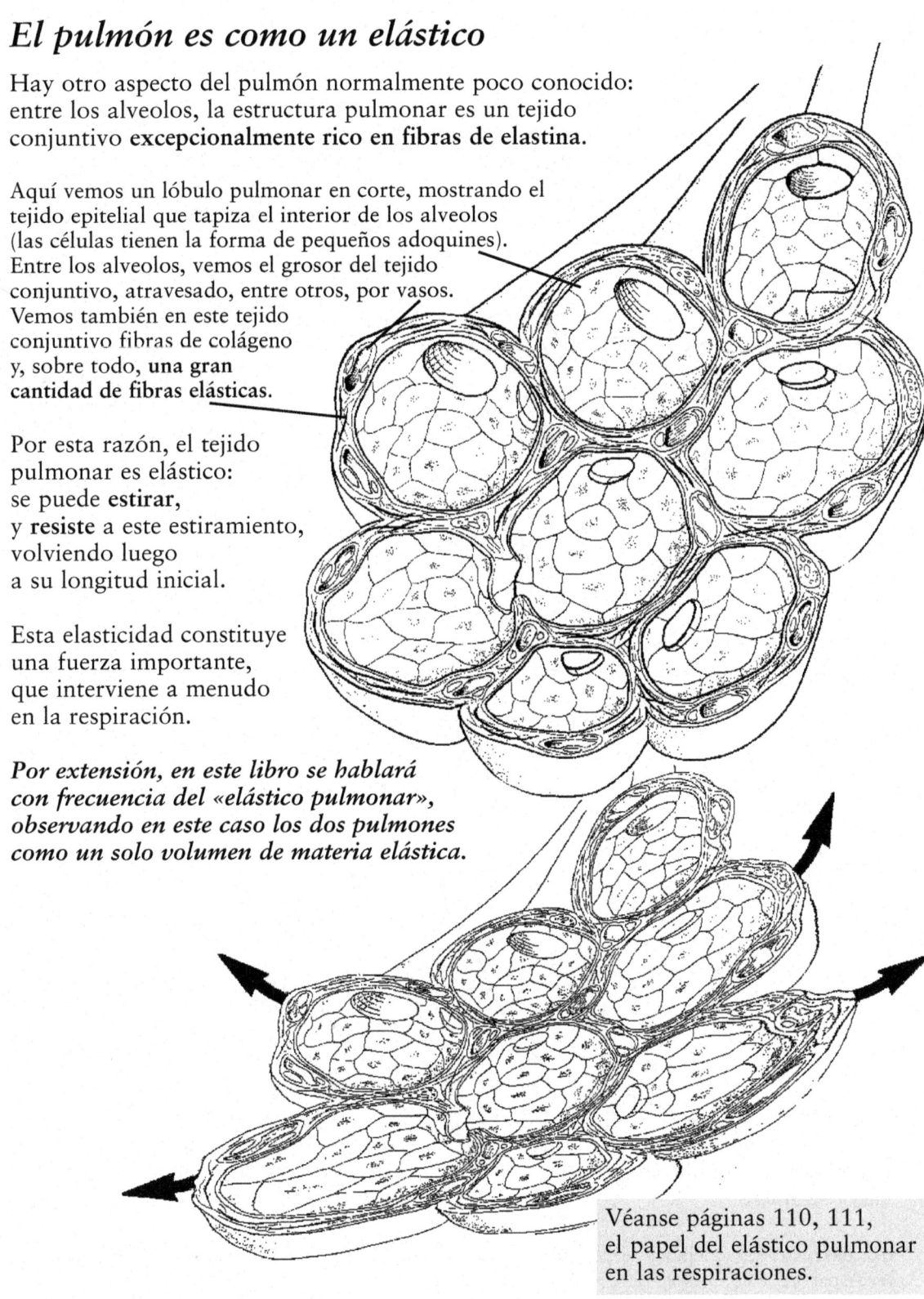

Véanse páginas 110, 111, el papel del elástico pulmonar en las respiraciones.

La pleura: envoltura doble del pulmón

Las *pleuras* son membranas que envuelven en gran parte los pulmones. Cada pulmón tiene su pleura: hay, pues, dos pleuras, una derecha y una izquierda. Pero hay igualmente, para cada una de ellas, *dos hojas*.

En efecto, cada pleura está formada como *una sola bolsa plegada sobre sí misma* (en cierto modo, como si fuera un balón deshinchado que hubiéramos doblado y con el que rodeásemos el pulmón).

Así, la pleura envuelve el pulmón de manera doble. Deja solamente una zona libre en el lugar del pedículo pulmonar,* zona donde la pleura se pliega sobre sí misma.

La hoja externa, llamada *pleura parietal*, se adhiere a la cara profunda de las costillas y a la cara superior del diafragma, cuyos movimientos, por tanto, seguirá.

La hoja profunda se denomina *pleura visceral*. Toma la forma del pulmón, al cual se adhiere.

Es un poco más grande que el pulmón, para permitirle cambiar de volumen durante los movimientos respiratorios.

* Pedículo pulmonar: conjunto de elementos que entran o salen del pulmón (bronquio principal, arterias, venas, nervios, etc.). –Nota del corrector.–

Entre las dos hojas
hay un vacío parcial, una presión negativa.
(Este vacío se regula permanentemente
en función de la presión atmosférica
y de la presión intrapulmonar.)
Por tanto, es como si estas dos hojas estuviesen
«aspiradas» una hacia la otra: *se adhieren entre sí*.
De este modo, el pulmón queda «pegado»
a las costillas y al diafragma.

Existe también una pequeña cantidad de líquido:
el *líquido pleural,* secretado por ciertas células
de la pleura. Esto hace que ambas hojas puedan
deslizarse una sobre la otra.

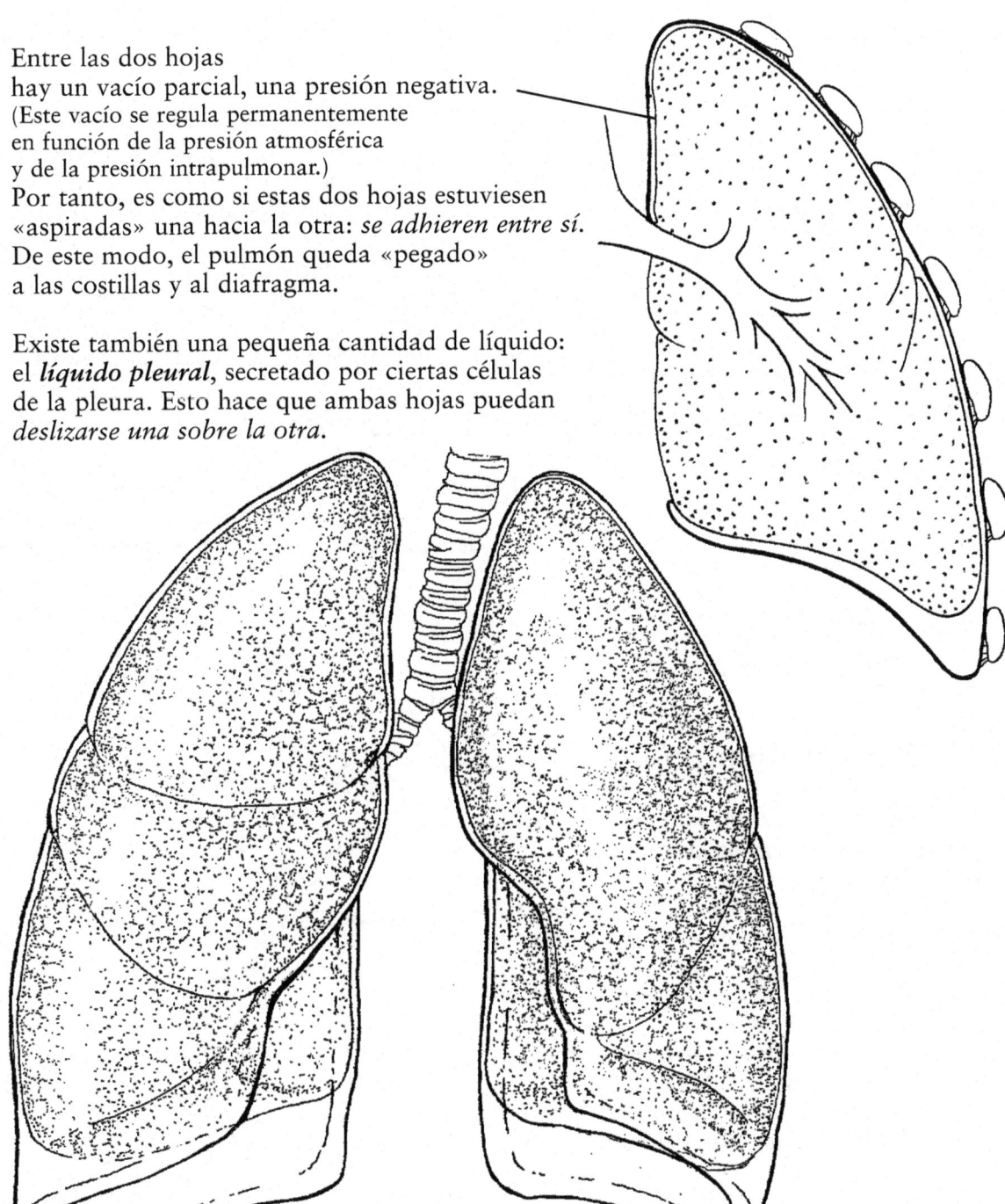

Así, por medio de las pleuras, **los pulmones se adhieren al tórax,** *pero de una manera deslizante y móvil: siguen obligatoriamente los movimientos y deformaciones de las costillas y el diafragma.*
(A la inversa, debido a su fuerza elástica, a menudo hacen que las costillas y el diafragma se deformen con ellos.)

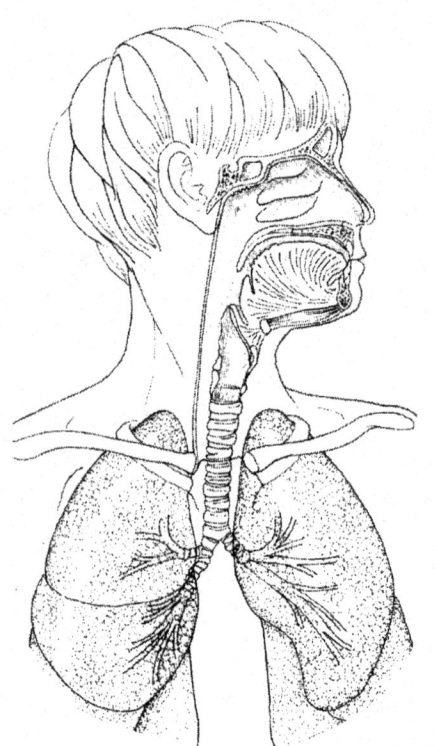

Las «vías aéreas»

Agrupamos bajo este término todos los espacios y conductos que sirven para el paso del aire hasta los pulmones o desde los pulmones.

Esta parte del aparato ventilatorio se denomina a veces «espacio muerto anatómico». ¿Por qué? Porque el aire que hay en él no participa en los intercambios gaseosos de la hematosis.

Las vías aéreas inferiores

Una parte de éstas se encuentra en el pulmón o justo fuera de él: *los bronquios*. Se trata de conductos aeríferos en forma de tubos.

El «árbol bronquial»

Gruesos *bronquios troncos o principales*, que son continuación de la tráquea, penetran en los pulmones; después se dividen en *bronquios lobulares*, destinados a los diferentes lóbulos pulmonares.

Cada bronquio se divide varias veces en el interior de su lóbulo, formando *bronquios segmentarios*, luego *bronquiolos*, de calibre cada vez más pequeño, y después, al final, *conductos alveolares* extremadamente finos.

Los bronquios troncos y lobulares están rodeados por *cartílagos circulares* que los mantienen abiertos. Después, *placas de cartílago* subsisten en la pared de los bronquios segmentarios, pero sin formar un anillo completo. Los bronquiolos ya no tienen cartílago. Los conductos alveolares tampoco.

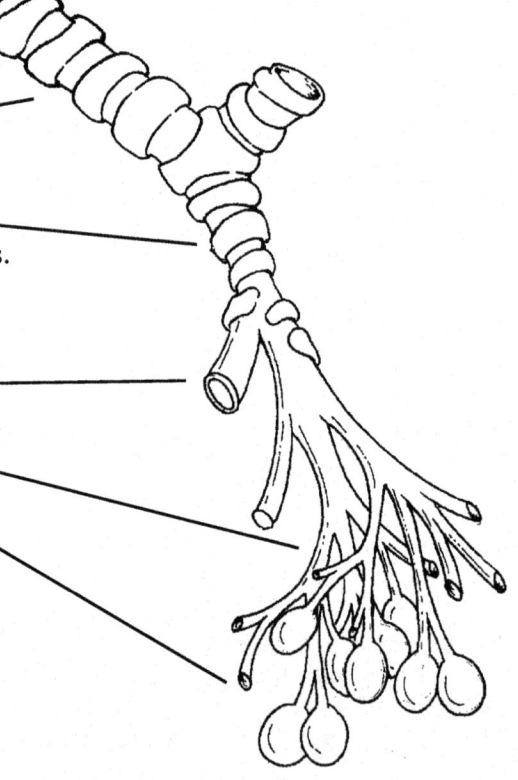

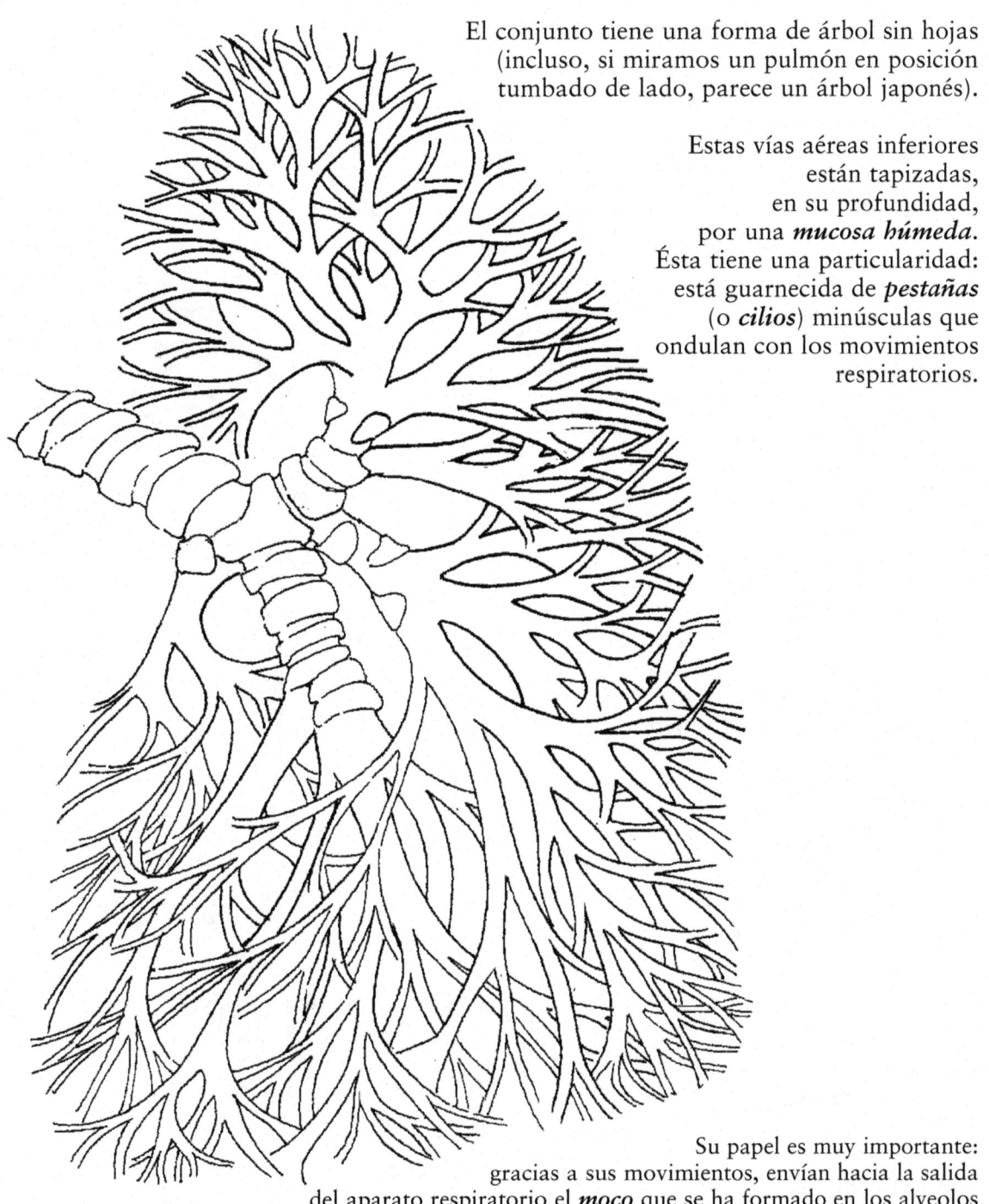

El conjunto tiene una forma de árbol sin hojas (incluso, si miramos un pulmón en posición tumbado de lado, parece un árbol japonés).

Estas vías aéreas inferiores están tapizadas, en su profundidad, por una *mucosa húmeda*. Ésta tiene una particularidad: está guarnecida de *pestañas* (o *cilios*) minúsculas que ondulan con los movimientos respiratorios.

Su papel es muy importante: gracias a sus movimientos, envían hacia la salida del aparato respiratorio el *moco* que se ha formado en los alveolos y en los pequeños bronquios. Este moco, necesario para la función y mantenimiento de los alveolos, debe evacuarse permanentemente hasta la faringe, donde es tragado y digerido. El deterioro de estas pestañas (en particular en los fumadores) crea una obstrucción del pulmón, que ya no puede evacuar correctamente el moco, el cual tiende entonces a infectarse: ésta es una patología denominada *bronquitis*.

Las vías aéreas superiores

Denominamos así todo
lo que sirve para el paso
del aire *por encima del tórax*:

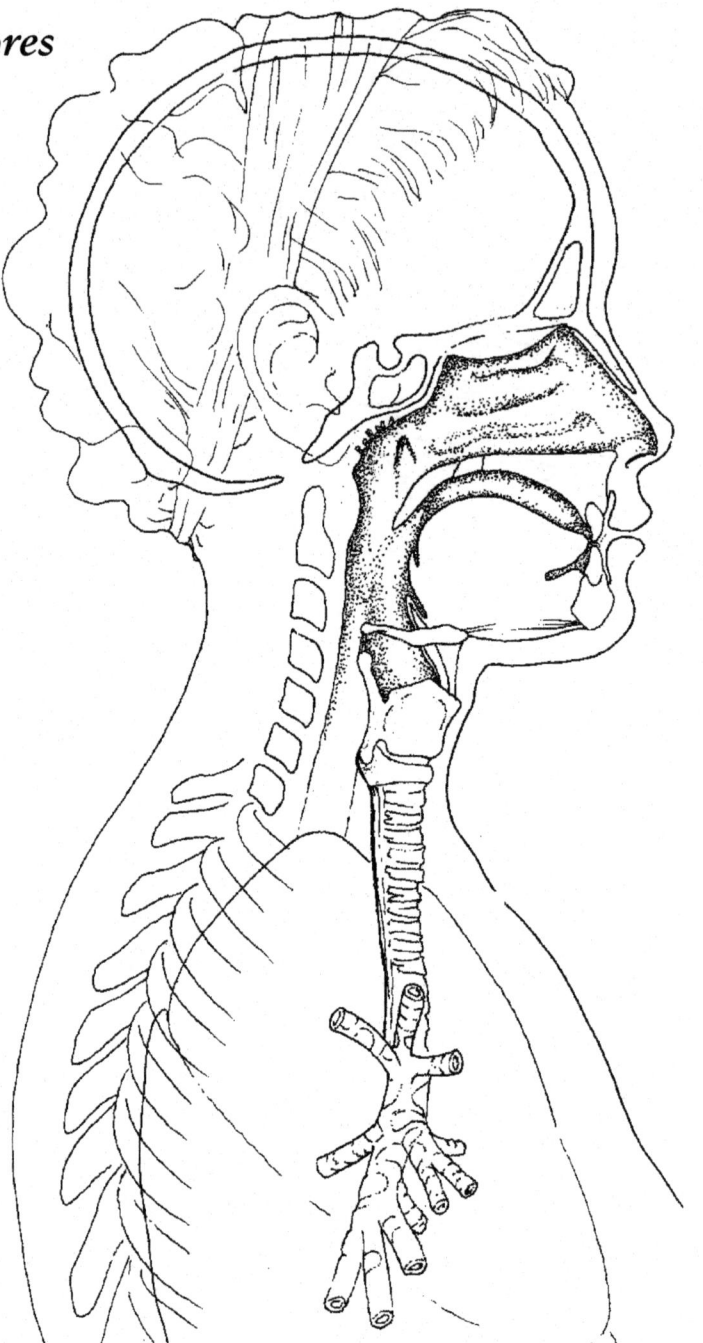

la faringe,
la boca,
la nariz

(estas estructuras
están representadas
en corte),

la tráquea,
con *la laringe*
en su extremidad superior

(estas estructuras
están representadas
«completas»).

Hay que destacar
que estas estructuras
sirven también para
otras funciones.
Por ejemplo:
– La laringe, con sus cuerdas vocales, sirve también
  para vibrar y producir el sonido primario de la voz.
– La boca sirve para comer, pero también para articular
  sonidos o hacerlos entrar en resonancia.
– La nariz sirve también para el olfato...

La tráquea

Situada en la mitad inferior del cuello y, en parte, en la zona alta del tórax, la tráquea es un conducto aerífero que se continúa hacia arriba con la laringe y hacia abajo con los gruesos bronquios troncos.

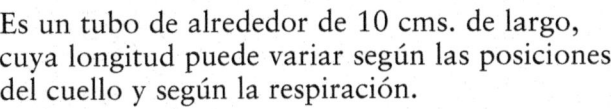

Es un tubo de alrededor de 10 cms. de largo, cuya longitud puede variar según las posiciones del cuello y según la respiración.

Este tubo se mantiene abierto gracias a un armazón de anillos cartilaginosos, casi circulares. Su parte posterior está formada por una membrana flexible y deformable. Su cara profunda está recubierta de mucosa.

Esta disposición hace de ella un *conducto semirrígido*: la tráquea está *siempre abierta para el paso del aire*.

Puede también adaptarse a las deformaciones del esófago, situado justo detrás, cuando tragamos grandes trozos de comida.

Asímismo, es flexible para adaptarse a los diversos movimientos de la cabeza y el cuello, y de la respiración.

La laringe: lugar de la respiración, pero también del nacimiento de la voz

Situada encima de la tráquea, la laringe es una formación muy especializada, más voluminosa y más compleja.

Se comunica por arriba con la faringe.

Está estructurada con un «esqueleto» formado por varios cartílagos.

Por encima de la tráquea, el *cartílago cricoides* parece un anillo engrosado de ésta.

Sobre su parte posterior, soporta dos minúsculos *cartílagos aritenoides*, que sirven de inserción a las cuerdas vocales.

Laringe vista por delante y de lado.

Cartílago cricoides visto por delante y de lado.

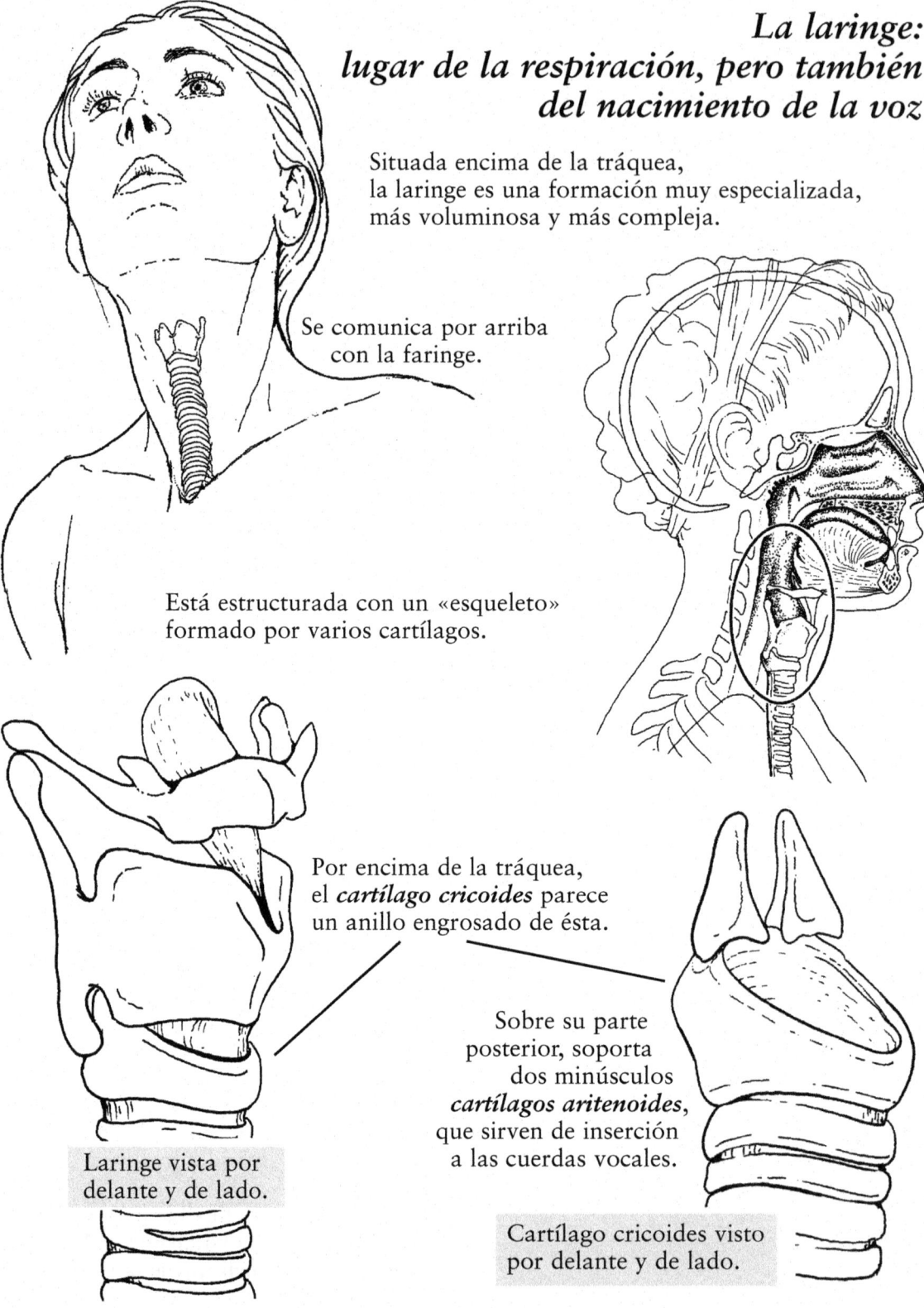

Justo encima se encuentra el *cartílago tiroides*,
el más voluminoso (no confundirlo
con la glándula del mismo nombre).
Tiene la forma de un libro abierto visto por detrás.
Las cuerdas vocales también se insertan en él.

Su arista es muy marcada en la parte anterior
del cuello, a media altura: es «la nuez de Adán»,
que existe en el hombre
y también en la mujer,
aunque de menor tamaño.

Laringe vista por detrás y de lado.

El conjunto está recubierto en el interior
por una *mucosa* que hace que no veamos
dos cuerdas, sino dos *pliegues*.
Las cuerdas vocales pueden estar más o menos
juntas y/o puestas en tensión según las posiciones
de los cartílagos donde se insertan,
modificando así el espacio
comprendido entre ellas.
Este espacio, variable,
se denomina *glotis*.

La glotis tiene encima un cartílago
en forma de lengüeta, que puede
abatirse sobre ella e impedir
el paso: es la *epiglotis* (1).
En la práctica, la epiglotis bascula
Cuando hay paso de alimentos (2)
de la boca al esófago: impide cualquier
paso de alimento o bebida hacia la tráquea.

*La laringe es como un esfínter
que deja pasar más o menos aire*:
Cuando las cuerdas están totalmente
juntas, no hay espacio glótico.
Esta posición puede impedir el paso de aire.
Por ejemplo, sentimos esta función
de freno con el hipo o justo antes de la tos.
Este freno puede ser más o menos completo (véase página 130).

La laringe es también el lugar donde se forma el primer sonido de la voz:
Al ponerse en contacto con las cuerdas vocales, el aire que llega bajo la glotis puede
vibrar, produciendo el «sonido primario» de la voz humana, que a continuación se filtra
y desarrolla en las cavidades de resonancia situadas por encima de la laringe.

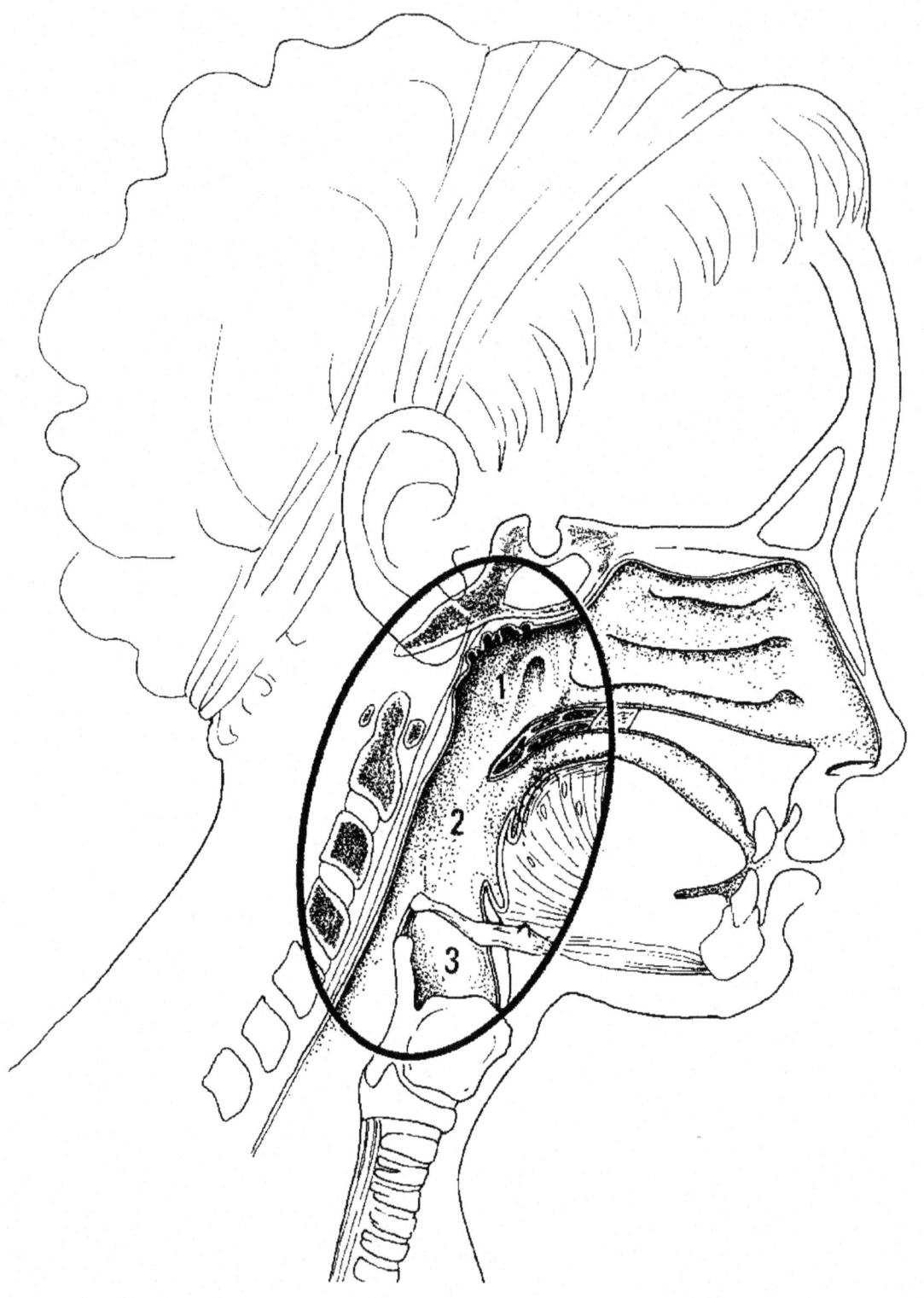

70

La faringe: región en el fondo de la garganta, rebasándola un poco por arriba y por abajo

Llamada a veces *garganta*,
la *faringe* es una región
de unos doce centímetros de largo,
que une las zonas posteriores
de la nariz, de la boca,
de la parte superior de la laringe y del esófago.

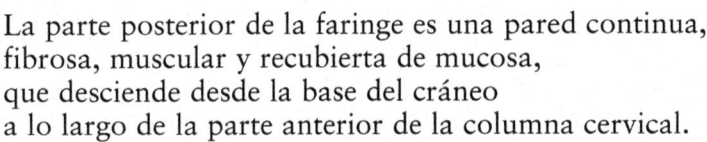

La parte posterior de la faringe es una pared continua,
fibrosa, muscular y recubierta de mucosa,
que desciende desde la base del cráneo
a lo largo de la parte anterior de la columna cervical.

Con la boca abierta,
podemos ver la mucosa de la faringe
en el fondo de la garganta.

La parte anterior de la faringe desemboca en diferentes zonas,
lo que delimita tres niveles, denominados:
– En el fondo de la nariz: *la rinofaringe* (1), arriba.
– En el fondo de la boca: *la orofaringe* (2), a media altura.
– Detrás de la abertura superior de la laringe: *la laringofaringe* (3), abajo.

El aire que se respira por la nariz, pasa por los tres niveles;
el aire que se respira por la boca, pasa por los dos niveles más bajos.

La nariz

Parte muy visible
del aparato respiratorio,
la nariz es una de las dos vías
para conducir el aire entre el exterior
y el interior del cuerpo.

(También es posible respirar
por la boca,
véanse páginas siguientes.)

Vista desde el exterior,
la nariz se muestra
como una arista central
más o menos saliente hacia delante.

En la parte baja,
a cada lado de la arista,
las *alas de la nariz* rodean
y bordean las *narinas*.

Esta forma externa de la nariz
está estructurada
por varios *cartílagos*
yuxtapuestos

y por huesos del cráneo facial:
*los maxilares superiores,
el vómer,
los huesos nasal y frontal.*

Toda esta parte de la nariz forma
el *vestíbulo o parte anterior de la nariz.*

Detrás del vestíbulo,
la nariz está formada por dos cavidades,
una a cada lado del tabique nasal: las *fosas nasales*.

Éstas se prolongan:
... hacia arriba, hasta la región donde
desembocan las terminaciones del nervio olfatorio
(región estructurada por los huesos *etmoides y frontal*);

... hacia atrás, hasta unos orificios, las *coanas*,
que desembocan
en la región
más alta de la faringe:
la rinofaringe.

En el interior de las fosas nasales,
el esqueleto de la estructura
se completa, en las paredes laterales,
con minúsculos huesos
llamados *cornetes de la nariz*,
que hacen que el relieve interno
de las fosas nasales no sea liso,
sino que forme numerosos repliegues.
El conjunto está tapizado de *mucosa*,
húmeda y caliente.

*Así, el aire que circula en esta zona,
no lo hace en línea directa,
sino animado por turbulencias,
lo que contribuye a calentarlo
y humedecerlo.*

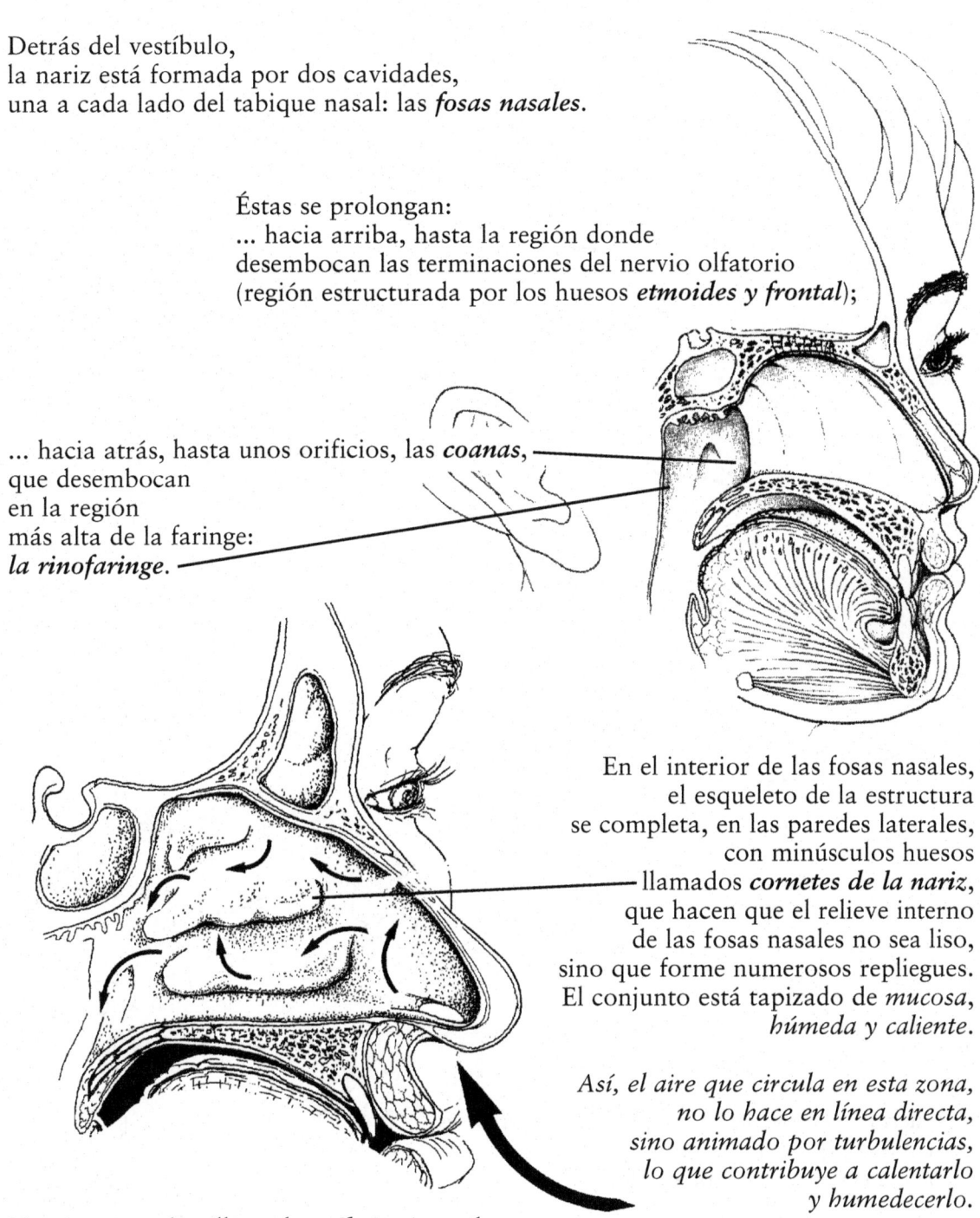

Numerosos pelos (llamados *vibrisas*) recubren
esta mucosa interna.
Su función es *retener el polvo* y, así, *purificar el aire* antes de su entrada en los pulmones.
La mucosa contiene células que secretan un *moco pegajoso*, el cual contiene una *enzima
antibacteriana*.

La boca

La boca no es el conducto más normal para respirar: en efecto, no posee, como la nariz, dispositivos para purificar y humedecer el aire.

Sin embargo, en numerosas ocasiones respiramos por la boca: cuando queremos respirar más deprisa o más fuerte, cuando nadamos, cuando cantamos, etc. Por esta razón, conviene describirla aquí como lugar de paso eventual del aire, y lugar eventual de frenos al paso del aire.

La boca presenta una parte anterior delimitada por los *labios*.

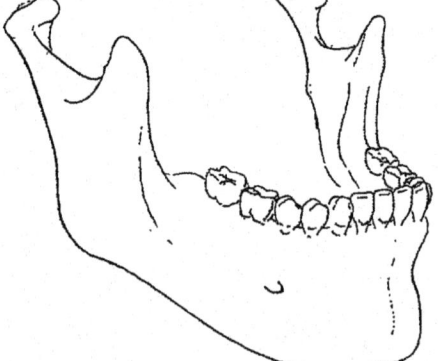

Por detrás, encontramos la región de los *dientes*, sostenidos por el armazón óseo de los *maxilares superior e inferior*.

Éste último se articula con el cráneo a través de las *articulaciones temporomandibulares*. Este armazón está recubierto de mucosa, formando las *encías*.

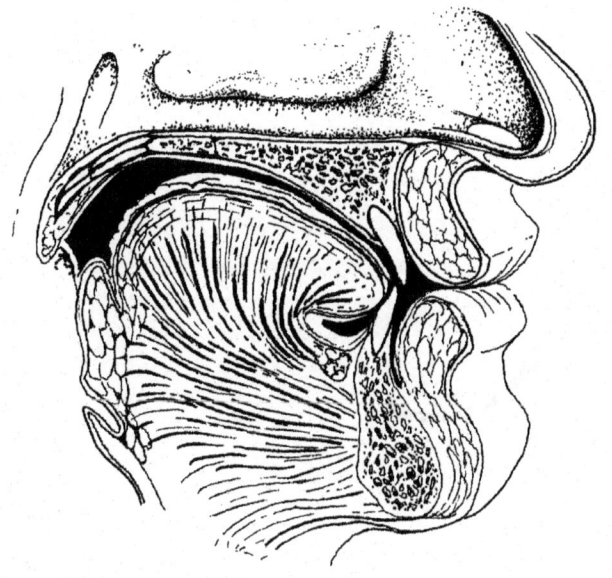

Rodeada por los dientes, la **lengua** ocupa la parte inferior de la boca. Mientras que su parte visible (la punta) es fina, la lengua forma hacia atrás una masa muy importante, que llega hasta el suelo de la boca y, posteriormente, hasta la faringe. Comporta 17 músculos y así puede combinar acciones muy variadas.

Por arriba, la boca está limitada por el **paladar**, que a su vez se divide en dos partes:
– La parte anterior o **paladar duro**, corresponde a los **huesos maxilares superiores** y **palatinos**.

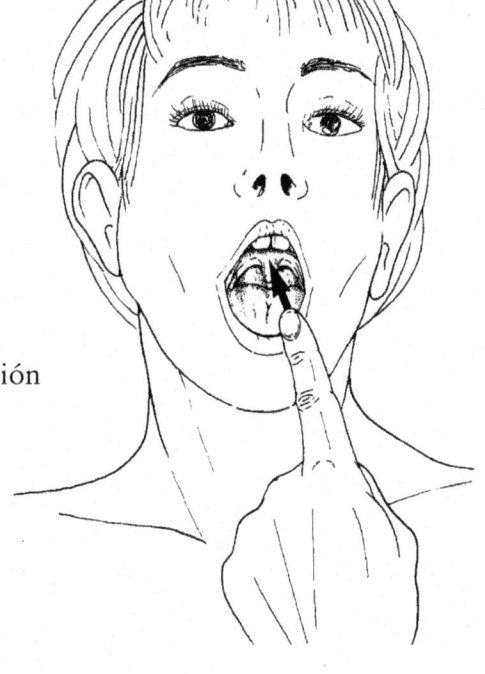

– La parte posterior (1/3 posterior), llamada paladar blando o **velo del paladar**, prolonga la precedente hacia atrás. Es una capa formada por diez músculos, que puede elevarse, descender y ponerse en tensión en numerosas acciones, como son la *voz* o el *bostezo*.

Esta zona del paladar blando es también la que golpea vibrando sobre la lengua en el *ronquido*.

Por detrás, la boca está limitada por los músculos del velo llamados **pilares del velo**, que juntos forman un estrechamiento llamado **istmo de la garganta** (es a ese nivel donde se encuentran las **amígdalas** palatinas).

El conjunto del paladar (duro y blando) y los pilares están recubiertos por mucosa.

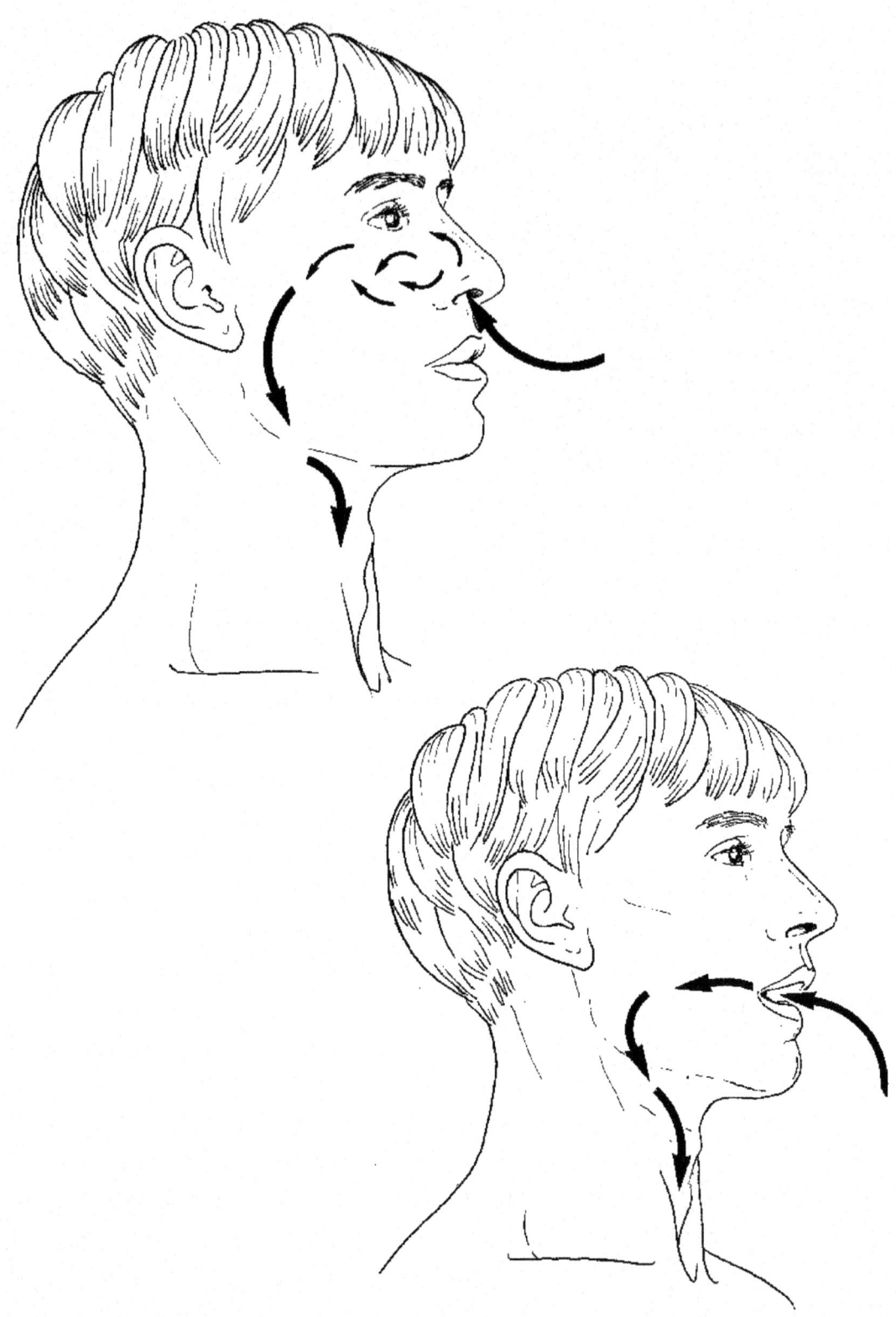

¿Respirar por la nariz o por la boca?

En numerosas técnicas corporales se dan consignas sobre este tema, que adquieren algunas veces un aire un poco dogmático...
En realidad, las dos vías respiratorias son posibles, con intereses e inconvenientes muy diferentes.

Cuando respiramos por la nariz:

Como hemos visto en la página 73, el aire es a la vez:
– Calentado y humedecido por la mucosa.
– Limpiado de polvo, retenido por los pelos o el moco.
– Purificado de bacterias por las enzimas del moco.
De esta manera, llega a los pulmones un *aire caliente*, *húmedo*, *purificado*,
de gran calidad. Desde este punto de vista, es mejor respirar por la nariz*.

Aparte de esto, estimulamos más las terminaciones del nervio olfatorio, que se encuentra en la cima de la nariz, en particular si respiramos solamente por una narina, porque entonces el aire invade más la fosa nasal.

Cuando respiramos por la boca:

– Con la boca abierta, el aire encuentra menos resistencia, ya que los conductos son mayores (el fondo de la boca, en particular, es más ancho que el fondo de la nariz, a menudo estrecho). Además, el trayecto es ligeramente más corto.
Así, podemos movilizar fácilmente grandes cantidades de aire por la boca abierta, tanto en la inspir como en la espir.
De esta manera, se pueden conseguir respiraciones profundas con mayor facilidad, en los «extremos» de los volúmenes respiratorios. Esto es interesante, por ejemplo, cuando hay que movilizar rápida y momentáneamente una gran cantidad de aire:
  – Actividad física intensa.
  – Inspiraciones rápidas, por ejemplo, para los nadadores, los cantantes
  o los instrumentistas de viento.
  – Técnicas donde se busca la espiración más profunda posible, por ejemplo,
  para estirar el músculo diafragma.

– Pero por la boca también podemos *variar el flujo de aire* mucho más que por la nariz, tanto en la inspir como en la espir, cerrándola más o menos, en particular a nivel de los labios, la lengua o el velo del paladar (véase «los frenos oclusivos», página 130).

* Algunas veces, la respiración por la nariz es imposible o sólo parcialmente posible, debido a problemas de mala posición de la lengua o de estrechamiento de la rinofaringe.

Los *músculos* de la respiración

En los movimientos respiratorios pueden participar numerosos músculos. La mayoría de ellos no tienen esta acción respiratoria como función principal.

Algunos son inspiradores. Expanden los pulmones.
Otros son espiradores. «Cierran» los pulmones.

Ciertos músculos intervienen tanto en la inspiración como en la espiración, según como combinen su acción con la de otros músculos.

Pero todos estos músculos a menudo intervienen *no directamente*, sino de otro modo. Pueden, por ejemplo, *frenar* movimientos respiratorios, o detenerlos. Al contrario, a veces pueden permitirlos por su simple *relajación*.

Por último, hay que recordar aquí que ciertos movimientos respiratorios se hacen *sin acción muscular*.
Al lector se le remitirá con frecuencia al capítulo de los volúmenes respiratorios y al capitulo sobre las fuerzas que intervienen en estos volúmenes.

Los músculos inspiradores

Son todos los músculos que, por su acción, van a ocasionar un *aumento del volumen de los pulmones*.
Este aumento puede producirse a través de dos grandes mecanismos:
– Podemos agrandar los pulmones tirando de su base.
– O tirando de sus caras anterior, lateral, y posterior.
El primer músculo que estudiaremos, el diafragma, puede actuar de estas dos maneras.

El diafragma: el principal inspirador

La mayoría de las respiraciones habituales se hacen gracias a este músculo.
Actúa como una bomba situada en la base de los pulmones.

Es un amplio tabique, a la vez muscular y fibroso, que separa y une al mismo tiempo el tórax y el abdomen.

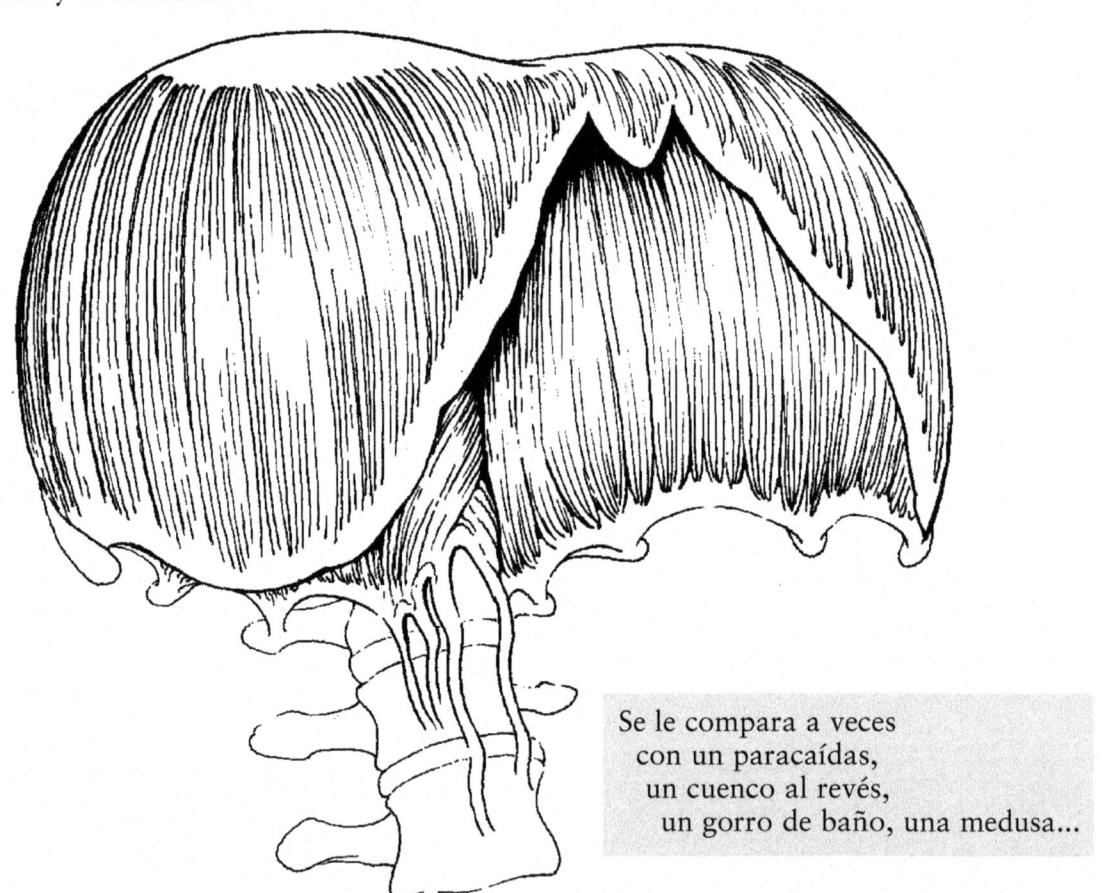

Se le compara a veces con un paracaídas, un cuenco al revés, un gorro de baño, una medusa...

Alojado entre los órganos como una capa flexible, se moldea sobre ellos y adopta su forma: la de una gran cúpula irregular, bastante fina, más desarrollada por detrás que por delante. O sea, contrariamente a lo que las ilustraciones pueden hacer imaginar, el diafragma no es una cúpula rígida.

Sus bordes se insertan en el contorno interno de la caja torácica.

La hemicúpula derecha es un poco más curvada y más alta que la izquierda, sobre todo en la espiración intensa.

¿Dónde se sitúa el diafragma en el tronco?

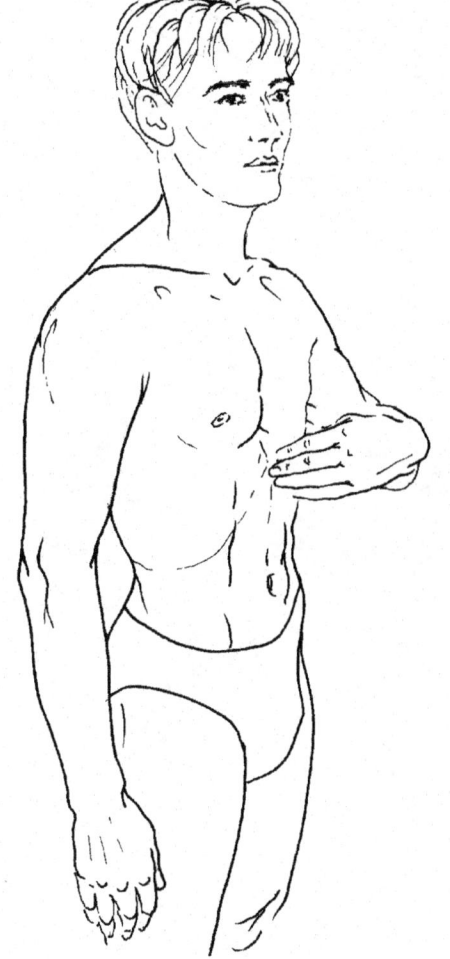

El punto culminante de la cúpula se encuentra a nivel de la cuarta o quinta costilla, o ligeramente por encima de la punta del esternón.

Por detrás, este punto se proyecta a la altura de la séptima vértebra dorsal. (Atención: se trata de niveles *medios* que varían con la posición de la caja torácica, y con la inspiración/espiración.)

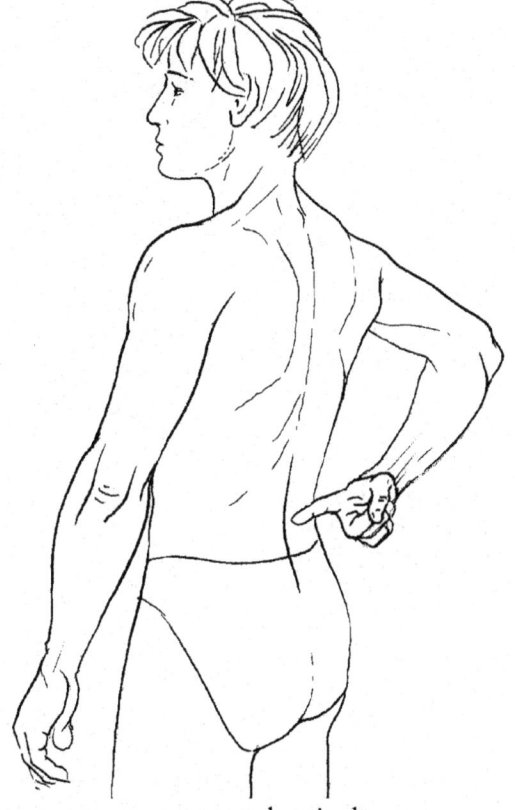

El punto más bajo del diafragma está detrás, formado por las inserciones tendinosas que terminan en la vértebra L3. Esto corresponde a la zona de la cintura.

Vemos así que este músculo está instalado en el tronco con un gran desnivel.

Anatomía del diafragma

Este músculo está compuesto por una parte central fibrosa llamada ***centro frénico***, alrededor de la cual se encuentran ***fibras musculares*** dispuestas de forma radiada, que terminan sobre todo el contorno de la caja torácica.

El centro frénico

Es una zona de *aponeurosis**, de color blanco nacarado brillante.

Aquí, el diafragma está visto por arriba y por delante.

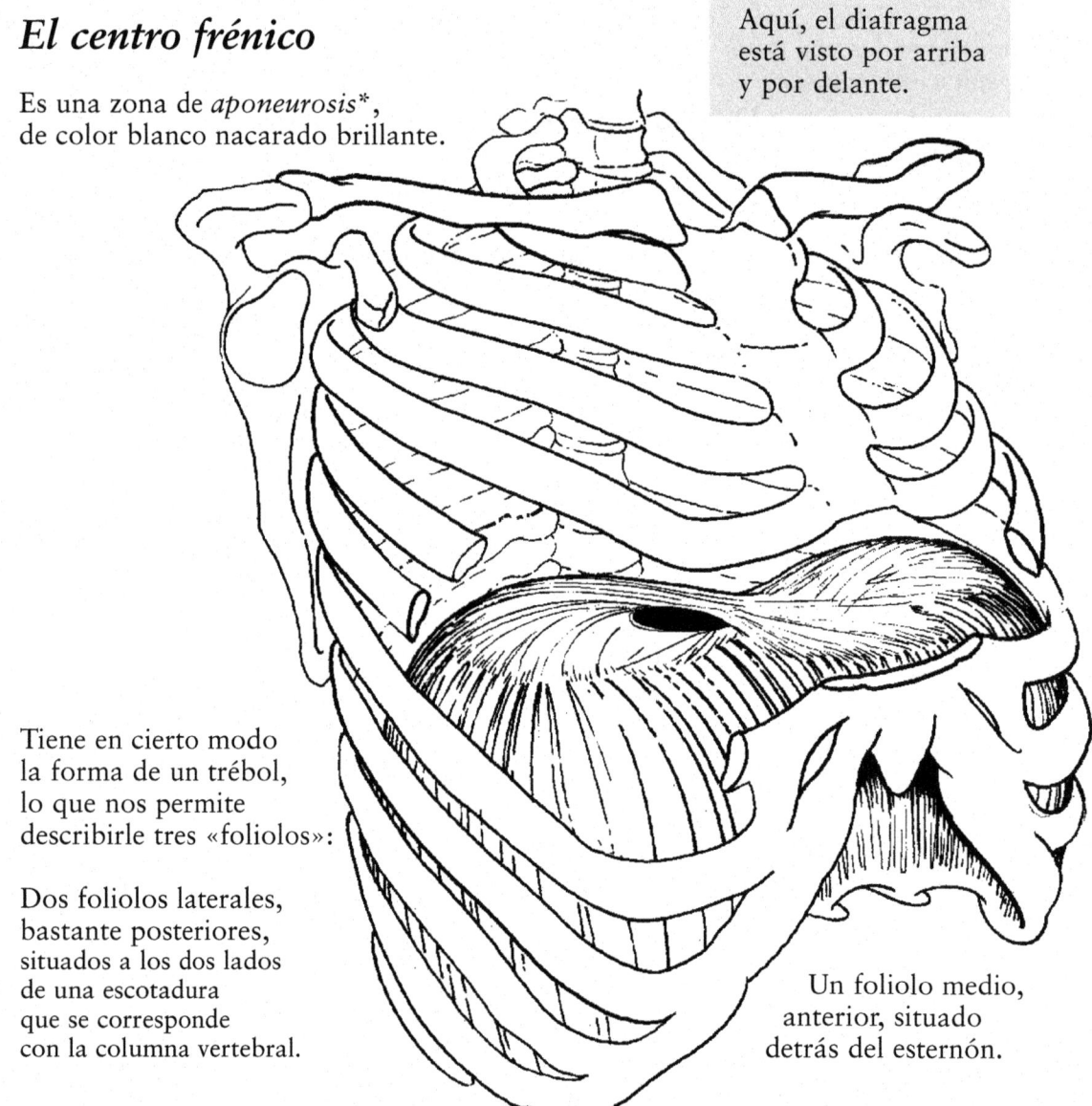

Tiene en cierto modo la forma de un trébol, lo que nos permite describirle tres «foliolos»:

Dos foliolos laterales, bastante posteriores, situados a los dos lados de una escotadura que se corresponde con la columna vertebral.

Un foliolo medio, anterior, situado detrás del esternón.

---

* La aponeurosis es un tejido fibroso deformable muy rico en fibras de *colágeno*, resistentes a la tracción, dispuestas en direcciones muy diversas. *No tiene fibras musculares*: así, el centro frénico es una parte del diafragma que no puede contraerse, pero que es traccionada cuando las fibras musculares del contorno se contraen. Es una zona que transmite la tracción a distancia.

Las fibras musculares

Nacen en el centro frénico; luego se dirigen, descendiendo como radios, hacia todo el contorno de la caja torácica. Están dispuestas en arco de círculo, lo que da al diafragma su aspecto de cúpula.

Dependiendo del lugar donde terminan, llevan nombres diferentes:

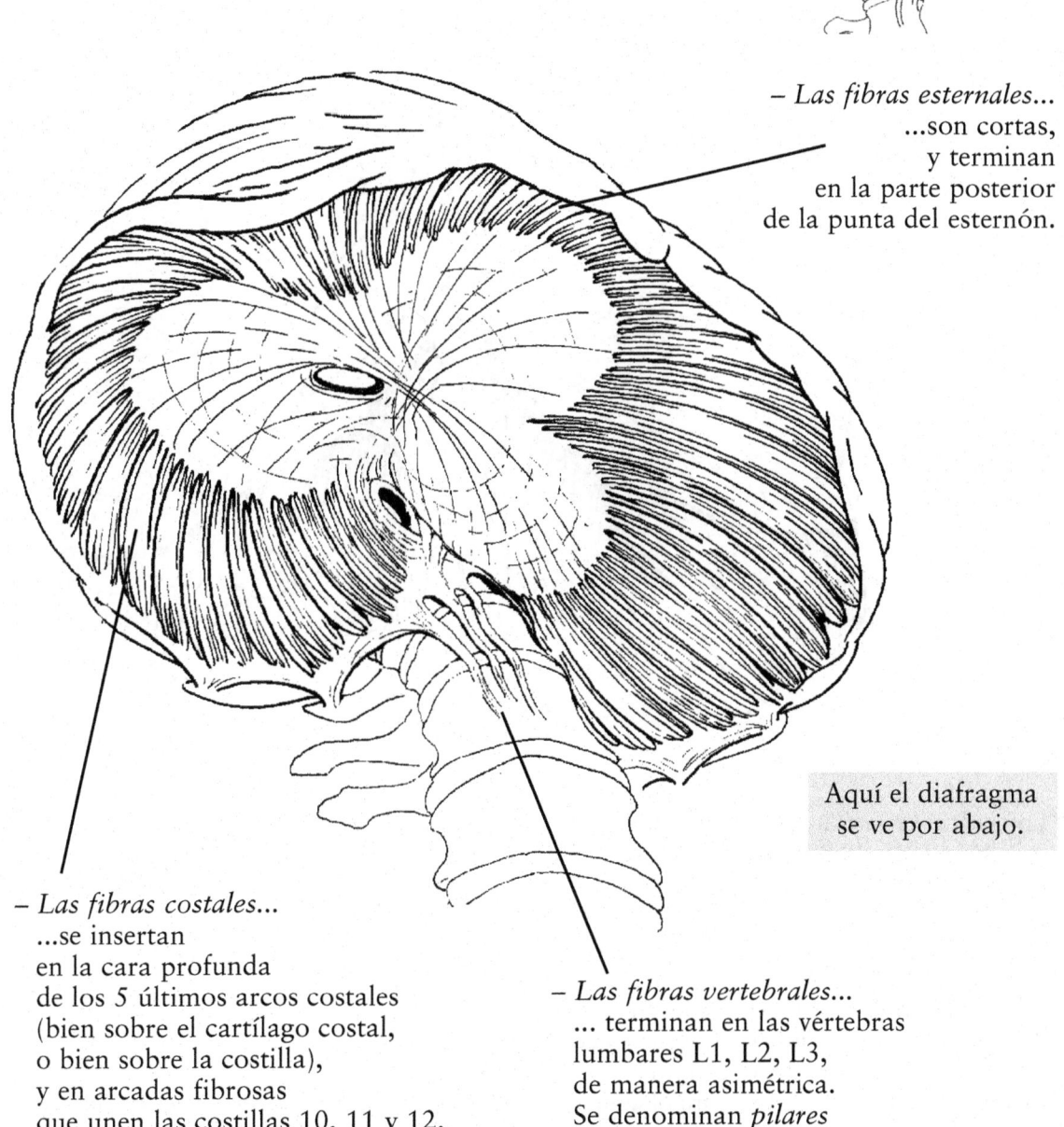

– *Las fibras esternales...*
...son cortas, y terminan en la parte posterior de la punta del esternón.

Aquí el diafragma se ve por abajo.

– *Las fibras costales...*
...se insertan en la cara profunda de los 5 últimos arcos costales (bien sobre el cartílago costal, o bien sobre la costilla), y en arcadas fibrosas que unen las costillas 10, 11 y 12.

– *Las fibras vertebrales...*
... terminan en las vértebras lumbares L1, L2, L3, de manera asimétrica. Se denominan *pilares* del diafragma.

El diafragma y las vísceras del tórax

El diafragma forma para el tórax un «suelo» de forma convexa.

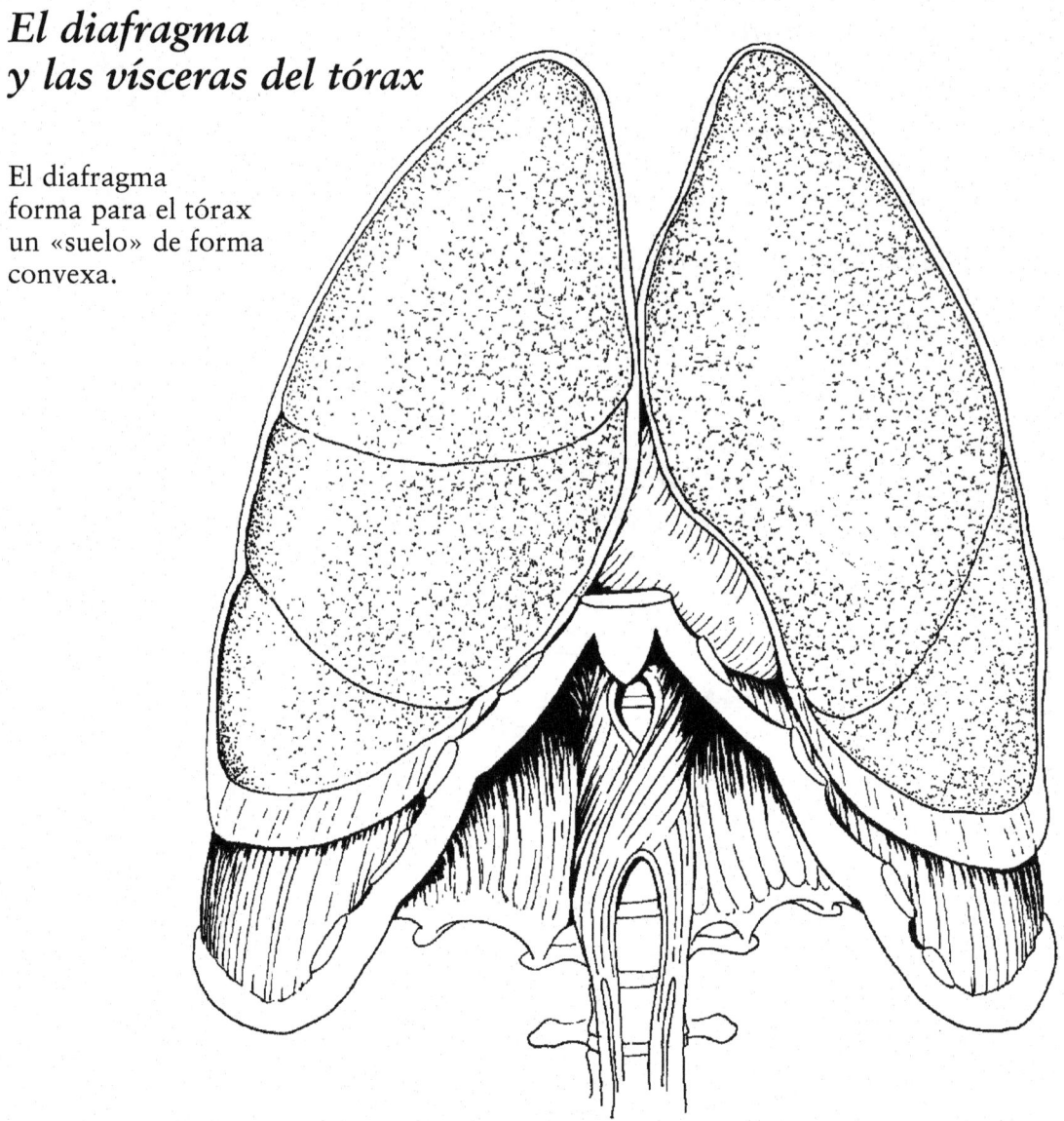

Los pulmones están instalados sobre él por sus bases, envueltos con sus pleuras: se adhieren así a este «suelo» por su parte inferior.
Cada movimiento o deformación del diafragma se transmitirá, por esta razón, a la parte baja de los pulmones (véase funcionamiento página 134).

El tamaño de la pleura parietal es mayor que el del pulmón.
El diafragma es más bajo que la pleura.
Así, percibimos tres niveles que se suceden, de abajo hacia arriba:
los bordes inferiores del diafragma, de la pleura y del pulmón.
El corazón está instalado sobre el centro frénico, envuelto por su serosa: el pericardio.
Éste se adhiere al diafragma por su pared externa, que deja una huella sobre el centro frénico.

El diafragma y las vísceras del abdomen

El diafragma está dispuesto como un manto sobre las vísceras más altas del abdomen, con las que contacta parcialmente. Con algunas por medio del peritoneo, gran membrana serosa que envuelve la mayor parte de las vísceras abdominales:
– El estómago, a la izquierda, que se adhiere al diafragma por sus caras lateral y (un poco) anterior.
– El hígado, que se adhiere por sus caras lateral, superior y posterior.

Con otras, directamente (las vísceras que se encuentran en la parte posterior del peritoneo): los riñones, el bazo, el páncreas, la arteria aorta, los «ángulos» del intestino grueso.

Así, a través de sus movimientos, el diafragma influirá directamente en estas vísceras, modificando la forma de una u otra, o del conjunto.

Incluso, más allá, los movimientos del diafragma también pueden influir a distancia en la forma y los movimientos de las otras vísceras contenidas dentro del cajón abdominal.

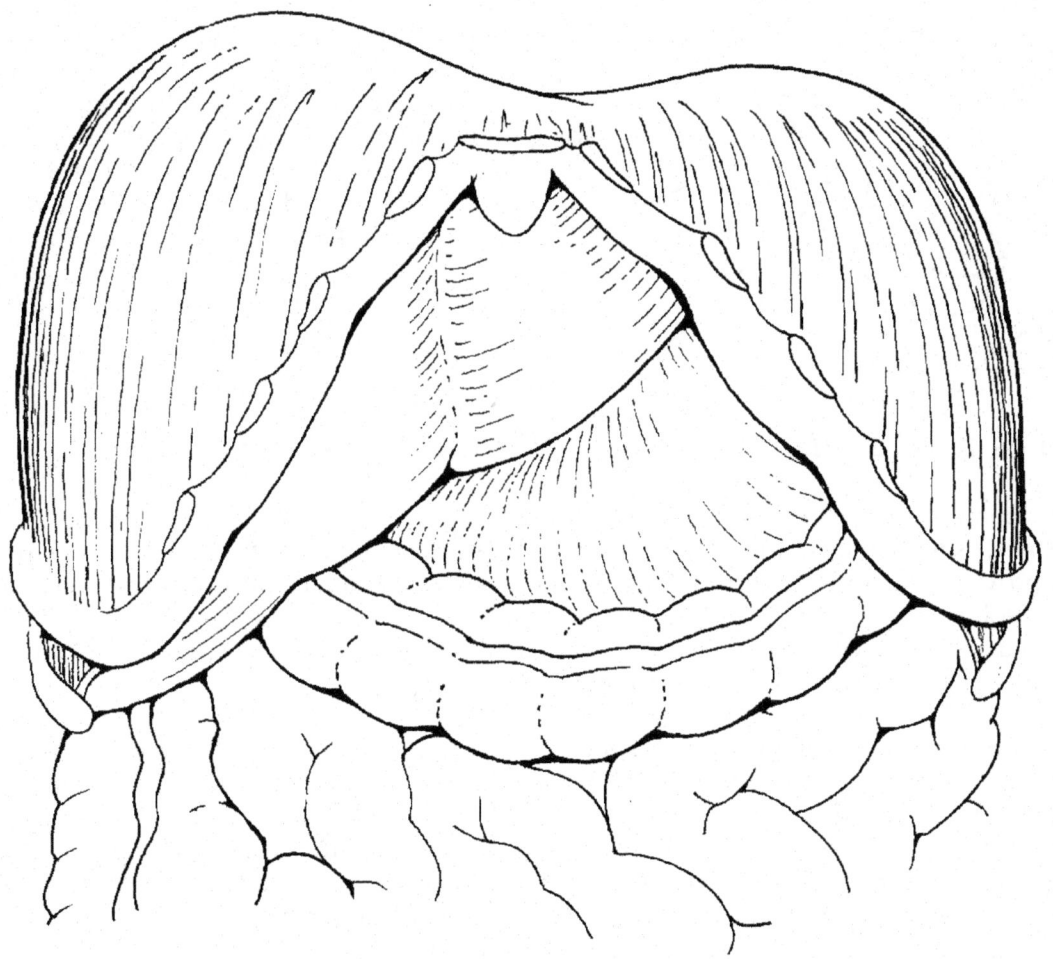

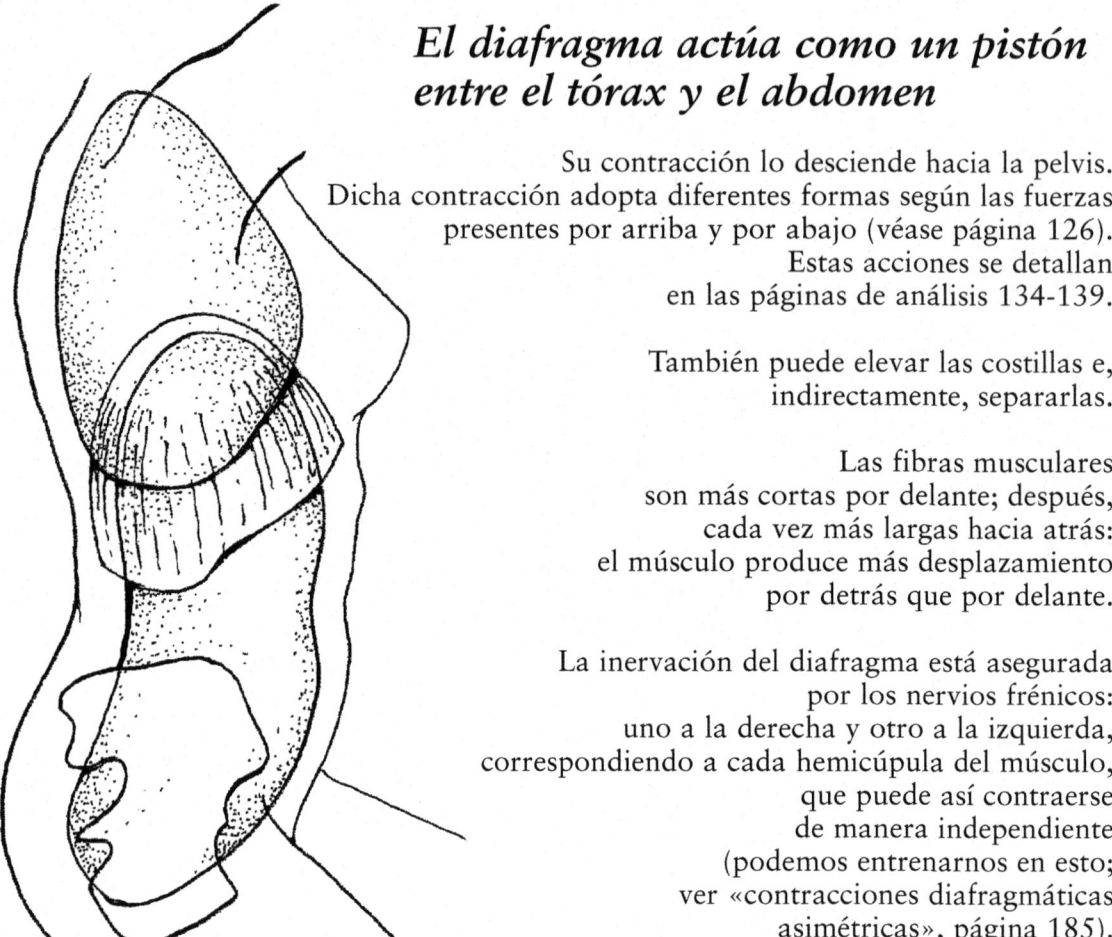

El diafragma actúa como un pistón entre el tórax y el abdomen

Su contracción lo desciende hacia la pelvis. Dicha contracción adopta diferentes formas según las fuerzas presentes por arriba y por abajo (véase página 126). Estas acciones se detallan en las páginas de análisis 134-139.

También puede elevar las costillas e, indirectamente, separarlas.

Las fibras musculares son más cortas por delante; después, cada vez más largas hacia atrás: el músculo produce más desplazamiento por detrás que por delante.

La inervación del diafragma está asegurada por los nervios frénicos: uno a la derecha y otro a la izquierda, correspondiendo a cada hemicúpula del músculo, que puede así contraerse de manera independiente (podemos entrenarnos en esto; ver «contracciones diafragmáticas asimétricas», página 185).

No es fácil sentir la contracción del diafragma

Su acción está situada en pleno medio visceral.
Además, está poco inervado desde el punto de vista sensitivo; lo está por fibras nerviosas que provienen de los seis últimos nervios intercostales y algunas fibras que provienen del plexo solar.
Esto hace que su contracción no sea fácilmente reconocible con la sensación, mucho menos que la de los inspiradores costales.

A menudo sentimos los movimientos de las vísceras, en particular de las pleuras (muy inervadas en el plano sensitivo), sin poder distinguirlos claramente de la sensación contráctil del músculo diafragma.
Esto explica en parte por qué las respiraciones diafragmáticas, aunque sean las más corrientes y las más eficaces para movilizar el volumen de aire, no se notan fácilmente cuando queremos practicarlas de manera consciente y voluntaria.

Los otros músculos inspiradores,
llamados «inspiradores costales»

Aunque la mayor parte de las inspiraciones corrientes están hechas por el diafragma, podemos inspirar de modo muy distinto: «abriendo» la caja torácica mediante los *músculos inspiradores costales*.

Mientras que el diafragma actúa desde el interior de la caja, los músculos inspiradores costales actúan todos desde el exterior.

> La acción de estos músculos es mucho más fácil de reconocer, puesto que casi todos son superficiales, palpables bajo la piel: *se sienten más fácilmente*.
> Es por esta razón por lo que las inspiraciones costales son normalmente las que un principiante «encuentra» primero. Aunque no sean ni las más útiles ni las más corrientes para movilizar el aire eficazmente.
> Sin embargo, es muy interesante practicarlas en un registro de respiraciones espontáneas, y para variar las acciones en la caja torácica y en la región dorsal.

En las páginas siguientes, los inspiradores costales se presentan en tres grandes series:

– Los que elevan las costillas *desde la cintura escapular y los brazos*:
   el pectoral menor, el pectoral mayor y el serrato mayor.

– Los que elevan las costillas *desde la columna dorsal*:
   los supracostales, los serratos menores posteriores y superiores
   e, indirectamente, los espinales.

– Los que elevan las costillas *desde la cabeza y el cuello*:
   Los escalenos, el esternocleidomastoideo, el serrato menor posterior y superior.

Algunos hacen inspirar más bien lateralmente, otros más sagitalmente (véase página 48), y todo ello, a diferentes niveles.

Los músculos que elevan las costillas desde la cintura escapular

El pectoral menor

En el omóplato se encuentra un pequeño saliente que apunta hacia delante: la apófisis *coracoides*. Es ahí donde nace el pectoral menor. Desciende hacia el interior formando un abanico que termina sobre las costillas altas: 3, 4, 5.

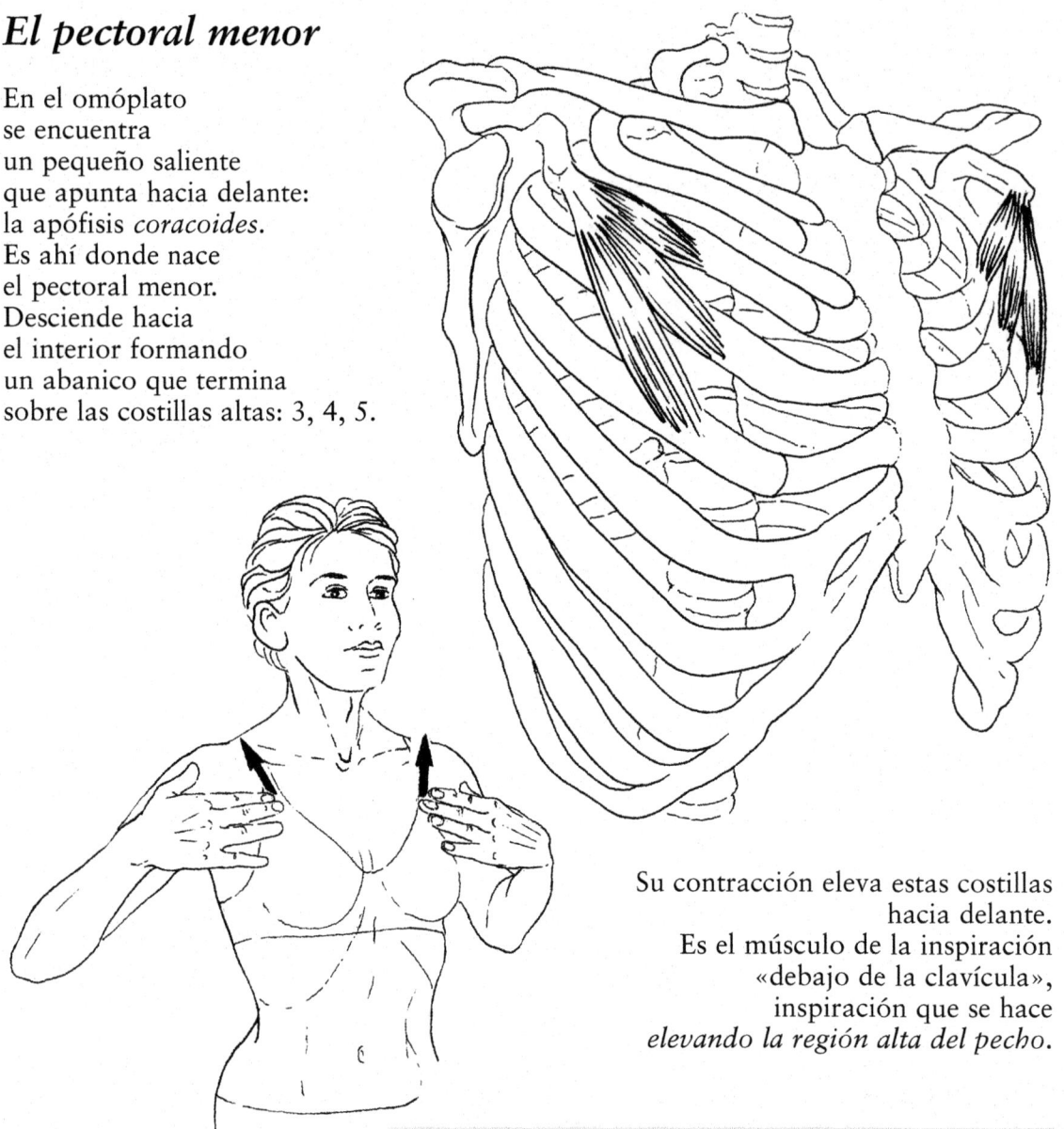

Su contracción eleva estas costillas hacia delante. Es el músculo de la inspiración «debajo de la clavícula», inspiración que se hace *elevando la región alta del pecho*.

Para las personas que tienen una actitud encorvada, o los hombros enrollados hacia delante, este tipo de inspiración es casi inexistente.
En estos casos, muchas veces es necesario devolver la flexibilidad al pectoral menor (véase página 170).

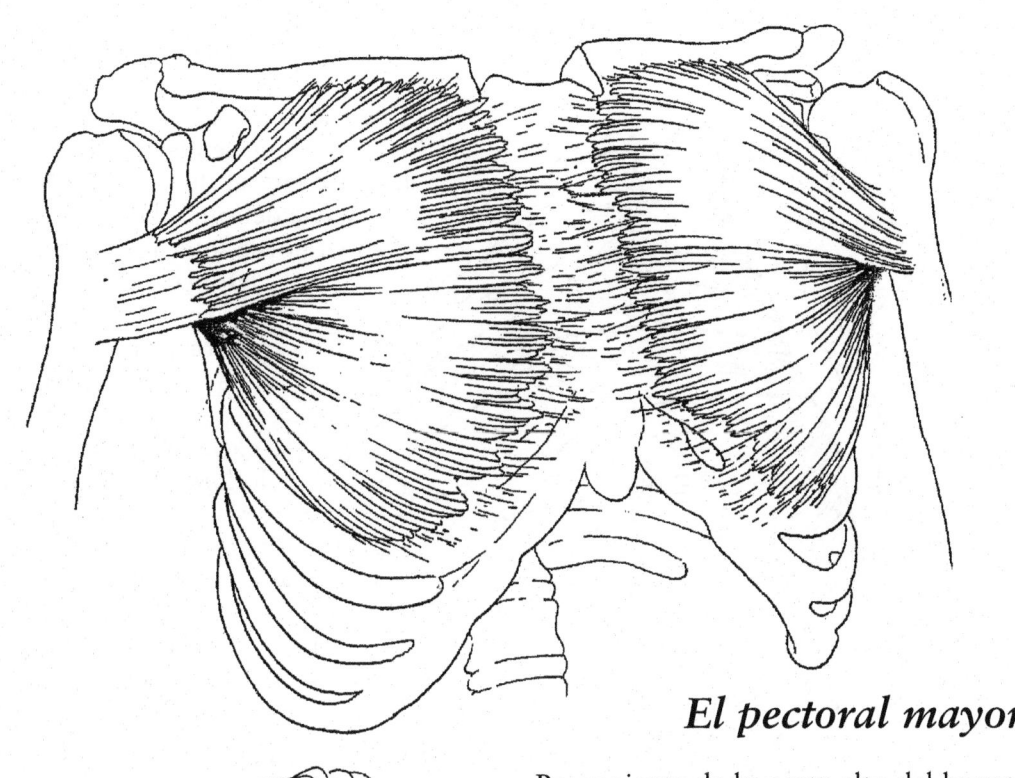

El pectoral mayor

Proveniente de la parte alta del brazo, este músculo se instala por encima del pectoral menor.
Lo recubre completamente
Termina sobre la clavícula las 8 primeras costillas, y el esternón.

Son sobre todo sus fibras bajas (sobre las costillas 4 a 8) las que pueden elevar las costillas, dando un movimiento que sube el esternón abriendo el ángulo bajo las costillas (el ángulo de Charpy).

Esto da una inspiración más baja que la del pectoral menor, también más amplia: las costillas tienen más movilidad a este nivel, y el músculo es más potente.

Véanse páginas prácticas 171, 192 y 193.

El serrato mayor

Es un músculo muy amplio, que se instala sobre toda la parte lateral de la caja torácica. Viene del omóplato: se inserta en su borde interno, y se desliza bajo su cara profunda sin adherirse a ella, contorneando el tórax. Después, forma una capa que se extiende hacia delante a lo largo de las costillas y termina, por medio de inserciones dentadas cada vez más grandes, sobre las costillas 1 a 10.

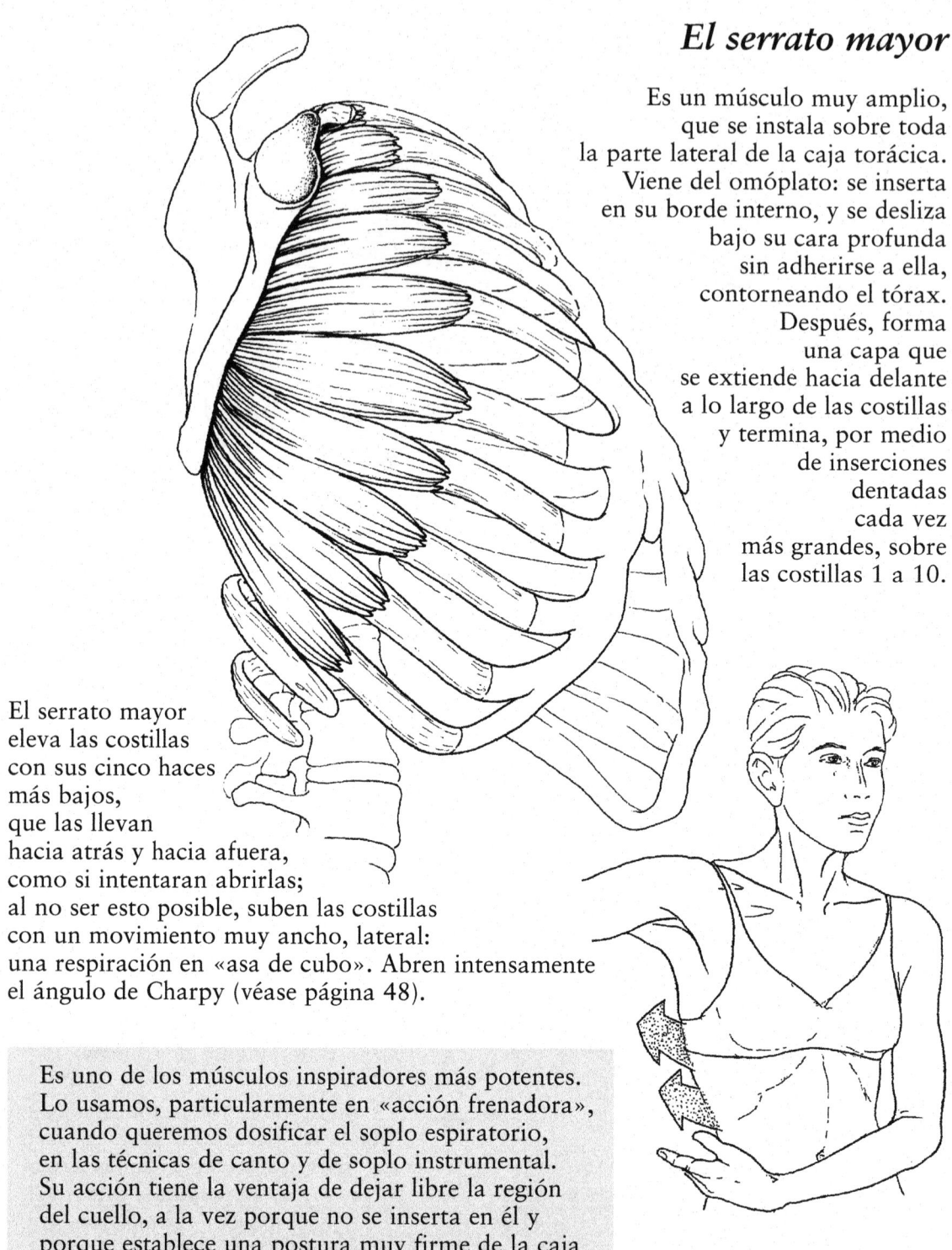

El serrato mayor eleva las costillas con sus cinco haces más bajos, que las llevan hacia atrás y hacia afuera, como si intentaran abrirlas; al no ser esto posible, suben las costillas con un movimiento muy ancho, lateral: una respiración en «asa de cubo». Abren intensamente el ángulo de Charpy (véase página 48).

Es uno de los músculos inspiradores más potentes. Lo usamos, particularmente en «acción frenadora», cuando queremos dosificar el soplo espiratorio, en las técnicas de canto y de soplo instrumental. Su acción tiene la ventaja de dejar libre la región del cuello, a la vez porque no se inserta en él y porque establece una postura muy firme de la caja torácica, que sirve de base a esta región del cuello.

Los músculos que elevan las costillas desde la columna dorsal

Los supracostale

Estos músculos son todos pequeños, pero numerosos. Juntos forman una gran zona contráctil.

Se insertan en cada vértebra de la columna dorsal, sobre la apófisis transversa. Después, se forma un fascículo

Estos pequeños y numerosos fascículos tienen un componente de acción que eleva las costillas desde la columna.
Esta elevación tiene lugar en la parte posterior de las costillas.
Por esa razón, estos músculos son típicamente los que hacen la inspiración «en el dorso de las costillas».

Pero, al mismo tiempo, insertándose sobre el ángulo posterior de la costilla, tienen también un compone de acción que hace que ésta sobre sí misma, como una n proximal de la costilla se eleva, pero el resto de la curva de la costilla desciende. Este componente es espirador.

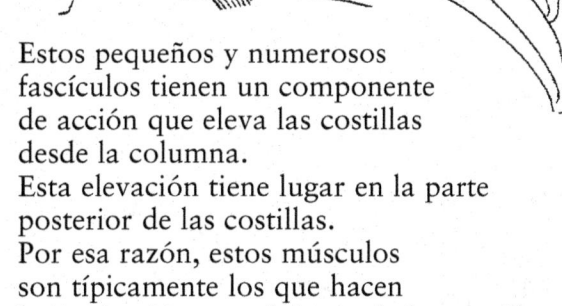

De hecho, estos dos componentes, uno inspirador, el otro espirador, se manifiestan más o menos según la sinergia que se organice con los otros músculos:

Si, por ejemplo, buscamos inspirar en todo el contorno del tórax (delante, a los lados, pero también detrás) en un gran «VRI costal», va a predominar más bien la acción inspiradora de los supracostales.
Si, al revés, realizamos una acción global de espiración contrayendo capas musculares que descienden las costillas por delante (recto anterior del abdomen), el movimiento de espiración se puede reforzar con la acción «en manivela espiradora» de los supracostales.

Los músculos espinales: inspiradores indirectos

Los músculos posteriores de la espalda, denominados en sus capas profundas *músculos espinales*, tienen sobre todo como acción, globalmente, *la extensión del tronco*.

Ahora bien, la extensión de la columna dorsal provoca, muy a menudo, una elevación de la caja torácica por delante y, por tanto, una actitud en inspiración.

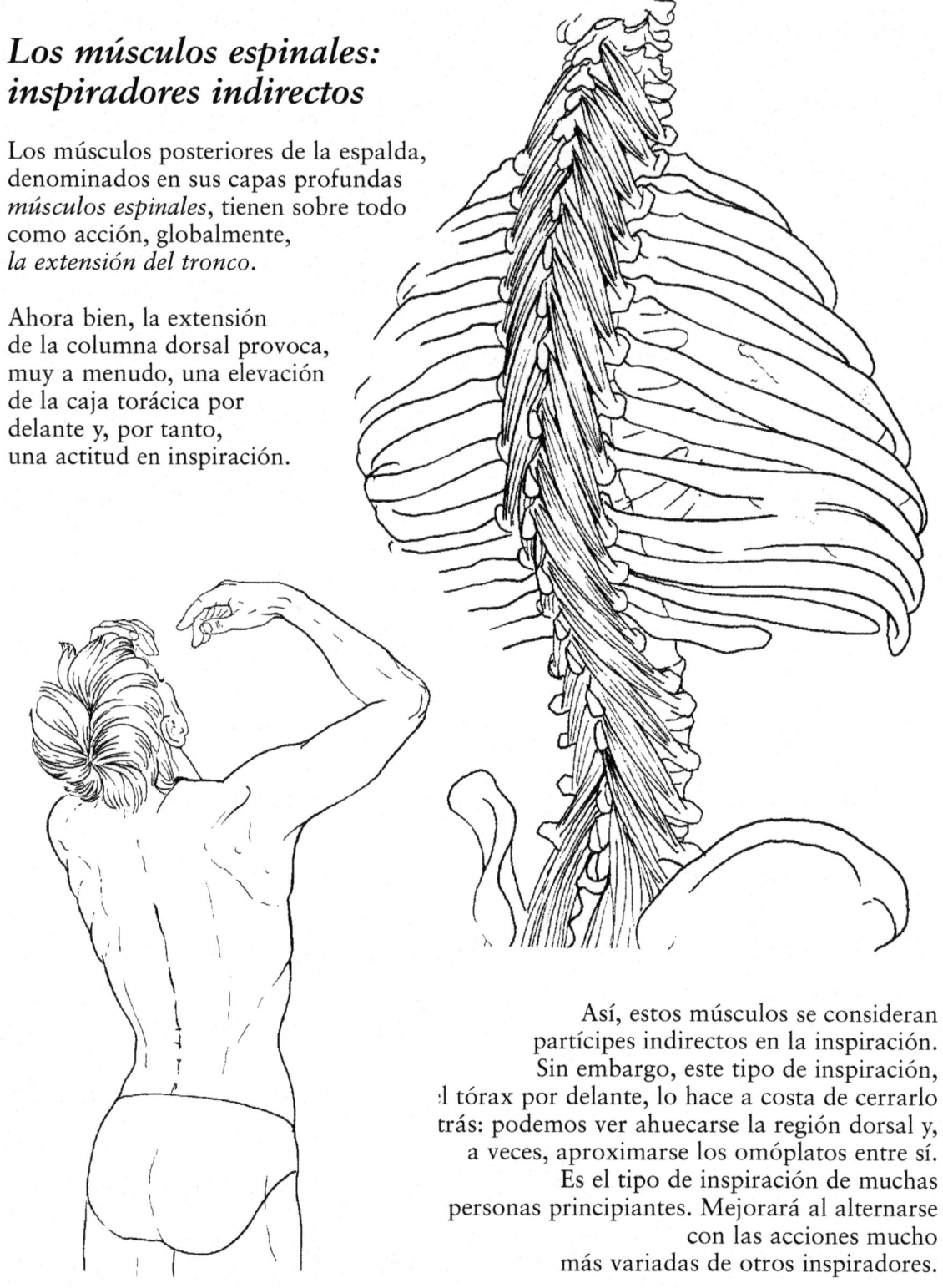

Así, estos músculos se consideran partícipes indirectos en la inspiración. Sin embargo, este tipo de inspiración, el tórax por delante, lo hace a costa de cerrarlo trás: podemos ver ahuecarse la región dorsal y, a veces, aproximarse los omóplatos entre sí.
Es el tipo de inspiración de muchas personas principiantes. Mejorará al alternarse con las acciones mucho más variadas de otros inspiradores.

El serrato menor posterior y superior

Este músculo nace
en las últimas vértebras cervicales
y las tres o cuatro primeras dorsales.
Forma una pequeña
capa que desciende
hacia afuera
y termina en las
cuatro o cinco
primeras
costillas,
a nivel del
ángulo
posterior.

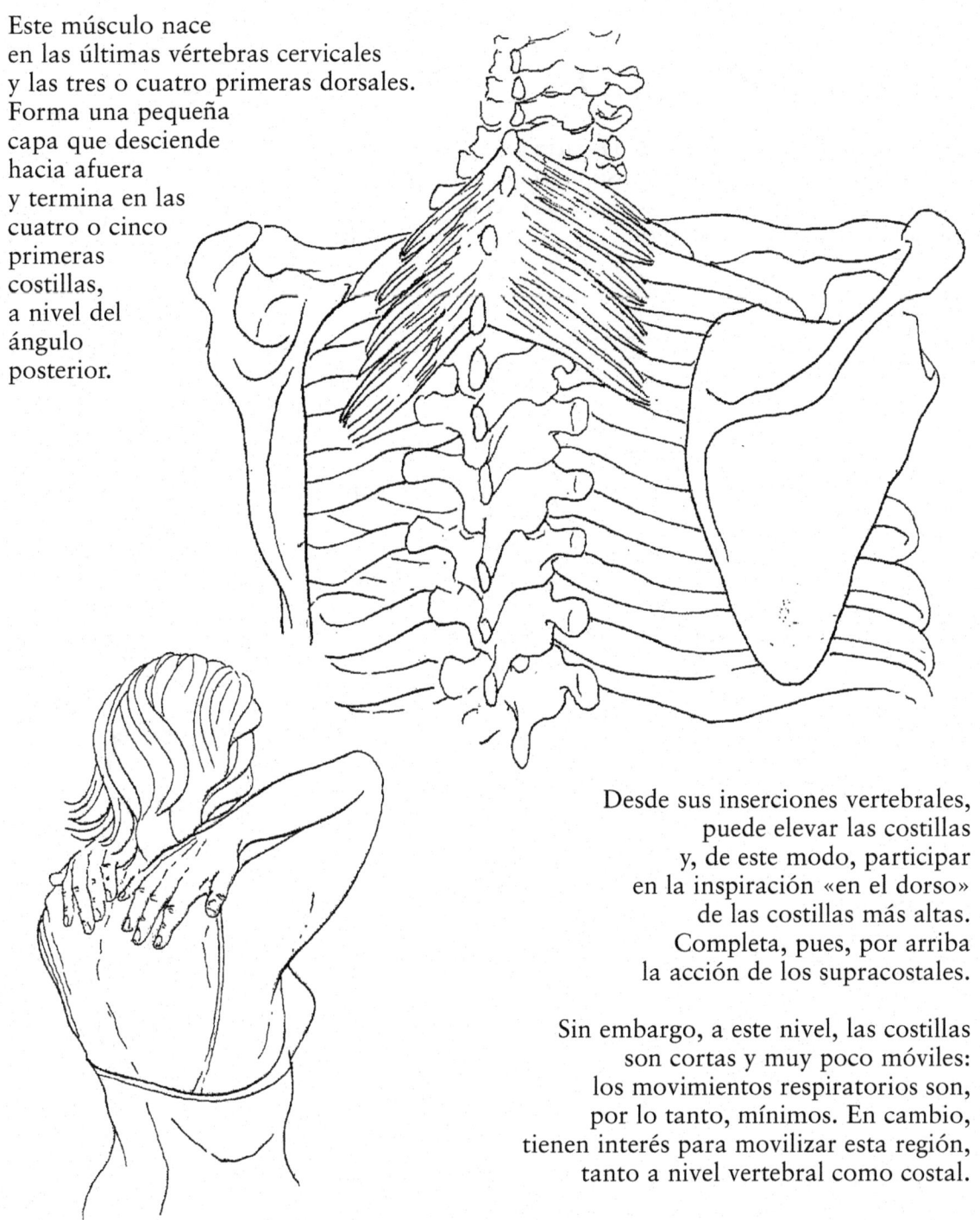

Desde sus inserciones vertebrales,
puede elevar las costillas
y, de este modo, participar
en la inspiración «en el dorso»
de las costillas más altas.
Completa, pues, por arriba
la acción de los supracostales.

Sin embargo, a este nivel, las costillas
son cortas y muy poco móviles:
los movimientos respiratorios son,
por lo tanto, mínimos. En cambio,
tienen interés para movilizar esta región,
tanto a nivel vertebral como costal.

Los *músculos que elevan las costillas desde la cabeza o el cuello*

El esternocleidomastoideo

Este músculo es muy visible en la parte anterior del cuello. Situado bajo la piel, forma con su músculo simétrico una V que va desde la región de debajo de las orejas hasta la parte alta del esternón.

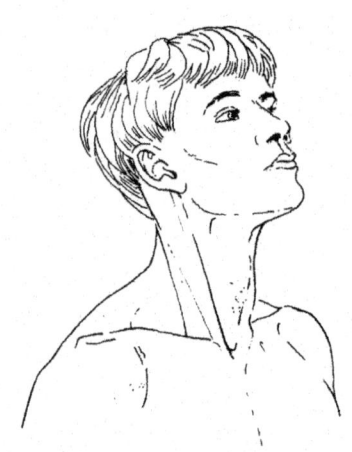

Nace por abajo en el esternón y la clavícula, y sube hacia atrás, franqueando la región del cuello sin insertarse en él. Termina arriba y atrás, en la base del cráneo, con una amplia inserción que se instala sobre la apófisis mastoides y, más hacia atrás, en el occipital.

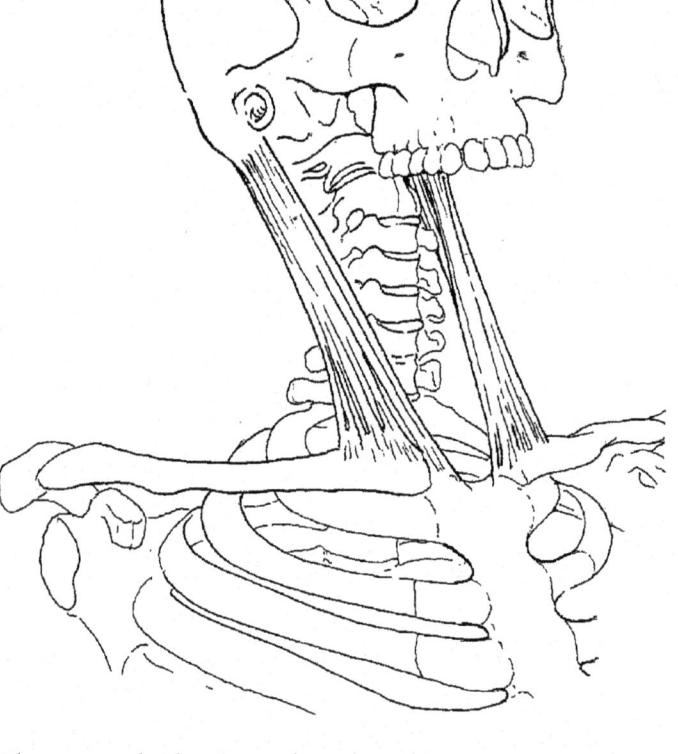

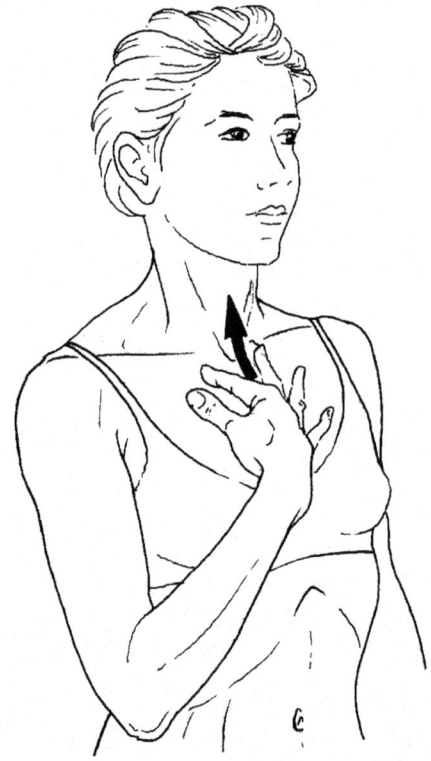

El esternocleidomastoideo eleva la caja torácica traccionando de ella desde la parte alta del esternón. Contribuye de esta manera a la inspiración muy alta.

Los escalenos

Estos músculos van de la columna cervical
a las dos primeras costillas.
Hay tres escalenos:
el anterior, el medio y el posterior.
Se insertan en las apófisis transversas
de las vértebras cervicales y descienden
dirigiéndose ligeramente hacia afuera
y hacia delante.

Los dos primeros terminan en la primera
costilla, el tercero en la segunda costilla.

Los escalenos pueden elevar las
dos primeras costillas
y, de esta manera, participar
en inspiraciones costales muy altas.

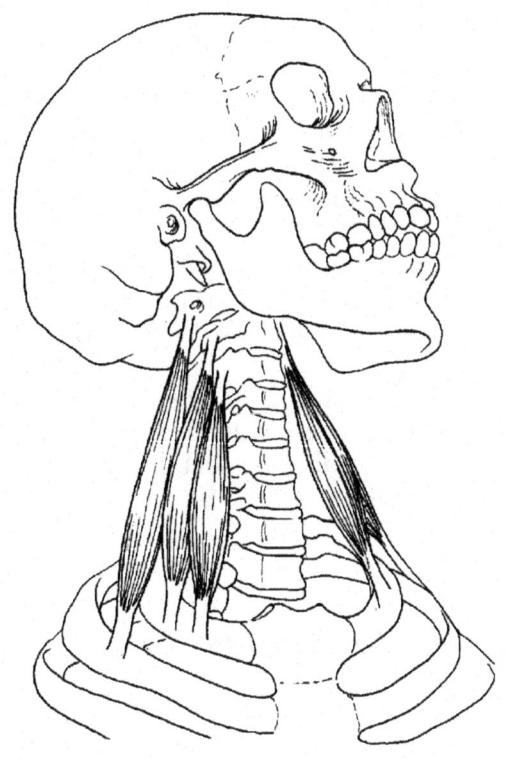

Las elevan por los lados.
En este sentido, hacen una tracción
más lateral que el esternocleidomastoideo.

Sin embargo, este matiz no es significativo
a este nivel de las costillas, en donde
los movimientos son mínimos,
en particular
los movimientos laterales.
Podemos decir, en cambio,
que el conjunto de estos músculos
contribuye a realizar respiraciones muy altas.

Para que los escalenos puedan elevar las costillas
de esta manera, es necesario que la columna
cervical ofrezca un punto fijo a su inserción alta.
Ahora bien, la región cervical es la menos
estable de la columna: las vértebras son pequeñas,
la movilidad muy grande. Hace falta, pues, fijarla,
estabilizarla, sea con un apoyo en la cabeza o
poniéndola en el suelo, sea con los músculos que
pueden fijar esta columna, en particular
por delante: los largos del cuello.

Los músculos espiradores

Hay que recordar, en primer lugar, que la primera fuerza espiradora es el retorno elástico del pulmón: esta fuerza hace la mayor parte de las espiraciones.

Por lo tanto, los músculos espiradores intervendrán:
– En el VRE
– O si queremos acentuar la potencia de una espiración
  (por ejemplo, soplar para hinchar un globo).
– O si queremos acelerar la velocidad de una espiración.

La acción de estos músculos conducirá siempre a *disminuir el volumen del pulmón*. Para esto, bien descenderán las costillas, bien subirán la base del pulmón, o bien las dos cosas a la vez (acciones detalladas en págs. 146-149).

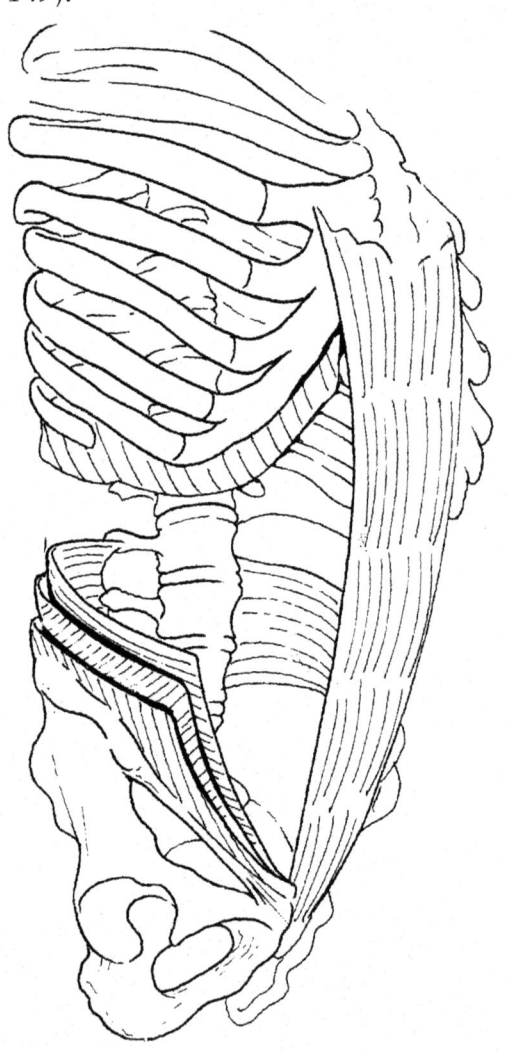

Los abdominales

Son los músculos que rodean el abdomen.
Hay cuatro a la derecha y a la izquierda:
– El recto anterior delante.
– Los músculos «anchos», en tres capas
  superpuestas, a los lados.

Pertenecientes al cajón abdominal,
estos músculos *movilizan sus vísceras*
de maneras muy diversas.
Pueden ascenderlas
y participar en la espiración.
Es su acción *«visceral»*.

Al insertarse en el esqueleto,
*movilizan la columna,
la pelvis y sobre todo las costillas*
en el sentido de la espiración.
Es su acción *«esquelética»*.

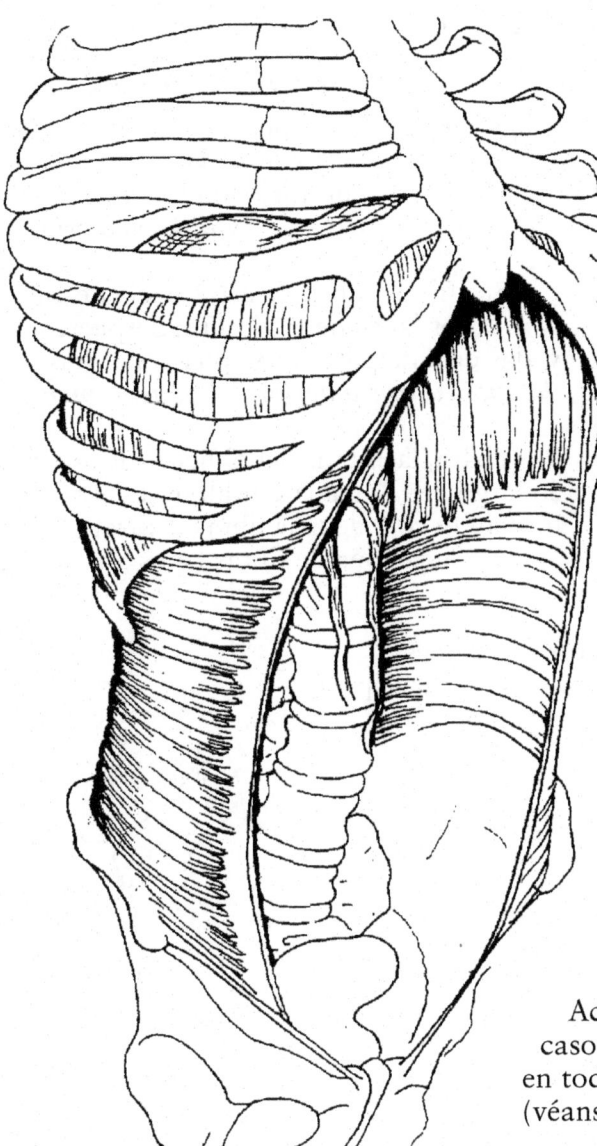

El transverso: la pareja del diafragma

Este músculo se inserta, por arriba, en la cara profunda de la caja torácica baja; por detrás, se inserta mediante una lámina fibrosa en las vértebras lumbares; por abajo, sobre la cresta ilíaca y sobre la arcada crural.

Sus fibras musculares rodean los lados del abdomen, como un cinturón; después, son relevadas por una amplia zona fibrosa por delante: *la aponeurosis anterior del transverso*. Las aponeurosis derecha e izquierda se unen en el centro, delante, en una zona de entrecruzamiento de fibras llamada **línea alba**.

Cuando el transverso se contrae, *reduce el diámetro del abdomen*. De todos los abdominales, es el que tiene la acción más visceral. En cambio, tiene poca acción sobre el esqueleto.

Actúa en numerosos casos con el diafragma, en todo tipo de combinaciones (véanse páginas 148-149).

Es el músculo de la «cintura fina». Esta acción es máxima a nivel del espacio costoilíaco, en donde las fibras son más importantes. Pero no es deseable que domine ahí, pues provoca una fuerte presión sobre la parte inferior del abdomen. Por ello, a menudo es necesario coordinar la acción de este músculo con la de los otros abdominales.

Los oblicuos: dos capas en sentido cruzado
El oblicuo menor

Este músculo se inserta, por arriba, en la parte inferior de la caja torácica, y, por abajo, en la cresta ilíaca y la arcada crural.

Sus fibras suben de atrás hacia delante, a los lados de la cintura; después, son relevadas delante por una amplia zona fibrosa: *la aponeurosis anterior del oblicuo menor.*

Por abajo, las fibras del oblicuo menor van a lo largo de la arcada crural, hasta el pubis, formando con algunas fibras del transverso una zona de fibras bajas a lo largo del pliegue inguinal.

Entre otras acciones, el oblicuo menor participa en la espiración de varias maneras. Puede:

– *Descender las costillas,* participando en la espiración costal.

– *Estrechar el diámetro del abdomen*: si actúa con el transverso, la acción domina en la cintura;

si actúa en sinergia con las fibras inferiores del transverso y del recto anterior, la acción domina en la parte baja del abdomen.

Las fibras inferiores del oblicuo menor (principalmente), del transverso y del recto anterior, forman los abdominales «bajos». Son las fibras que, después del suelo pélvico, empiezan la contracción «ascendente» del abdomen en la espiración abdominal ascendente (véase página 149).

El oblicuo mayor

Este músculo se inserta, por arriba, en el exterior de la caja torácica baja, e, inferiormente, en la cresta iliaca y la arcada crural. Sus fibras musculares descienden de atrás hacia delante a los lados del tronco, y son reemplazadas delante por una amplia zona fibrosa: *la aponeurosis anterior del oblicuo mayor*.

Entre otras muchas acciones, los oblicuos mayores participan en la espiración de varias maneras. Pueden:

– *Descender las costillas*, participando en la espiración costal.

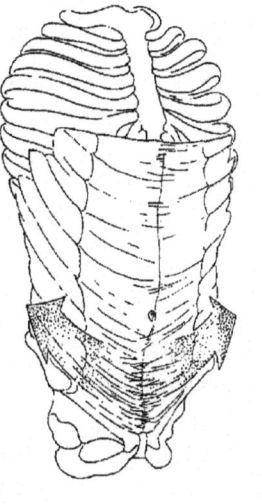

– *Estrechar el diámetro del abdomen* si actúan conjuntamente, en sinergia con el transverso. Aquí, la acción domina en la cintura.

– Con sus fibras más bajas, *entrar la parte más inferior del abdomen*, en sinergia con el recto mayor y las fibras inferiores del transverso.

El recto mayor: el único de los abdominales que no separa la línea alba

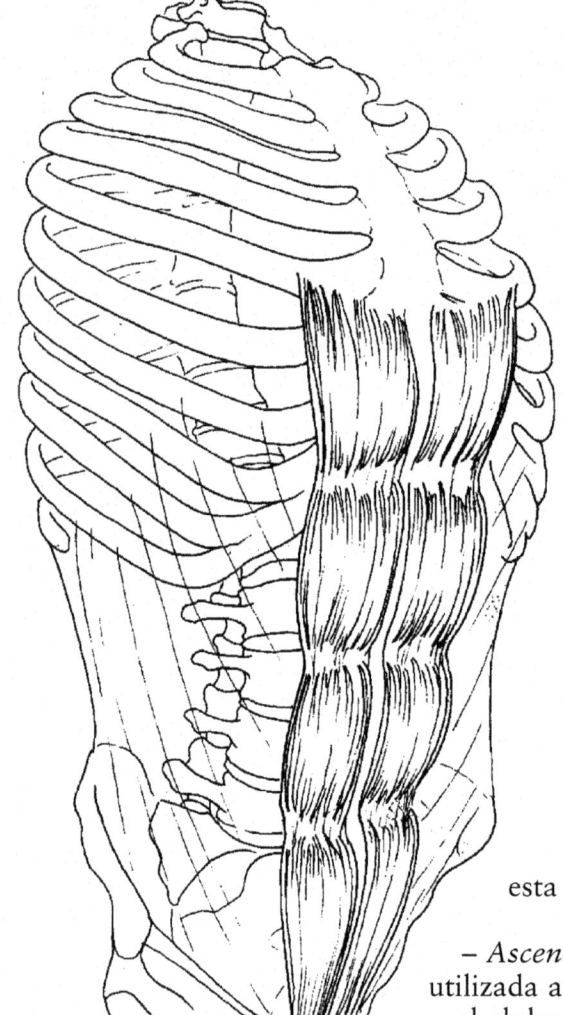

Este músculo se inserta por arriba en el esternón y en los cartílagos costales 5, 6 y 7, y por abajo en el pubis.

Sus fibras musculares descienden longitudinalmente por delante del abdomen. Son interrumpidas y alternadas por zonas de aponeurosis. Esto da al músculo su forma típica de «cuadrados».

Entre otras muchas acciones, el recto mayor participa en la espiración de varias maneras.

Puede:

– *Descender el esternón*, participando de esta manera, por delante, en la espiración costal.

– *Ascender el pubis*: es una retroversión de la pelvis, utilizada algunas veces para cerrar más completamente el abdomen por delante, en las espiraciones intensas.

– *Completar por delante la acción de «faja» de los músculos anchos*. Aquí, hay una gran ventaja: su tracción no «separa» el abdomen, como la de los músculos anchos. Por ello, es interesante solicitarlo en las acciones de «meter el vientre» para espirar (para eso, hay que pensar en efectuar la acción «delante»).

– Con sus fibras más bajas, *contener y meter la parte más inferior y anterior del abdomen*. Esto lo hace en sinergia con las fibras más bajas de los otros abdominales. De esta manera, participará en el inicio de la espiración.

El suelo pélvico: base de la respiración

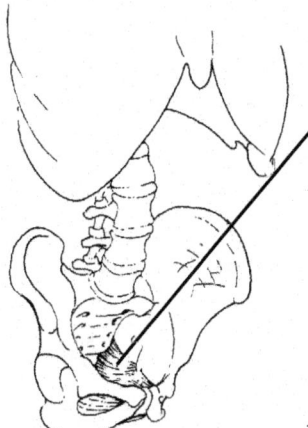

El llamado «suelo pélvico» lo forman los músculos situados *en el fondo de la pelvis*, que constituyen, así, la parte más baja del tronco.
Este suelo consta de dos capas:
– Una superficial, abajo (no detallada aquí, ya que tiene poca función en la respiración).
– Otra más profunda, situada más arriba en la pelvis menor: en ella encontramos el elevador del ano y el isquiocoxígeo. Esta capa profunda tiene aproximadamente la forma y la medida de un bol.

El elevador del ano

se inserta en el contorno de la pelvis menor, en una línea que va del pubis a las espinas ciáticas y a media altura del sacro.

En el hombre, la parte anterior
del músculo esta cerrada:
es el *suelo del escroto*.
En la mujer,
hay ahí una escotadura:
la *hendidura urogenital*,
que corresponde a la vulva.

El isquiocoxígeo

va desde la espina ciática hasta el
sacro y el coxis.
Completa por detrás la forma del «bol».

¿Cuál es la acción de estos músculos en la respiración?

Tienen poca acción *dinámica* en la espiración: siendo muy pequeños en superficie, no provocan un gran desplazamiento con su contracción. Por tanto, no pueden «ascender el globo de agua» abdominal con la eficacia de los músculos precedentes, como se sugiere algunas veces.

En cambio, esta región del suelo pélvico es fundamental para el conjunto del cajón abdominal, cuya *base* constituye:
...base contráctil, que, durante todos los empujes bajos que se ejercen sobre ella (tanto en la inspir como en la espir), debe poder *adaptar su tono*: ni mucho ni poco;
...o base que va a iniciar la serie de contracciones musculares «ascendentes» del cajón abdominal en algunas espiraciones (véase página 149).

Los músculos espiradores que actúan en las costillas

El triangular del esternón: en el interior del tórax

Es uno de los pocos músculos situados en el interior de la caja torácica. Se inserta en el esternón, en su cara profunda, y sus fibras se dirigen, en forma de radios, hacia los cartílagos costales 2° a 7°.

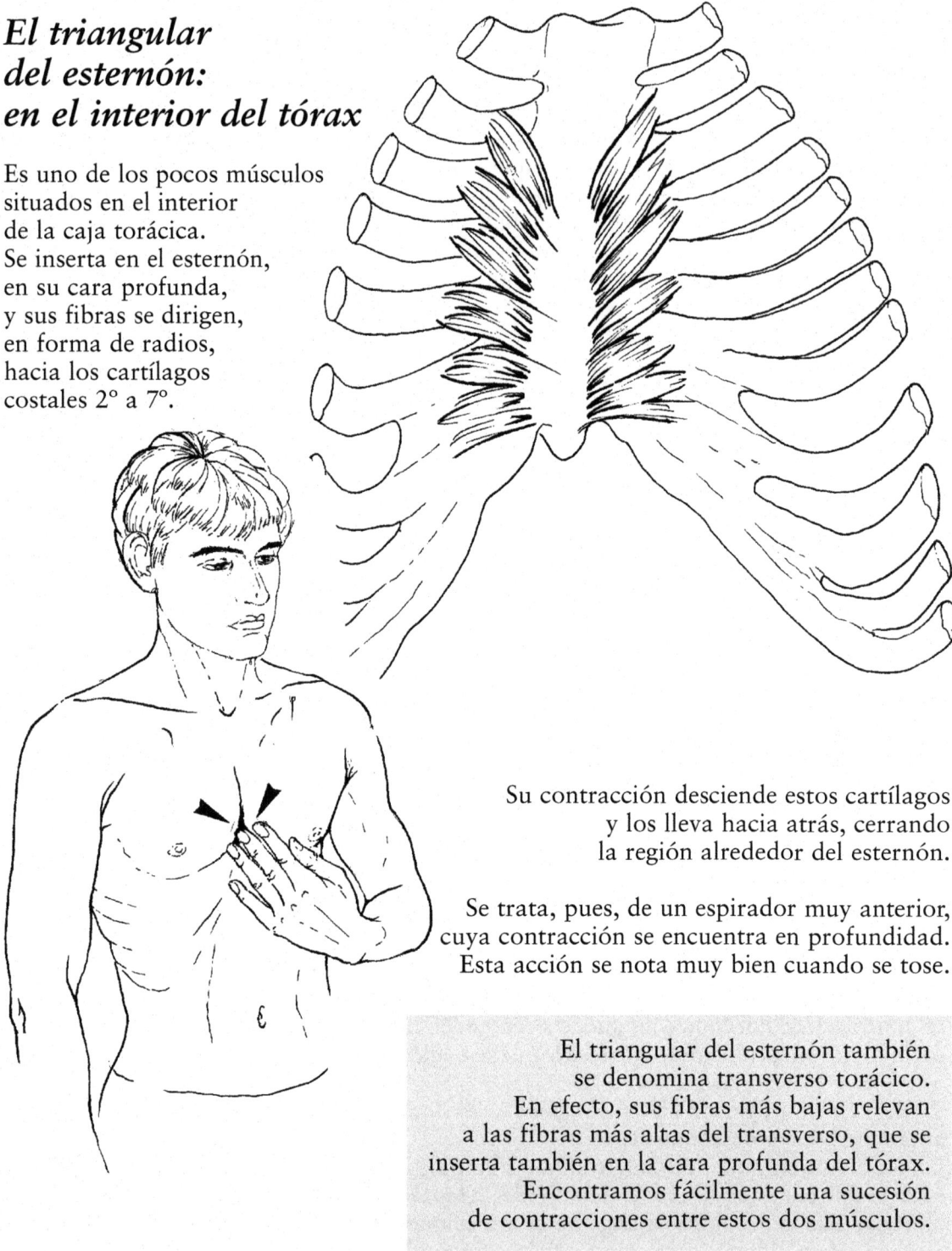

Su contracción desciende estos cartílagos y los lleva hacia atrás, cerrando la región alrededor del esternón.

Se trata, pues, de un espirador muy anterior, cuya contracción se encuentra en profundidad. Esta acción se nota muy bien cuando se tose.

El triangular del esternón también se denomina transverso torácico. En efecto, sus fibras más bajas relevan a las fibras más altas del transverso, que se inserta también en la cara profunda del tórax. Encontramos fácilmente una sucesión de contracciones entre estos dos músculos.

El cuadrado lumbar

Este músculo va de la duodécima costilla a la cresta iliaca, insertándose en su trayecto sobre las vértebras lumbares (apófisis transversas).

Su contracción desciende la duodécima costilla: participa, pues, a la espiración.

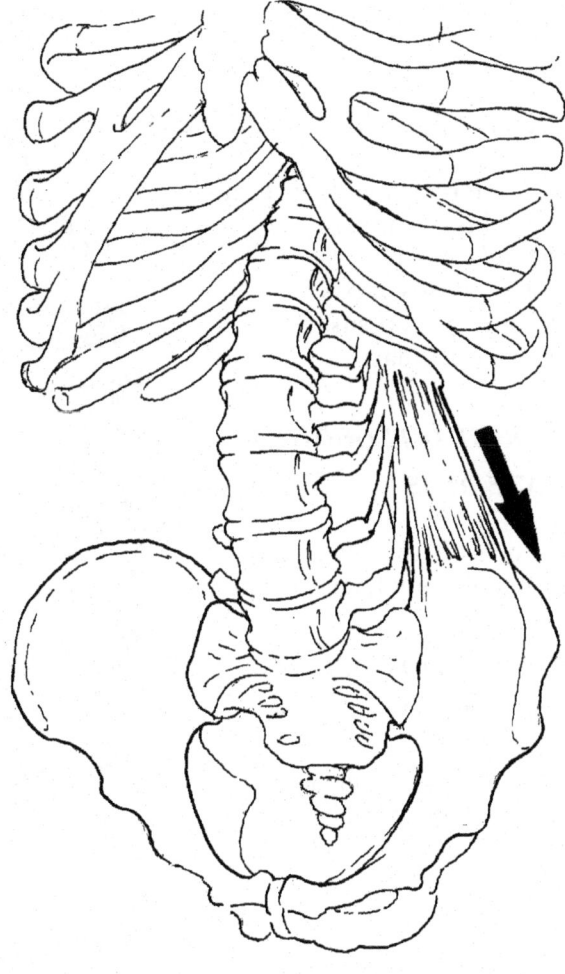

El serrato menor posterior e inferior

Este músculo va de las vértebras lumbares altas (L1, L2) y dorsales bajas (D12 a D10) hasta las cuatro o cinco últimas costillas.

Su contracción hace descender estas últimas costillas: participa, así, en la espiración.

La acción de estos dos músculos es muy posterior. Si predomina en una espiración costal, dará como resultado una espir que sentimos producirse gracias a un movimiento en la parte posterior de la cintura. Es lo que ocurre, por ejemplo, cuando espiramos «hinchando el vientre» (véase página 215).

Músculos con acción variable en la respiración: los intercostales... inspiradores o espiradores

Los intercostales se insertan entre las costillas, en cada nivel. Están en dos capas dispuestas con sus fibras cruzadas:

Los intercostales externos

Tienen fibras oblicuas hacia abajo y hacia delante.

Los intercostales internos

Tienen fibras oblicuas hacia abajo y hacia atrás.

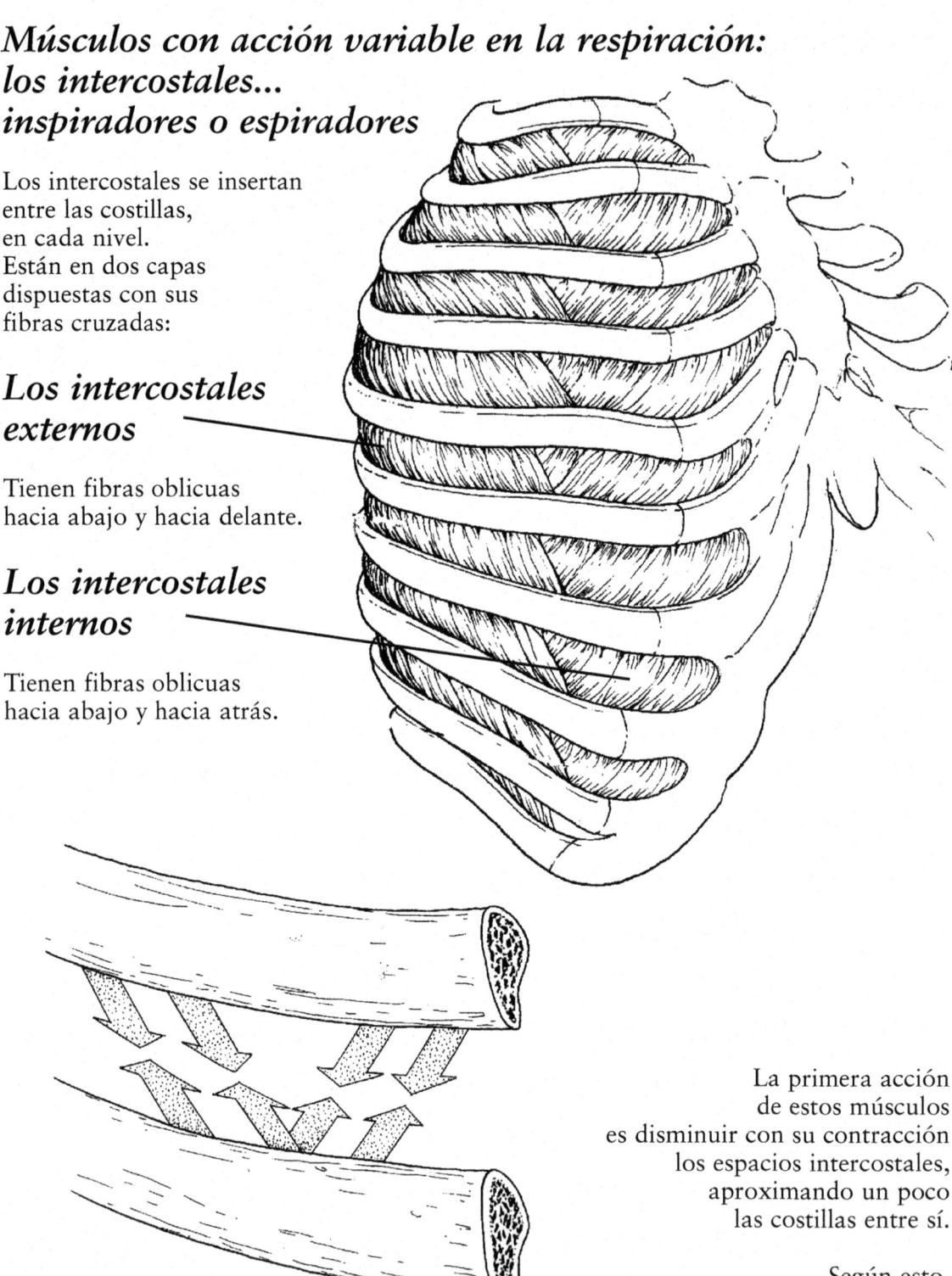

La primera acción de estos músculos es disminuir con su contracción los espacios intercostales, aproximando un poco las costillas entre sí.

Según esto, son *globalmente espiradores*.

Sin embargo, esta acción puede cambiar totalmente según sea su punto fijo:

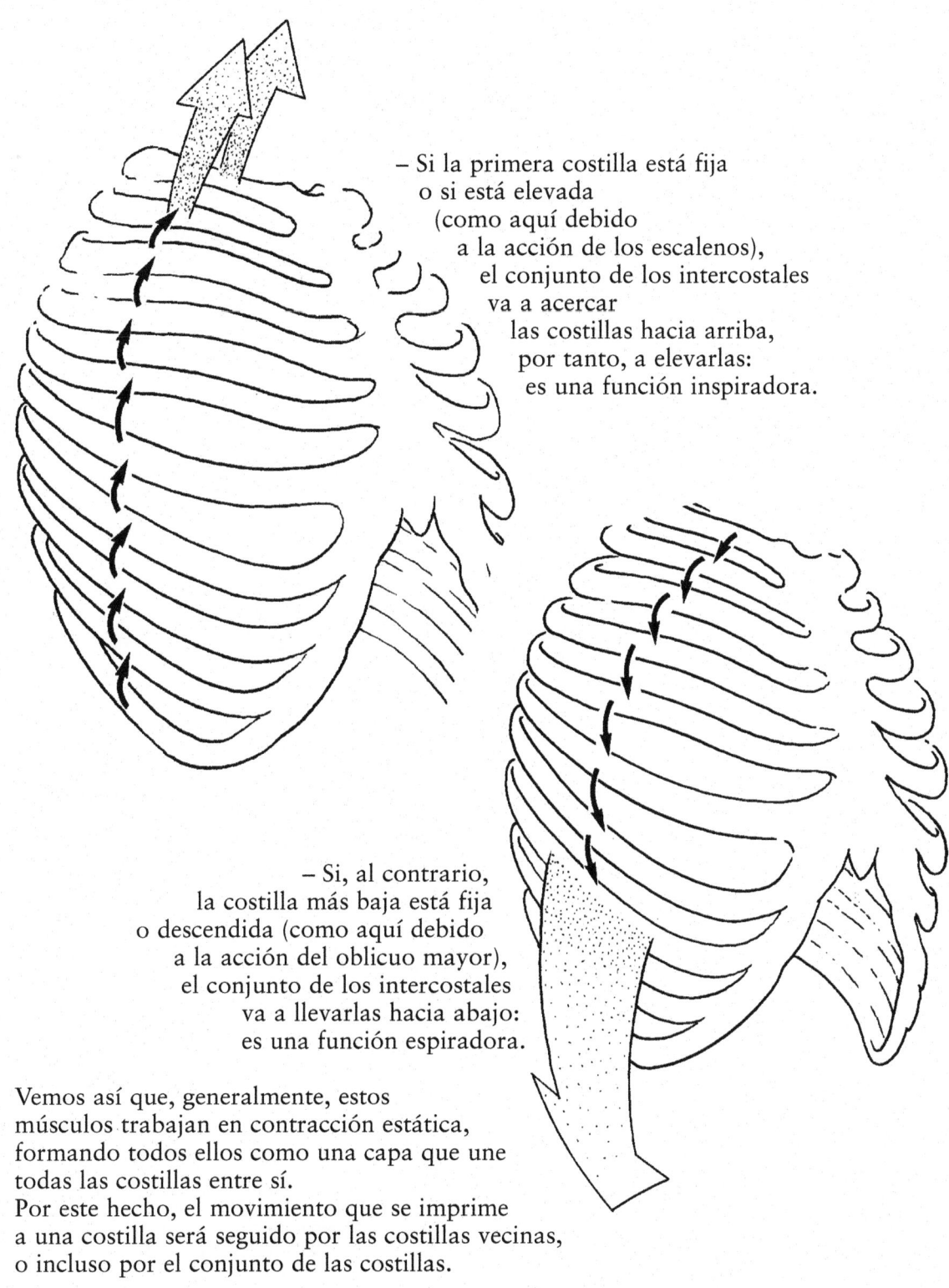

– Si la primera costilla está fija
o si está elevada
(como aquí debido
a la acción de los escalenos),
el conjunto de los intercostales
va a acercar
las costillas hacia arriba,
por tanto, a elevarlas:
es una función inspiradora.

– Si, al contrario,
la costilla más baja está fija
o descendida (como aquí debido
a la acción del oblicuo mayor),
el conjunto de los intercostales
va a llevarlas hacia abajo:
es una función espiradora.

Vemos así que, generalmente, estos
músculos trabajan en contracción estática,
formando todos ellos como una capa que une
todas las costillas entre sí.
Por este hecho, el movimiento que se imprime
a una costilla será seguido por las costillas vecinas,
o incluso por el conjunto de las costillas.

Las principales fuerzas que actúan en el gesto respiratorio

Los movimientos descritos en las páginas 18 a 21 pueden hacerse mediante fuerzas muy variadas: hemos visto, páginas 79 a 105, que hay muchos *músculos* que pueden contribuir a la inspiración, a la espiración, a las apneas. Además, la acción del músculo no siempre será debida a su contracción, sino, a veces, a otras de sus características.

Finalmente, esta acción muscular se combina con muchas otras fuerzas, que pueden, incluso, llegar a convertirse en el actor principal de un gesto respiratorio: en particular, la gravedad, la reacción de los apoyos, la elasticidad del pulmón e incluso la resistencia rígida del esqueleto.

Este capítulo observa las fuerzas más corrientes y sus combinaciones según diversas situaciones.

Los músculos actúan en la respiración de varias maneras:

1º) *Contrayéndose para <u>hacer</u> un movimiento respiratorio.*

Es lo que llamamos una contracción concéntrica.

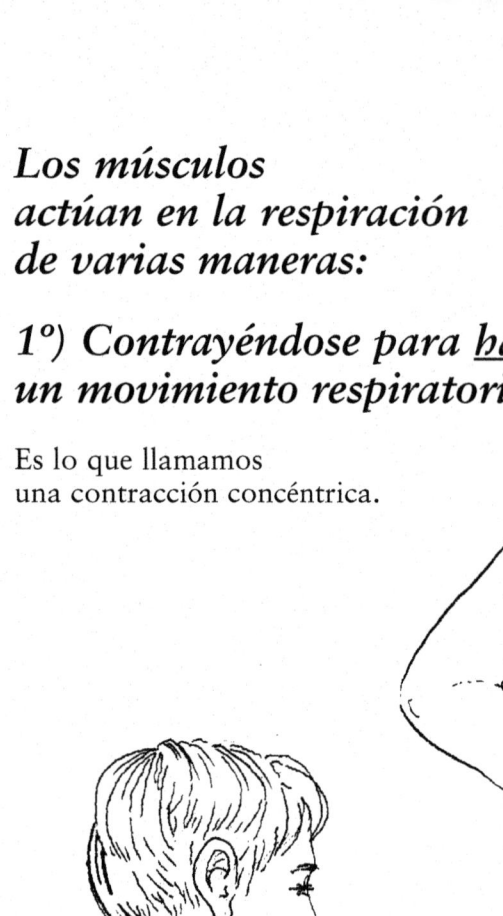

Por ejemplo:
la contracción del pectoral mayor
eleva las costillas
y **hace** una inspiración costal anterior.

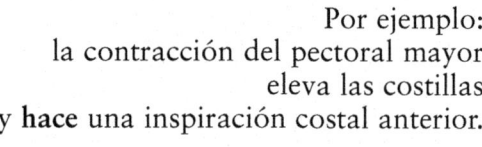

2º) *Contrayéndose para <u>mantener</u> una posición respiratoria.*

Por ejemplo:
después de una espir profunda,
para **mantener** una apnea de VRE,
los músculos abdominales permanecen contraídos.

3°) Contrayéndose para <u>retener</u> un movimiento respiratorio

Por ejemplo:
después de una gran inspiración (VRI),
queremos espirar lentamente.
Para eso, retenemos el elástico pulmonar
con una contracción «frenadora»
de los pectorales mayores.

A veces, actúan por otra causa diferente a su cantracción:
– Porque son <u>estirados</u>,

puestos en tensión por un movimiento
de una de sus extremidades.
Por ejemplo: la elevación del brazo estira
el pectoral mayor, que, estirado, tracciona las costillas,
sin contraerse obligatoriamente.

– Por su masa viscoelástica, que constituye a veces un contraapoyo

Por ejemplo:
en posición de cuclillas, los músculos anteriores de los muslos
se apoyan en el abdomen y, si queremos hacer una inspiración
diafragmática, le impiden expandirse hacia delante,
enviando el movimiento hacia la espalda.

La elasticidad pulmonar es un actor importante de la respiración

Hemos visto en la página 61 que, desde un punto de vista mecánico, los pulmones se comportan como elásticos. Más que como una cuerda, son como elásticos en tres dimensiones (3D): parecidos a una red de hilos que tensásemos entre las manos.

Permiten una cierta abertura si una fuerza exterior a ellos los estira: es lo que se llama *ampliación* pulmonar. Pero, al mismo tiempo, se resisten a dicho estiramiento y, en cuanto éste cesa, vuelven sobre sí mismos.

Por extensión, este libro trata del «elástico pulmonar» considerando los dos pulmones como si fueran un único volumen de materia elástica.

Un elástico en «3 D»:

Una de las maneras de representarse concretamente el elástico pulmonar, es coger entre las manos un guante de plástico y estirarlo. Se puede, incluso, hacer la experiencia entre varias personas, para estirar los dedos del guante en todos los sentidos, tal como se produce en el cuerpo.

Dos manos tiran del guante, una hacia arriba, la otra hacia abajo: esto representa el elástico pulmonar en su aspecto vertical, que va a traccionar, por su fuerza de retorno, la primera mano hacia abajo, la otra hacia arriba. Representamos de esta manera la acción del elástico entre la parte más alta de la caja torácica y el suelo del tórax (el diafragma).

Dos manos tiran, una hacia la derecha otra hacia la izquierda: vemos, de esta manera, la fuerza de retorno del pulmón, que tira en dirección opuesta. Esto representa, de manera simplificada, los dos pulmones entre las paredes laterales derecha e izquierda del tórax.

Dos manos tiran, una hacia delante y la otra hacia atrás, al mismo tiempo (no dibujado): podemos, así, imaginar la fuerza de retorno del pulmón que lleva la primera mano hacia detrás y la segunda hacia delante.

El pulmón se resiste a la inspiración

En la mayoría de las inspiraciones, hace falta una cierta fuerza para abrir, estirar el pulmón, que se resiste a este estiramiento. Por tanto, se opone (elásticamente) a la inspiración. Esto depende del volumen respiratorio (véanse páginas 117-123).

Esto suele imaginarse al revés: como si el pulmón fuera la fuerza que abre el tórax.

El pulmón, principal espirador:

Es la fuerza elástica del pulmón la que hace la mayor parte de las espiraciones. Así, muy a menudo, en la espiración, la fuerza que actúa no es muscular, sino elástica. Esto también depende principalmente del volumen respiratorio (véanse páginas 117-123). Sin embargo, esta fuerza no puede vaciar completamente los pulmones: cuando han vuelto elásticamente sobre sí mismos, queda todavía aire en el interior (queda el aire del VR [volumen residual]).

La fuerza del elástico pulmonar varía:

Esta fuerza de retorno del pulmón es muy potente, más cuanto más estirado esté el pulmón: es mucho más fuerte, por ejemplo, después de un VRI que después de una inspiración de volumen corriente.

Esta fuerza de retorno elástico contribuye también, indirectamente, a muchos otros movimientos aparte de la respiración. Según los casos, puede, por ejemplo..., entrar el vientre, movilizar las vísceras, cerrar las costillas, arquear las lumbares, arquear la región del cuello.

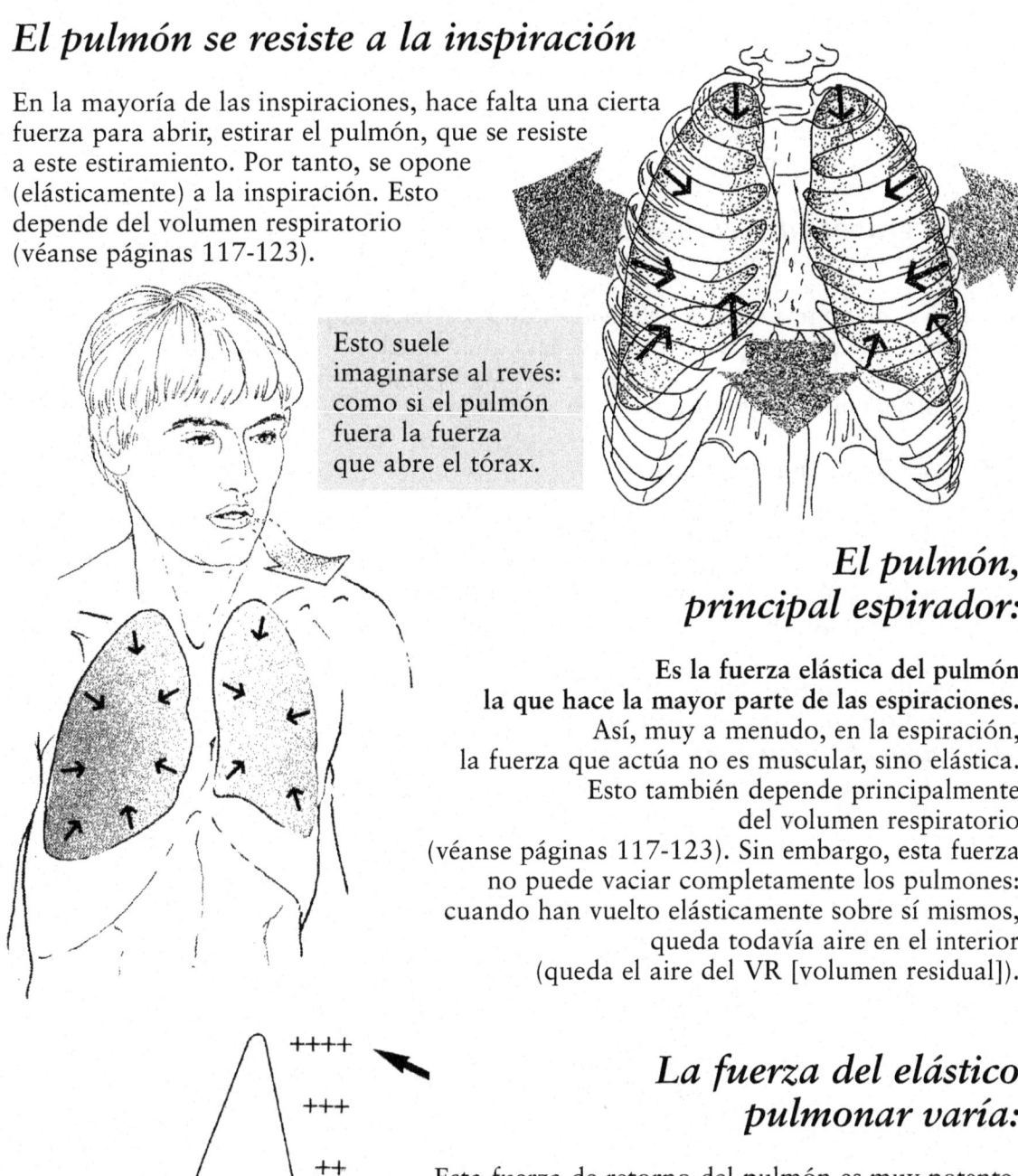

La gravedad, actor de la respiración

La gravedad actúa en las estructuras respiratorias de manera diferente según la posición del cuerpo. Favorece, así, unas veces la inspiración y otras la espiración. Comentaremos aquí dos situaciones particulares.

1°) La gravedad y el diafragma:
Recordemos que el diafragma está «pegado»
a las vísceras abdominales por el peritoneo.
Cuando el diafragma se contrae, tiende a dirigirse hacia la pelvis.
La gravedad actúa en él a través de la masa abdominal,
como si ésta fuera un «globo de agua» que, según la posición,
se dispone de un modo u otro respecto al diafragma.

a) El «globo de agua» puede ir en el mismo sentido que el diafragma.
En posición de pie, por ejemplo, el abdomen se sitúa
debajo del diafragma y no se opone a su descenso.
La gravedad actúa en el mismo sentido que el diafragma:
en sentido inspiratorio.

b) A veces, el diafragma es arrastrado por el «globo de agua» más allá de donde iría el movimiento de su contracción.
Esto ocurre si los abdominales no están contraídos:
la masa visceral sale hacia delante en el cajón abdominal.

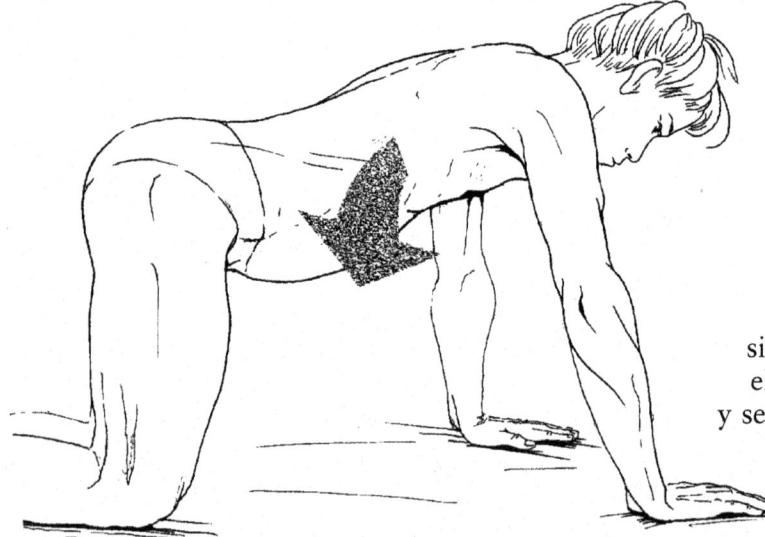

Por ejemplo:
en posición a cuatro patas,
si se relajan los abdominales,
el abdomen va hacia el suelo
y se lleva consigo al diafragma.

Otro ejemplo: en posición de pie, si relajamos completamente
los abdominales, el «globo de agua» cae hacia delante,
arrastrando el diafragma, que desciende pasivamente.

La inspiración que se produce entonces es pasiva.
Y el peso del abdomen se opone a la espiración.

***Este es uno de los dos casos en los que la inspiración
no se hace a causa de una contracción muscular***
(el 2º caso está explicado en la página 123).

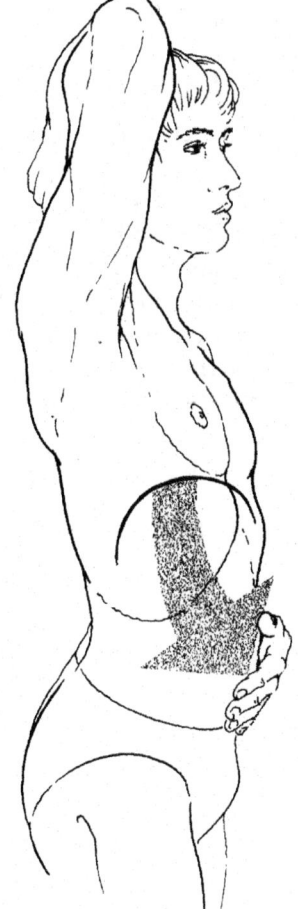

Esto se utiliza
en las técnicas de canto,
para las inspiraciones
rápidas después de haber
espirado intensamente en el VRE.

También ocurre este mismo
fenómeno cuando hay
obesidad abdominal:
el vientre, que parte hacia
delante, atrae el diafragma...
e incluso todo el tórax.

c) A veces, el «globo de agua» pesa sobre el diafragma.
Por ejemplo, en la posición cabeza abajo,
el diafragma, para ir hacia la pelvis,
debe vencer el peso de las vísceras abdominales.
Para eso, tiene que trabajar de manera muy intensa.

En posición tumbado de lado, el «globo de agua» abdominal
pesa menos directamente. Pesa más sobre el hemidiafragma
situado en el lado del suelo.

La gravedad y la respiración (continuación)

2º) La gravedad y la caja torácica

En posición de pie, la gravedad hace *caer* las costillas. De este modo, actúa en el sentido *espiratorio* (es el caso más frecuente).

En posición cabeza hacia abajo, actúa al contrario, en el sentido de *elevación* de las costillas: sentido *inspiratorio*.

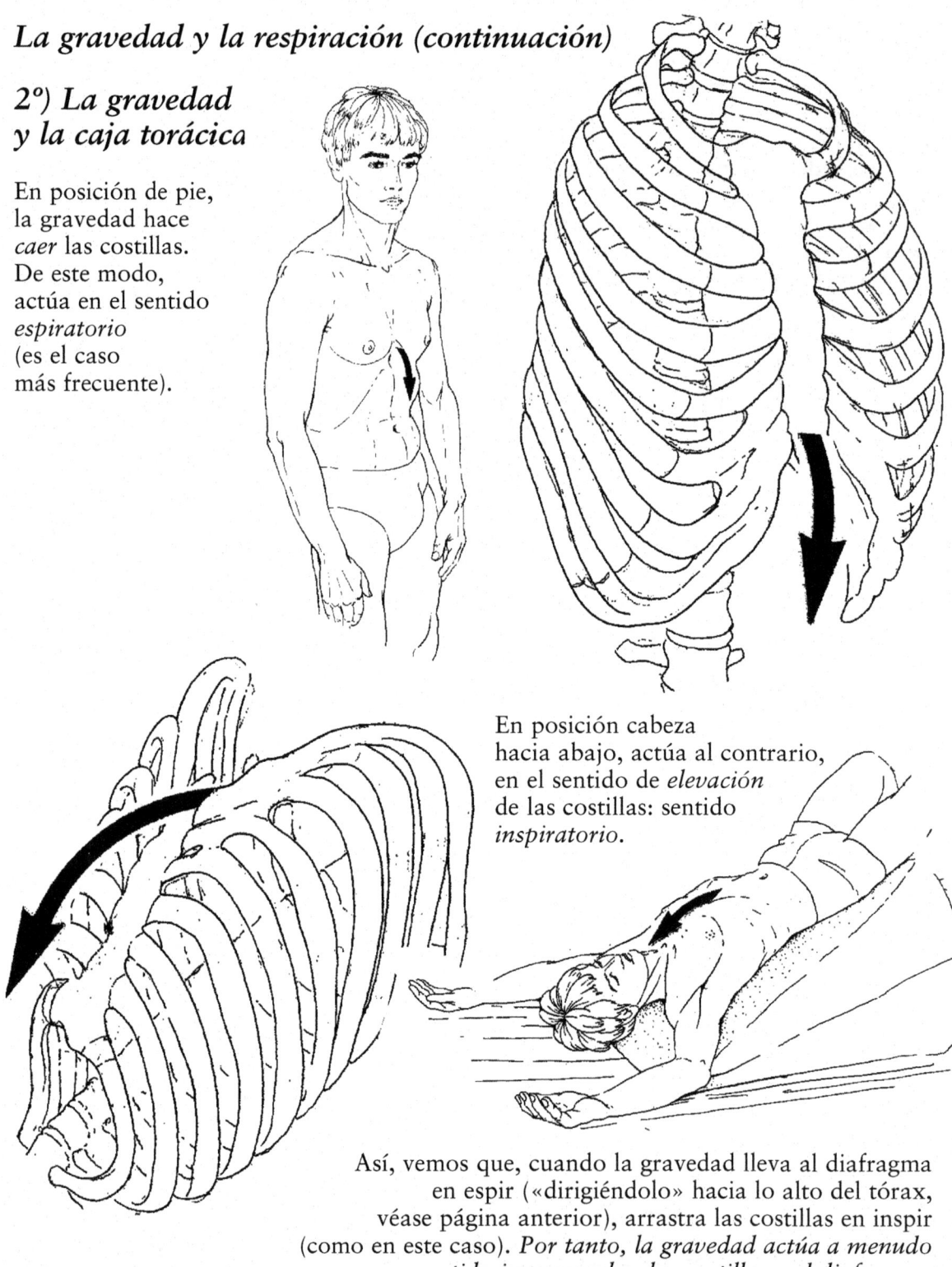

Así, vemos que, cuando la gravedad lleva al diafragma en espir («dirigiéndolo» hacia lo alto del tórax, véase página anterior), arrastra las costillas en inspir (como en este caso). *Por tanto, la gravedad actúa a menudo en sentido inverso sobre las costillas y el diafragma.*

El esqueleto, actor de la respiración

Interviene gracias a su rigidez (más o menos completa en el caso del aparato respiratorio), que se combina con las otras fuerzas:

El arco costal, semirrígido, se opone a la retracción elástica del pulmón.

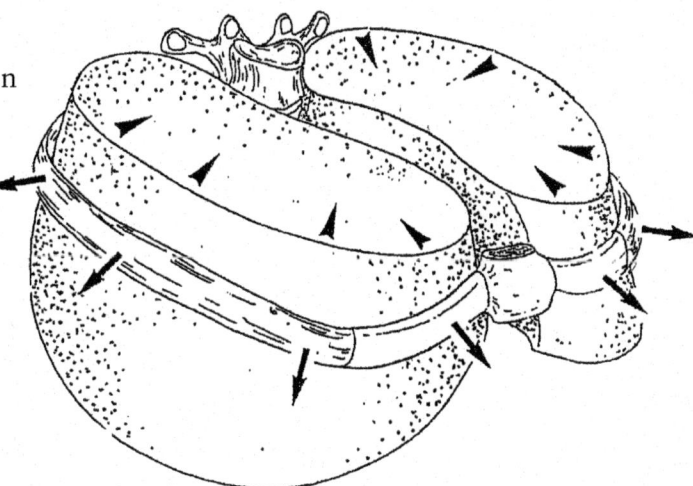

La semirrigidez de las costillas ayuda a la tracción de los músculos inspiradores y espiradores para dirigir acciones con direcciones precisas.

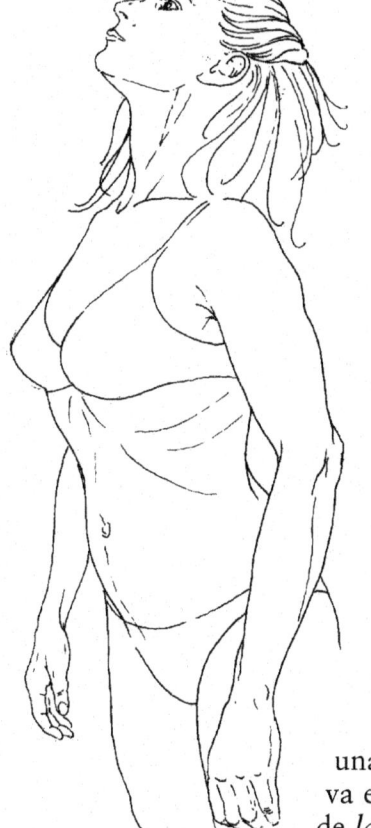

La semirrigidez de la columna vertebral influye en a los movimientos del tronco, de la caja torácica y, por eso, de la respiración.

Por ejemplo, una curva de la columna vertebral hacia delante va en el sentido de *la espiración*,

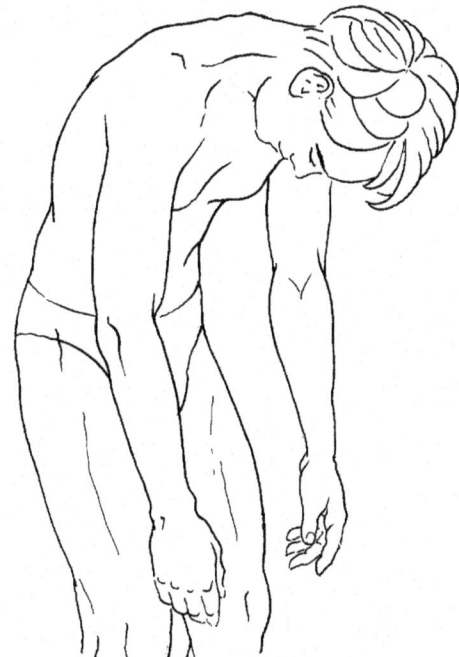

una curva hacia atrás va en el sentido de *la inspiración*.

Las fuerzas que intervienen en los diferentes volúmenes respiratorios

¿Por qué algunas inspiraciones son pasivas o activas? ¿Por qué una apnea puede ser un tiempo de reposo o de una intensa actividad?

Según el tiempo o el volumen de una respiración, el conjunto de fuerzas que hace que el movimiento tenga lugar puede cambiar totalmente.
Para comprender lo que hacemos en las diferentes respiraciones, es necesario observar ahora *cómo se ejercen las principales fuerzas según los volúmenes*.
Las detallaremos aquí para cada volumen respiratorio, a la vez en la inspiración, en la espiración y en el transcurso de ciertas apneas.

A menudo, encadenamos varios de los volúmenes descritos (páginas 25-29) en una única respiración, pasando continuamente de un conjunto de fuerzas a otro muy diferente, y sin darnos cuenta.

Así pues, se aconseja aquí al lector *tomarse el tiempo necesario para asimilar bien las páginas siguientes*, con la finalidad de «jugar» posteriormente a reconocer de una manera rápida las fuerzas que actúan en cada volumen y movimiento. Lo mejor es reconocer estas fuerzas en tiempo real, a la velocidad con la que se ejecuta el movimiento respiratorio en cuestión.

Los análisis que siguen están hechos para respiraciones en posición de pie, a velocidad corriente, sin aceleración ni ralentización.

Fuerzas que intervienen en la respiración de volumen corriente

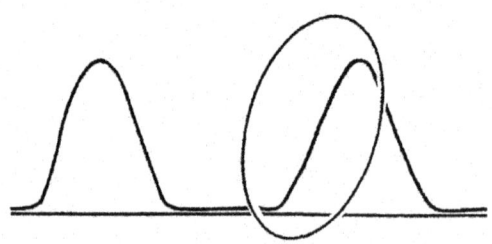

1°) Cuando inspiramos en volumen corriente:

Son los *músculos inspiradores* los que abren los pulmones con su contracción.*

(En este pequeño volumen, lo más frecuente es que sólo entre en acción el diafragma [véase página 134]. En este caso, abrimos sobre todo *la base* de los pulmones.)

Este volumen de inspiración recluta pocos músculos o poco los músculos.
No es necesario que sean muchos ni que actúen intensamente,
pues el movimiento a realizar es pequeño.

Esta inspiración estira ligeramente el elástico pulmonar,
que acumula de forma progresiva una pequeña fuerza de retorno elástico.
Los músculos espiradores están relajados.

En resumen, las fuerzas que intervienen son:
– Una contracción muscular moderada de los músculos inspiradores.
– Una relajación de los músculos espiradores.
– Un ligero estiramiento del elástico pulmonar.

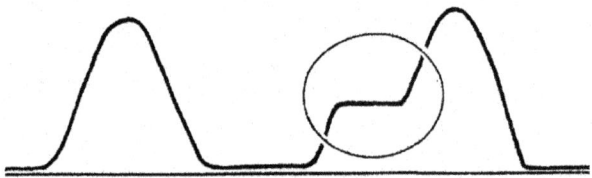

Si nos paramos en apnea en el transcurso de esta inspir:
Los músculos inspiradores permanecen contraídos
de manera «estática» (sin que haya movimiento).
Mantienen los pulmones en su posición estirada.
Es, pues, una apnea activa desde el punto de vista muscular.

* En posición de pie, esto pude hacerlo la gravedad. Véase página 113.

2°) Cuando espiramos en volumen corriente:

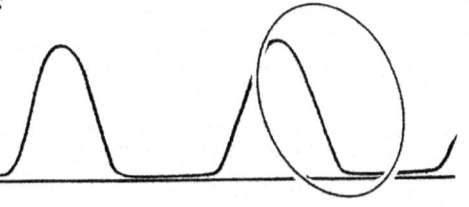

– El elástico pulmonar, ligeramente estirado,
vuelve sobre sí mismo;
se expulsa así el aire presente en los pulmones,
pero no completamente: queda todo
el volumen del VRE y del VR.

– Los músculos inspiradores se relajan
(sin embargo, veremos en la página 121 que esta noción a veces debe ser matizada).

– *Los músculos espiradores no trabajan en este volumen de espiración.*
Es importante en este momento retener esta noción:
la espiración de volumen corriente no necesita
ningún trabajo de músculos espiradores,
contrariamente a lo que suele imaginarse.
Por esa razón, es una espiración muy *relajada*.

> La espiración de volumen corriente se asocia bien con movimientos de idéntica cualidad: descontracción, movimientos sueltos, relajación.

En resumen, las fuerzas que intervienen son:
– La fuerza del retorno elástico de los pulmones.
– La relajación muscular, tanto de
los inspiradores como de los espiradores.

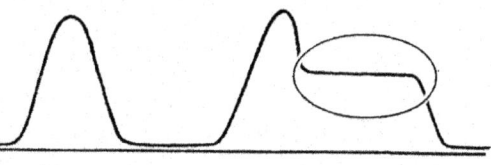

Si nos paramos en apnea
en el transcurso de esta espir:
Los músculos inspiradores se contraen
de manera estática (sin que haya movimiento),
impidiendo que el pulmón vuelva sobre sí mismo.
Esta contracción es moderada, puesto que el elástico
pulmonar está poco estirado, o sea, resiste poco.

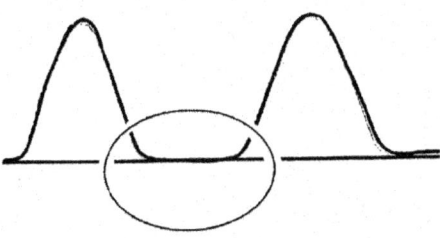

Si nos paramos en apnea
al final de esta espir:
Los músculos inspiradores
han vuelto a su posición de reposo.
El elástico pulmonar ha vuelto
a una posición de reposo elástico.

> Véase en página 153 el análisis detallado de este momento para las técnicas corporales.

Fuerzas que intervienen en el VRI

1º) Cuando inspiramos en el VRI:

Los músculos inspiradores «abren» los pulmones, pero de manera mucho más importante que en el volumen corriente. Por consiguiente, hay una solicitación más intensa de estos músculos, que puede hacerse de varias maneras posibles:

– Bien de un músculo inspirador, más intensamente.
– Bien de varios músculos inspiradores juntos.
– O bien las dos a la vez.

El elástico pulmonar está más estirado que en el volumen corriente.
Los músculos espiradores están relajados, para permitir la ampliación del pulmón.

Según la amplitud del VRI, estos tres fenómenos son más o menos fuertes.
Si se aumenta la toma de aire, estos aumentan progresivamente:
– Los músculos inspiradores trabajan cada vez más.
– El elástico pulmonar está cada vez más estirado.
– Los músculos espiradores están cada vez más relajados.

Así, cuando hacemos una gran inspiración, al final de ella estos fenómenos están en su máxima expresión. En particular, el tejido elástico pulmonar, puesto en tensión extrema, posee una enorme fuerza de retorno elástico (esto se explora en las páginas prácticas: página 207).

> Este volumen respiratorio se asocia bien con tiempos de movimiento de idéntica cualidad: tonificación, vigilancia, impulsos.

En resumen, las fuerzas que intervienen son:
– Trabajo importante de músculos inspiradores.
– Estiramiento importante del tejido elástico pulmonar.
– Relajación de los músculos espiradores.

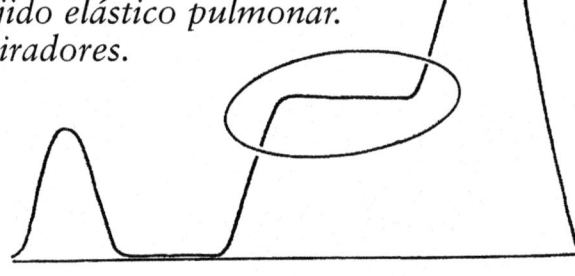

Si nos paramos en apnea en el transcurso de esta inspiración de VRI:

Los músculos inspiradores, que, hasta aquí, trabajaban para «abrir los pulmones», continúan contrayéndose para mantenerlos en su posición abierta. Trabajan en contracción estática (llamada también isométrica). Es una apnea «activa» desde el punto de vista muscular, tanto más, cuanto más grande sea el VRI.

2°) Cuando espiramos en el VRI:

El elástico pulmonar,
fuertemente estirado,
vuelve sobre sí mismo.
Lo hace con mucha fuerza
al inicio del retorno del VRI,
y cada vez menos
a medida que espiramos,
hasta el umbral del volumen corriente.

Esta fuerza de retorno elástico
es importante y debe moderarse, sobre
todo al principio del retorno de un gran VRI

Este freno se hace *con una contracción de los músculos opuestos a la espiración: con los inspiradores.*
Estos músculos trabajan, no para inspirar, sino para retener el movimiento, inverso, de espiración. Este tipo de contracción se denomina «excéntrica».

Los músculos espiradores están relajados: no son estos los que hacen la espiración en el retorno de un VRI, incluso si esta espiración es potente.

Todos estos fenómenos son tanto más fuertes cuanto más importante sea la inspiración que los precede.

> *En resumen, las fuerzas que intervienen son:*
> *– Fuerzas importantes de retorno elástico del pulmón.*
> *– Trabajo «frenador» de los músculos inspiradores.*
> *– Relajación de los músculos espiradores.*

Si nos paramos en apnea
en el transcurso
de esta espiración de VRI:
Los músculos inspiradores,
que retenían el retorno elástico del pulmón,
continúan trabajando, pero sin que haya
movimiento (en contracción «estática»).

Esta contracción es todavía
más intensa si la apnea se produce
al principio del retorno del VRI,
y si el VRI es importante.

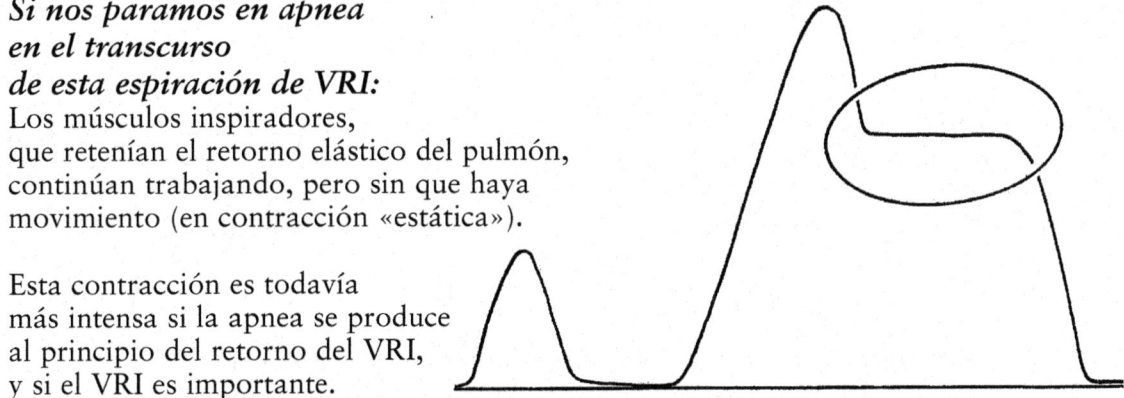

Todas estas respiraciones de VRI descritas en estas dos páginas, así como las apneas, pueden utilizarse para *desarrollar la fuerza de los músculos inspiradores*.

Fuerzas que intervienen en el VRE

1º) Cuando espiramos en el VRE:

Al final del retorno de un volumen corriente o de un VRI,
– todavía queda bastante aire en los pulmones;
– este aire ya no puede ser expulsado por el retorno
elástico de los pulmones, que ha llegado a su término.

Por ello, para expulsar este aire, *es necesario ejercer una presión
espiradora sobre los pulmones*. Esta presión es la *acción
de los músculos espiradores*:
– Pueden descender más las costillas.
– También pueden subir la masa abdominal hacia el tórax, empujando de esta manera los pulmones de abajo hacia arriba (o las dos acciones a la vez; véase «Los dos grandes tipos de espiración», página 146).
Esta acción es cada vez más intensa a medida que queremos expulsar mayor cantidad de aire, es decir, a medida que el VRE aumenta en amplitud.

El tejido elástico pulmonar no está en absoluto estirado, sino al contrario,
como replegado sobre sí mismo, como «arrugado».
La caja torácica está cerrada, con las costillas en torsión sobre sí mismas.

> *En resumen, las fuerzas que intervienen son:*
> *– Trabajo concéntrico de los músculos espiradores.*
> *– Tejido pulmonar comprimido y que resiste a esta comprensión.*
> *– Costillas fuertemente descendidas y puestas en torsión.*
> *– Relajación de los músculos inspiradores.*

*Si nos paramos en apnea
en el transcurso de esta espiración de VRE:*
Es necesario que los músculos espiradores se contraigan
–de manera estática– para mantener la posición espiratoria
en el punto donde está.
Este trabajo será más intenso si se da en un gran VRE.

> Estas espiraciones de VRE pueden ser utilizadas en particular:
> – Para desarrollar el tono de los músculos espiradores.
> – Para permitir inspiraciones pasivas (véase página siguiente).

2º) Cuando inspiramos en el VRE:

El pulmón ha sido comprimido,
«replegado» sobre sí mismo,
más o menos vigorosamente
según la intensidad de la espiración.
Las costillas han descendido y se han curvado,
tanto más cuanto mayor haya sido
la intensidad de la espiración.
A partir de ahí, para hacer una inspiración es suficiente,
en un primer tiempo, relajar las contracciones musculares
que mantienen los pulmones comprimidos y las costillas
con una curvatura forzada. Es decir, es necesario *relajar los músculos espiradores*.

Entonces, las costillas, debido a su elasticidad, vuelven a su curvatura inicial,
llevando el pulmón a reexpandirse hasta su posición del inicio del volumen corriente.
Estas fuerzas son suficientes para reinspirar en toda la amplitud del retorno del VRE*

> *Éste es uno de los dos únicos casos en que la inspiración se hace sin contracción muscular. Esto da a la inspiración una cualidad muy particular de «dejar hacer»..., «dejarse inspirar»*. Esta forma de inspirar se utiliza con frecuencia en las técnicas de descanso y relajación (véase página 216).

En resumen, las fuerzas que intervienen son:
– Relajación de los músculos espiradores.
– Regreso de las costillas a una posición menos curvada.
– El tejido pulmonar vuelve a una posición no comprimida.
– Relajación de los músculos inspiradores.

*Si nos paramos en apnea,
en el transcurso de esta
inspiración de VRE:*

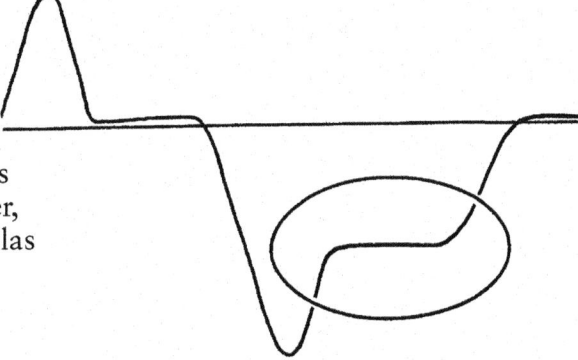

Es necesario que los músculos espiradores
cesen su relajación y se vuelvan a contraer,
estáticamente, para impedir que las costillas
recuperen su curvatura inicial y que
el pulmón se reexpanda, suspendiendo
de esta manera el movimiento.

---

* Seguidamente, para inspirar más, haría falta de nuevo estirar este mismo pulmón, a partir de un trabajo de los músculos inspiradores: volvemos al principio del volumen corriente, descrito en página 118.

Las fuerzas relacionadas con la velocidad de las respiraciones

Como hemos visto en la página 32, todas las respiraciones descritas hasta aquí pueden hacerse a velocidades diferentes.
Entonces, la fuerzas en juego se modifican.

Para que los movimientos respiratorios puedan hacerse más deprisa, hay dos condiciones principales:

– *Es necesario que las vías de paso del aire obstaculicen lo menos posible su flujo.* Pueden obstruirse, por todo tipo de razones, en las patologías respiratorias obstructivas. También pueden estrecharse o liberarse, de manera más o menos consciente y voluntaria, en ciertas zonas como la glotis, el velo del paladar, la faringe, la boca, los labios (ver «Los frenos oclusivos», página 130).

– *Es necesario también que las fuerzas que hacen viajar el flujo de aire sean más intensas.* (Recordemos que estas fuerzas no son siempre contracciones musculares.)

Para que los movimientos respiratorios se hagan más lentamente, hay dos condiciones principales:

– Se puede *estrechar el calibre de las vías aéreas* en ciertas zonas como la glotis, la faringe, la boca, los labios.

– Y también, *retener las fuerzas que hacen la espiración*: retener el elástico pulmonar en el retorno de VRI o de volumen corriente, moderar la contracción de los músculos espiradores en el VRE.

Así, podemos imaginar, en cada uno de los volúmenes descritos en las páginas 118-123, estas fuerzas modificadas para cambiar la velocidad del gesto respiratorio.

Las relaciones entre las estructuras anatómicas en la respiración

Los dos «cajones» inseparables de la respiración

La respiración activa movimientos específicos entre dos recintos, que llamamos «cajones»[1], muy diferentes mecánicamente:
el cajón torácico[1] y el cajón abdominal[1].

Estos dos recintos están a la vez *separados y unidos por el diafragma*, que se *adhiere al tórax* gracias a las pleuras y al pericardio, y que se *adhiere al abdomen* gracias al peritoneo.
Es como un «adhesivo de doble cara» entre los dos cajones.

Pero, además, el diafragma es una separación *deformable, contráctil y elástica*, como todo músculo.

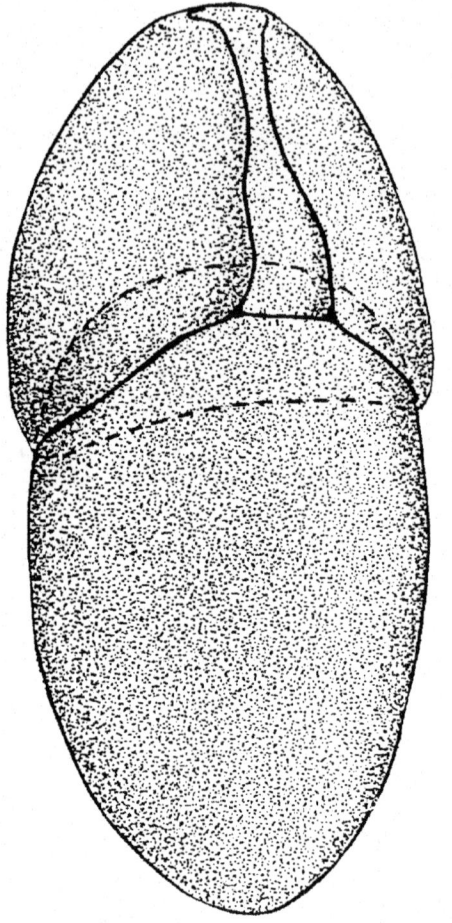

Los dos cajones son indisociables.
De este modo, aunque, visceralmente hablando, el movimiento respiratorio se desarrolla en el tórax, es imposible, funcionalmente, disociar los movimientos torácicos de los que se producen en el abdomen.

Inversamente, podemos, a través de los movimientos del abdomen, ocasionar consecuencias en el tórax y, por tanto, en la respiración.
De esta manera, el acto respiratorio deformará siempre los dos cajones a la vez, de modos muy diversos.

Esto conlleva una gran variedad de situaciones respiratorias, pero también una gran variedad de movimientos que se hacen con los mismos actores que en la respiración, sin ser respiratorios[2]. Algunos de estos movimientos se abordan en el capítulo siguiente.

Debemos observar ahora estos dos cajones, para conocer y comprender:
– Su estructura anatómica.
– Las características mecánicas de su continente.
– Las características mecánicas de su contenido.

(1) Estos términos, que ya han aparecido en págs. anteriores, son de uso común en la terminología anatómica francesa; no ocurre lo mismo en castellano. Los mantenemos, sin embargo, para respetar el sentido del texto original (nota del corrector).
(2) Véase «Las técnicas de descompresión de las vísceras abdominales», pág. 150.

El cajón torácico

¿Cuál es el contenido de este cajón?

Contiene en gran parte *aire* (en los pulmones).
Características de este contenido:
El aire es deformable. Pero también elástico;
es decir, que podemos
comprimirlo o descomprimirlo.

Por ello, podemos crear en el cajón torácico
«sobrepresiones» o depresiones de aire.

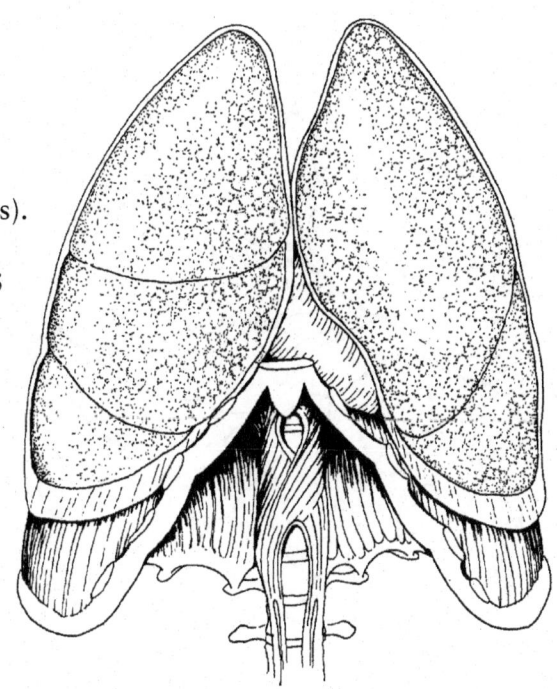

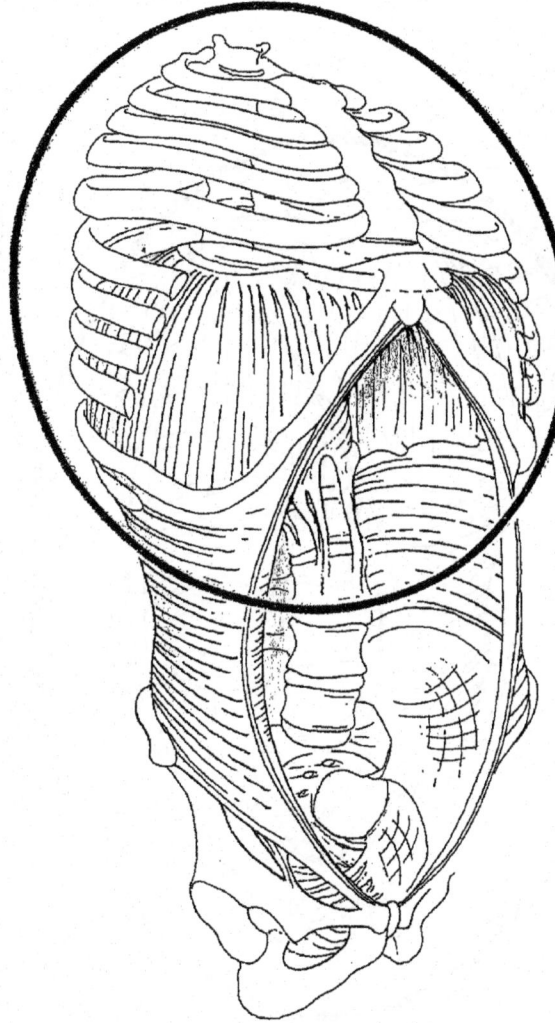

Este cajón contiene también el *tejido pulmonar*,
que tiene varias características: es deformable
y elástico; es decir, se puede estirar,
y, si a continuación se relaja este estiramiento,
vuelve a su posición inicial.
Pero si este estiramiento se mantiene,
por la fuerza de retorno elástico creada
de esta manera, el pulmón atrae hacia él
las estructuras vecinas.

¿Cuál es el continente de este cajón?

Es la caja torácica,
una estructura ósea, que es a la vez
(en cierto modo):
– Semirrígida.
– Deformable, sobre todo por abajo.
– Elástica: si deformamos esta caja,
   modificando las curvaturas costales,
   y seguidamente dejamos de deformarla,
   tiende entonces a volver a su forma inicial.

Esta caja torácica se moviliza
con *músculos*, a la vez contráctiles
y elásticos.

El cajón abdominal

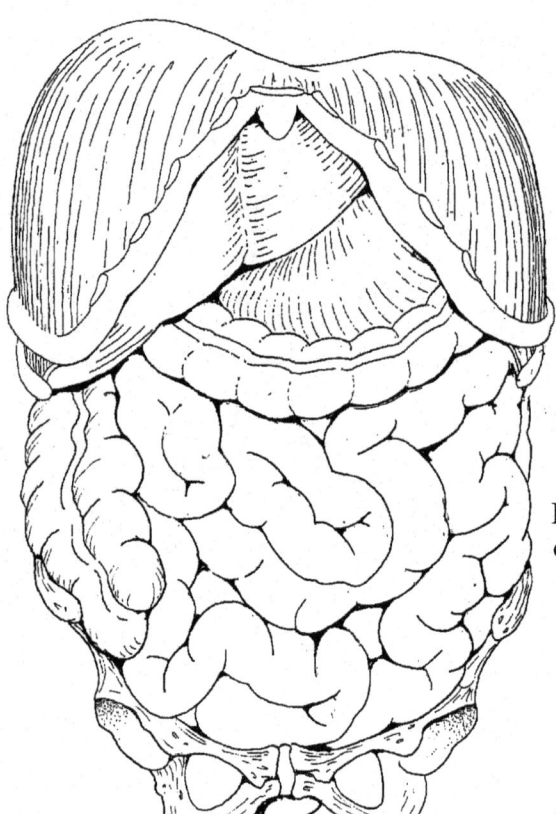

¿Cuál es el contenido de este cajón?

Son las *vísceras abdominales*, blandas, comparables a una masa de *líquido*, un «globo de agua». Este contenido es *deformable* e *incompresible*: toda deformación aplicada en una parte de este «globo» será obligatoriamente restituida en otro lugar, en otra zona del volumen.

Este aspecto mecánico es muy importante. Explica por qué el abdomen se desplaza y se deforma en las respiraciones diafragmáticas.

¿Cuál es el continente de este cajón?

Es un recinto formado por:

– *Estructuras óseas*:
  el contorno bajo de las costillas, la columna lumbar, la pelvis.
– *Músculos*: arriba, el diafragma; a los lados, los abdominales; abajo, el suelo pélvico.

Las estructuras óseas son bastante *deformables* por arriba (costillas, columna), *rígidas* por abajo (pelvis).

La parte muscular es, como todo músculo, a la vez *contráctil* y *elástica*.

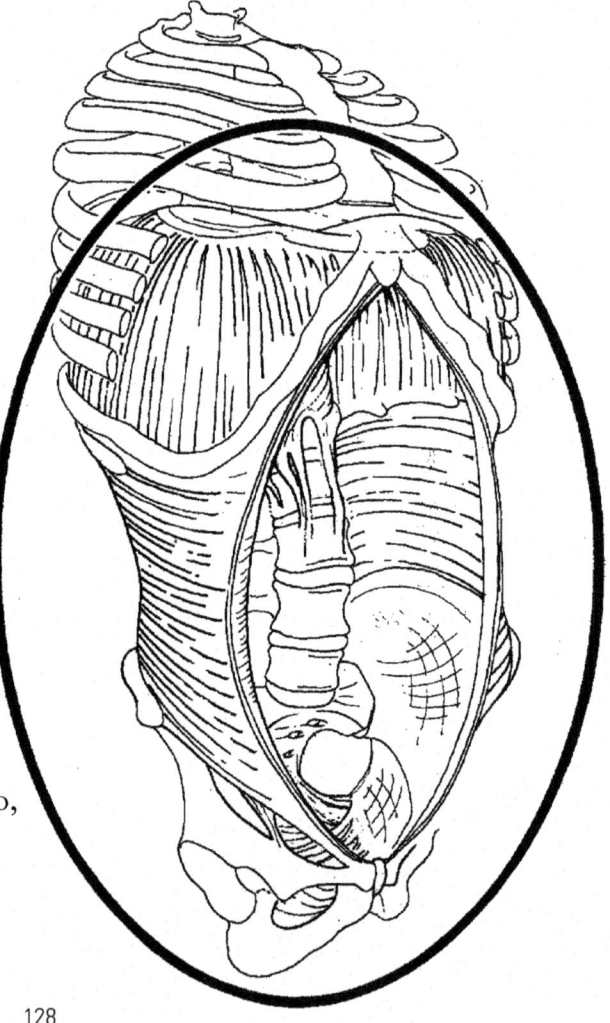

El diafragma y el elástico pulmonar

Cuando se contrae, el diafragma
tiende a arrastrar el pulmón hacia la pelvis
(si estamos de pie, podemos decir «hacia abajo»)

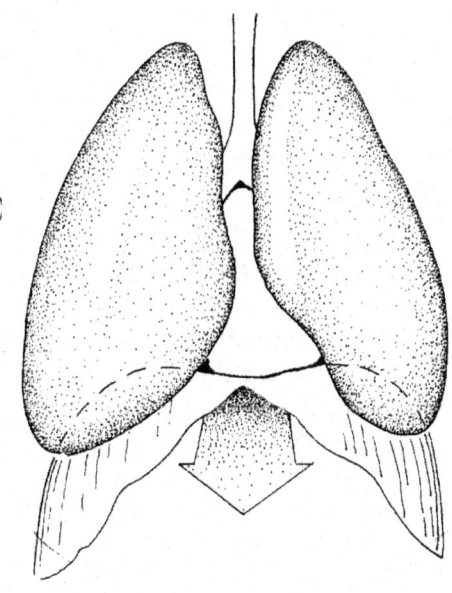

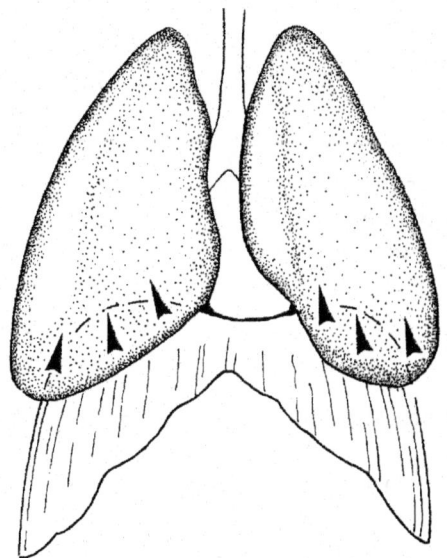

Inversamente, cuando el diafragma se relaja,
el pulmón sube hacia la parte alta del tórax,
y tiende a arrastrar el diafragma con él.

*Por lo tanto, estas dos fuerzas actúan **siempre en sentido inverso**.*

Esto suele imaginarse «al revés»: se piensa que «el pulmón se apoya sobre el diafragma», o que el diafragma empuja el pulmón hacia arriba al subir.

La caja torácica y el elástico pulmonar

Si «abrimos» (expandimos) la caja torácica,
el pulmón se estira y se agranda
(hacia los lados y de delante a atrás).

Al contrario, si la caja torácica
no se mantiene abierta,
el pulmón vuelve elásticamente
sobre sí mismo y la arrastra
«cerrándola» (disminución de sus diámetros)

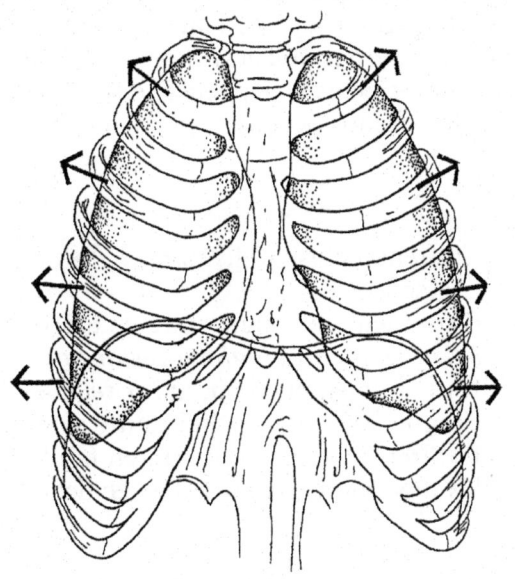

Los frenos respiratorios

Tanto en la inspir como en la espir, la respiración se manifiesta como un flujo de aire. Entre estos movimientos, este flujo se detiene (normalmente, por razones fisiológicas): son las apneas post-inspiratoria y post-espiratoria. *Pero podemos también parar este flujo, voluntariamente o no, mediante frenos que se oponen él.*

Los frenos oclusivos

Algunos de estos frenos crean una oclusión, un *cierre* al paso del aire, como si *apretásemos un grifo*: los llamaremos aquí *frenos oclusivos*.
Por ejemplo:
– La glotis puede cerrarse juntando firmemente sus cuerdas vocales.
– La parte posterior de la lengua puede pegarse a la faringe.
– Podemos cerrar simultáneamente la boca y la nariz (pinzando la nariz).
En todos estos casos, *el paso del aire está totalmente detenido, tanto en la inspir como en la espir*.

Los frenos oclusivos parciales
Podemos también crear una oclusión que sólo frene parcialmente el flujo del aire:
– La glotis puede cerrarse incompletamente, dejando pasar un hilillo de aire.
– Lo mismo para los labios o para la parte posterior de la lengua, por ejemplo.

La oclusión también puede hacerse a golpes, más o menos rápidos, que van a crear un ritmo de vibración.
Ejemplos:
– Podemos soplar por la boca haciendo vibrar los labios, como un caballo que piafa.
– Podemos hacer vibrar el velo del paladar sobre la lengua: en la inspir, es el ronquido.
– En la laringe, podemos emitir una vibración como un ronroneo.
– Pero, sobre todo, podemos emitir un sonido vocal, que es una vibración muy rápida de las cuerdas vocales. (Por tanto, la voz es una forma de freno oclusivo parcial.)
Los frenos oclusivos a veces se pueden acumular.
Algunos frenos oclusivos pueden existir patológicamente (no los expondremos aquí).

Un freno oclusivo disminuye el flujo de aire: se alarga la duración de la espir o de la inspir.
Esto puede ser interesante cuando queremos *explorar más lentamente o durante más tiempo un volumen respiratorio*, por ejemplo.
Esto también puede permitir *relajar los músculos inspiradores* durante una espiración de VRI, donde están muy solicitados.
Los frenos oclusivos permiten también crear juegos de presiones/depresiones entre los dos cajones (véanse las técnicas de compresión/descompresión del abdomen).

Los frenos retentivos

También podemos interrumpir voluntariamente el flujo de aire
sin que haya ninguna oclusión.

Ejemplo: inspiramos con bastante amplitud, y después espiramos
con la boca abierta, la nariz libre, la glotis abierta,
sin crear vibraciones en el paso de aire.
Durante esta espiración «con el canal abierto»,
nos paramos, como en suspensión, sin crear ningún bloqueo
en los canales de salida del aire.

De este modo, tenemos una apnea *sin apretar o cerrar el grifo de aire.*
¿Cómo es posible que nos pongamos así en apnea?
Ocurre porque hacemos intervenir *las fuerzas que mantienen los pulmones abiertos,*
para impedirles volver elásticamente sobre sí mismos.
Estas fuerzas «abridoras»,
en la espiración,
son las contracciones de los músculos
que mantienen los pulmones estirados,
es decir, de los músculos inspiradores.

A estos tipos de freno del flujo de aire, en los que se «retiene» el movimiento respiratorio, los llamaremos *frenos retentivos.*

Así, podemos suspender la espiración manteniendo la abertura de las costillas, o manteniendo el diafragma descendido, o combinando estas dos fuerzas.

Podemos experimentar los mismos frenos en la inspiración.
Ejemplo: inspiramos e interrumpimos la inspiración de los mismos modos que hemos citado anteriormente.
Las fuerzas que detienen el flujo de aire, aquí, son los músculos inspiradores, que permanecen contraídos, de manera estática, suspendiendo el movimiento de inspiración.

> Los frenos retentivos actúan para dosificar la presión de aire bajo las cuerdas vocales, tal y como se practica en ciertas técnicas de canto (véase página 157; véase igualmente *El appoggio del soplo,* de próxima aparición).

Análisis de las principales respiraciones

*Análisis
de movimientos corrientes
en los que intervienen
los mismos actores
que en la respiración*

La respiración diafragmática y sus variantes

A menudo llamada «respiración por el vientre», «del vientre» o «respiración abdominal», la respiración diafragmática concierne, de hecho, sobre todo al tiempo de la inspiración. (Sin embargo, veremos en la página 140 qué papel puede jugar el diafragma en la espiración.)

Es la que practicamos habitualmente para el volumen de reposo, en las respiraciones corrientes.

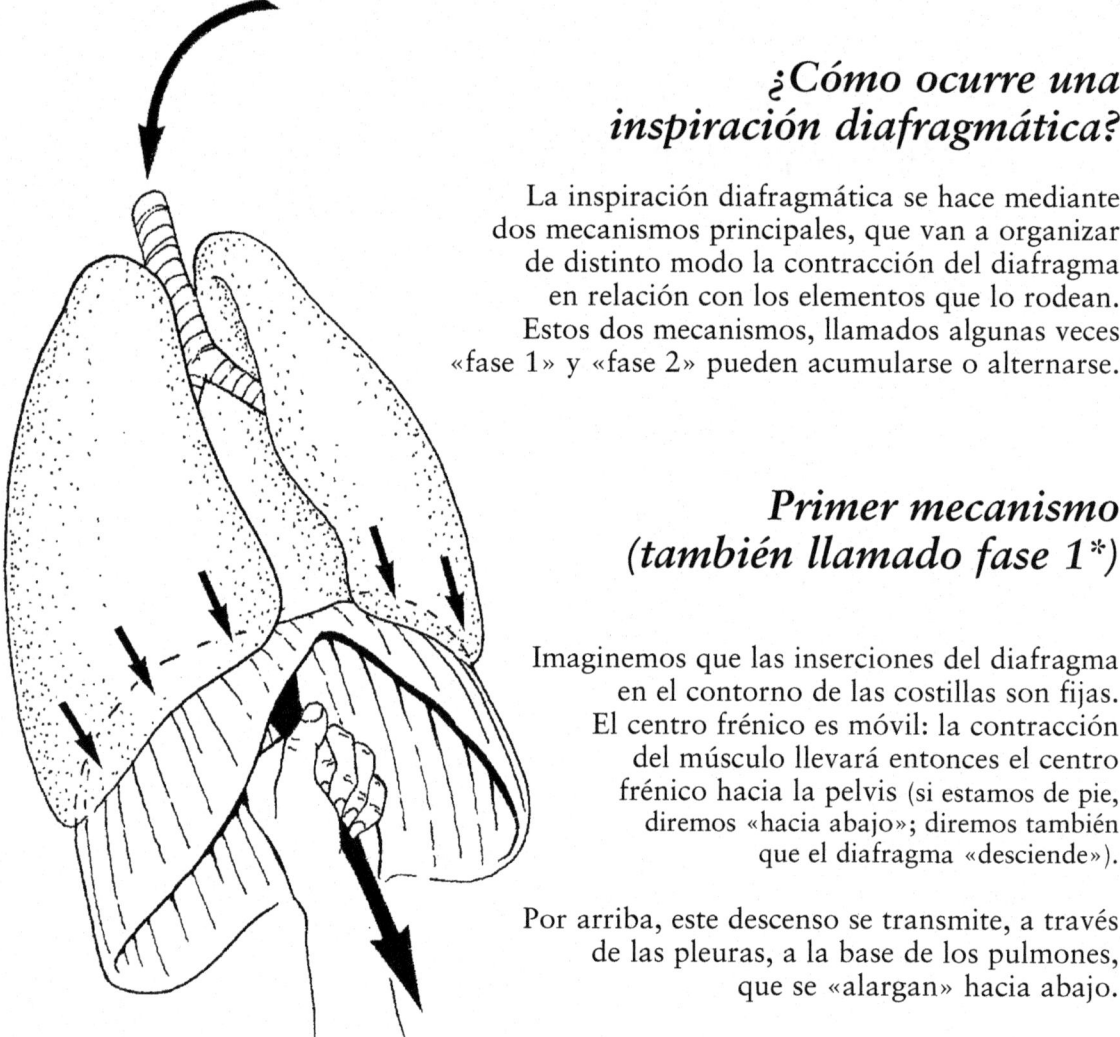

¿Cómo ocurre una inspiración diafragmática?

La inspiración diafragmática se hace mediante dos mecanismos principales, que van a organizar de distinto modo la contracción del diafragma en relación con los elementos que lo rodean. Estos dos mecanismos, llamados algunas veces «fase 1» y «fase 2» pueden acumularse o alternarse.

Primer mecanismo (también llamado fase 1*)

Imaginemos que las inserciones del diafragma en el contorno de las costillas son fijas. El centro frénico es móvil: la contracción del músculo llevará entonces el centro frénico hacia la pelvis (si estamos de pie, diremos «hacia abajo»; diremos también que el diafragma «desciende»).

Por arriba, este descenso se transmite, a través de las pleuras, a la base de los pulmones, que se «alargan» hacia abajo.

---

* Atención: «fase 1» y «fase 2» son modos de expresión. En contra de lo que se puede pensar, no hay una continuidad cronológica entre ambas fases, al menos no forzosamente.

Esto provoca en ellos una presión negativa, una «depresión».

De ese modo, se crea una *«demanda de aire»* hacia el interior de los pulmones, que produce *la inspiración*.

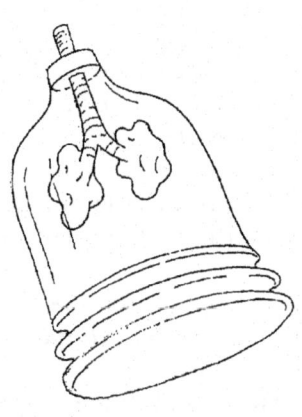
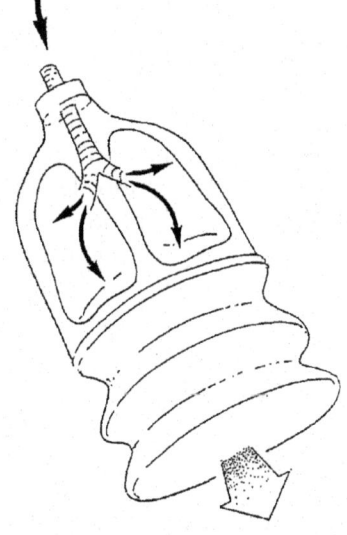

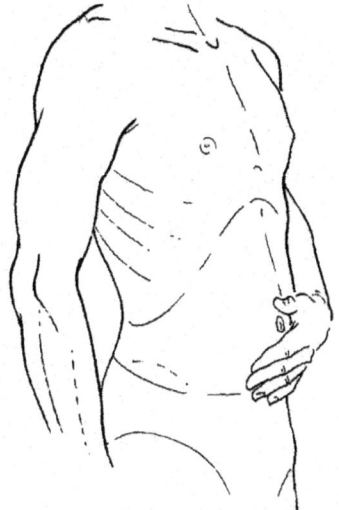

Por debajo, este descenso empuja sobre el «globo de agua» abdominal y lo deforma. *La zona más evidente, la más fácil*, para esta deformación, es la parte anterior del abdomen, donde ningún armazón óseo frena el movimiento.

Es por esto que la inspiración diafragmática más frecuente suele llamarse «respiración por el vientre».

Sin embargo, veremos en las páginas siguientes que el «globo de agua» abdominal también puede deformarse de muchas otras maneras...

Atención: el descenso del diafragma no es una «caída», que no requeriría ningún esfuerzo y se haría como cualquier caída de un objeto, por la acción de la gravedad...

Esto sólo puede ocurrir si dejamos «caer» realmente el abdomen, sin contención muscular.

En efecto, este descenso encuentra numerosas resistencias:
– La resistencia elástica del pulmón.
– La resistencia eventual del abdomen, que no siempre se deja deformar (por ejemplo, si llevamos ropa ajustada o un cinturón, una faja; o si los músculos abdominales, contraídos, impiden cualquier movimiento del abdomen; o incluso en el embarazo...).

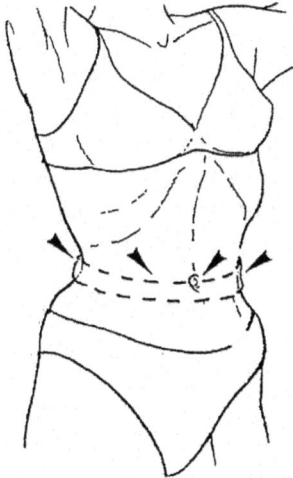

Así, el descenso del centro frénico no siempre es posible o bien llega a su límite. Entonces, tenemos un tipo de funcionamiento diferente (véase página 138).

Las variantes de la inspiración diafragmática de primer mecanismo

Durante el empuje del diafragma, el cajón abdominal puede reaccionar de múltiples maneras. Si, en una zona del cajón, los músculos de alrededor permanecen contraídos, el «globo de agua» no podrá deformarse en este lugar: la deformación se producirá en otra parte.

De este modo, podemos realizar cantidad de combinaciones, todas ellas variantes de la inspiración más corriente, descrita en la página precedente.

Podemos, durante una deformación hacia delante, *escalonar la zona donde se abomba el abdomen*.
Por ejemplo:
...Abombar el abdomen sólo en su tercio más bajo (la zona por encima del pubis), lo que supone mantener contraídos los abdominales altos...

...O abombarlo sólo en su tercio más alto (la zona del epigastrio), lo que supone mantener contraídos los abdominales bajos...

...O dejar abombarse sólo la región de la cintura, lo que supone soltar los abdominales únicamente en este nivel, y dejarlos contraídos arriba y abajo.

Todo esto es posible con los músculos abdominales, ya que están inervados por nervios motores procedentes de varios niveles medulares: por esta razón, se pueden contraer sector por sector.

Se puede, igualmente, *asimetrizar la deformación* del «globo de agua»:
...dejar que el abdomen se abombe sólo a la derecha, o sólo a la izquierda...
Esto supone mantener contraídos los abdominales del lado opuesto.
También podemos, evidentemente, *escalonar una respiración asimétrica...*

Podemos *impedir toda deformación anterior
y dejar que el «globo de agua» se deforme sólo hacia atrás.*
Esto da la sensación de *abombar la espalda.*

Para ello, hay que mantener contraídos
los abdominales anteriores
(sobre todo los rectos mayores).
Se trata de una *«diafragmática posterior».*

También
es posible *escalonar y asimetrizar*
esta inspiración diafragmática.

Podemos *impedir la deformación
del «globo de agua» en todo
el contorno del abdomen,* tanto delante
como detrás y a los lados: entonces,
el único sitio donde el empuje diafragmático
puede repercutir es en *el periné.* Es una *«diafragmática perineal».*

*Así pues, hemos visto que las inspiraciones diafragmáticas
de primer mecanismo pueden adoptar
múltiples formas y combinaciones.*

¿Cuáles son los intereses de estas respiraciones diafragmáticas de primer mecanismo?
– Son las más *eficaces para una ventilación máxima* en relación con un esfuerzo muscular mínimo.
– *Movilizan las vísceras abdominales,* favoreciendo su drenaje circulatorio e incluso, algunas veces, su función (por ejemplo, son eficaces contra el estreñimiento). Esta movilización puede ser global o más destinada a un órgano, si ponemos en marcha respiraciones que movilizan precisamente la zona del abdomen donde se encuentra el órgano en cuestión.
– Dejan relajada la parte alta del tronco, la región de las costillas y la de los hombros.

¿Cuáles son los inconvenientes de estas respiraciones?
Estos inconvenientes aparecen si las practicamos de manera demasiado exclusiva:
– Ventilan sobre todo la base de los pulmones, y poco o nada su parte alta.
– Empujando la masa abdominal hacia la pelvis, pueden contribuir a un *descenso general de esta masa visceral,* particularmente en la región de la pelvis menor.
– Movilizamos poco la caja torácica. Esto puede contribuir a endurecerla y a que tienda a quedarse en posición espiratoria.

Véanse páginas 176 a 186, ejercicios para estas diferentes respiraciones diafragmáticas.

Inspiración diafragmática: segundo mecanismo (también llamado fase 2)

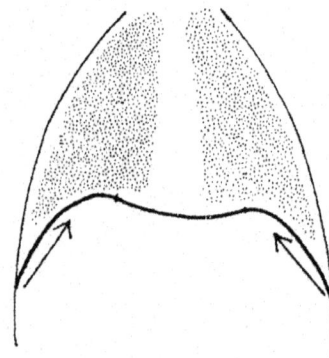

Si el centro frénico se inmoviliza, forma un *punto fijo y es el contorno el que es móvil*. La contracción del diafragma tracciona, en este caso, la parte baja de las costillas hacia este centro frénico, es decir, hacia arriba. Entonces, el diafragma es *elevador de las costillas*.

Pero toda elevación de las costillas las separa lateralmente, debido a su forma en «asa de cubo» (véase página 49). Por esa razón, el músculo es «elevador – separador» de las costillas, debido a la forma de éstas.

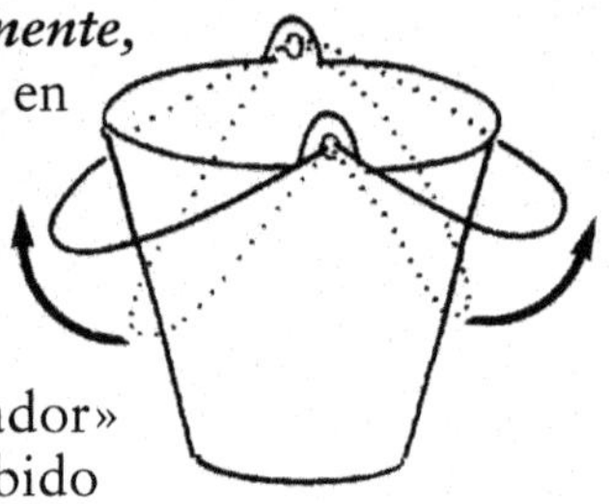

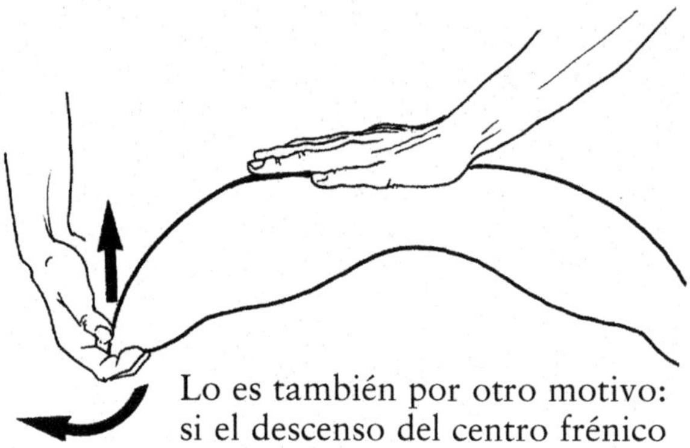

Lo es también por otro motivo: si el descenso del centro frénico ha llegado a su límite, es porque la masa abdominal no puede deformarse más en altura, y, por tanto, se deforma a lo ancho.

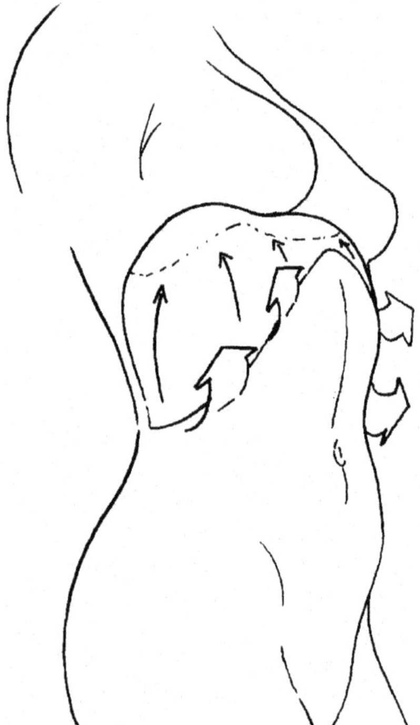

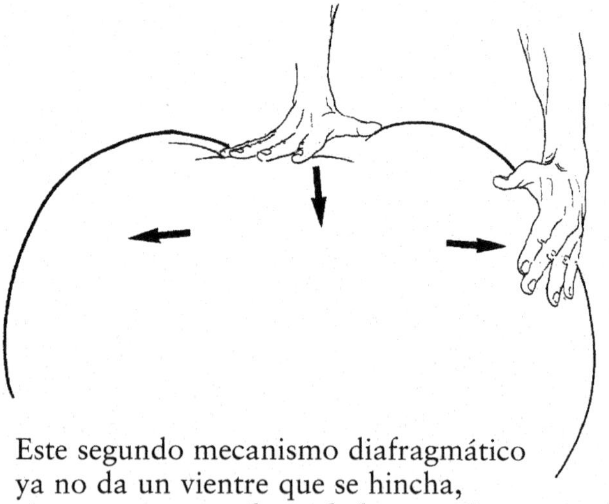

Este segundo mecanismo diafragmático ya no da un vientre que se hincha, sino *un contorno bajo de las costillas que se eleva y se separa a la vez*.

Aquí también, el movimiento de partida puede tomar formas muy variadas: podemos inspirar abriendo las costillas bajas por delante, pero también por detrás o de forma asimétrica, solamente a la derecha o a la izquierda.

Lo más frecuente es que los mecanismos 1 y 2 se combinen: así, la respiración diafragmática más corriente provoca a la vez un ligero abombamiento del abdomen y una ligera separación de las costillas.

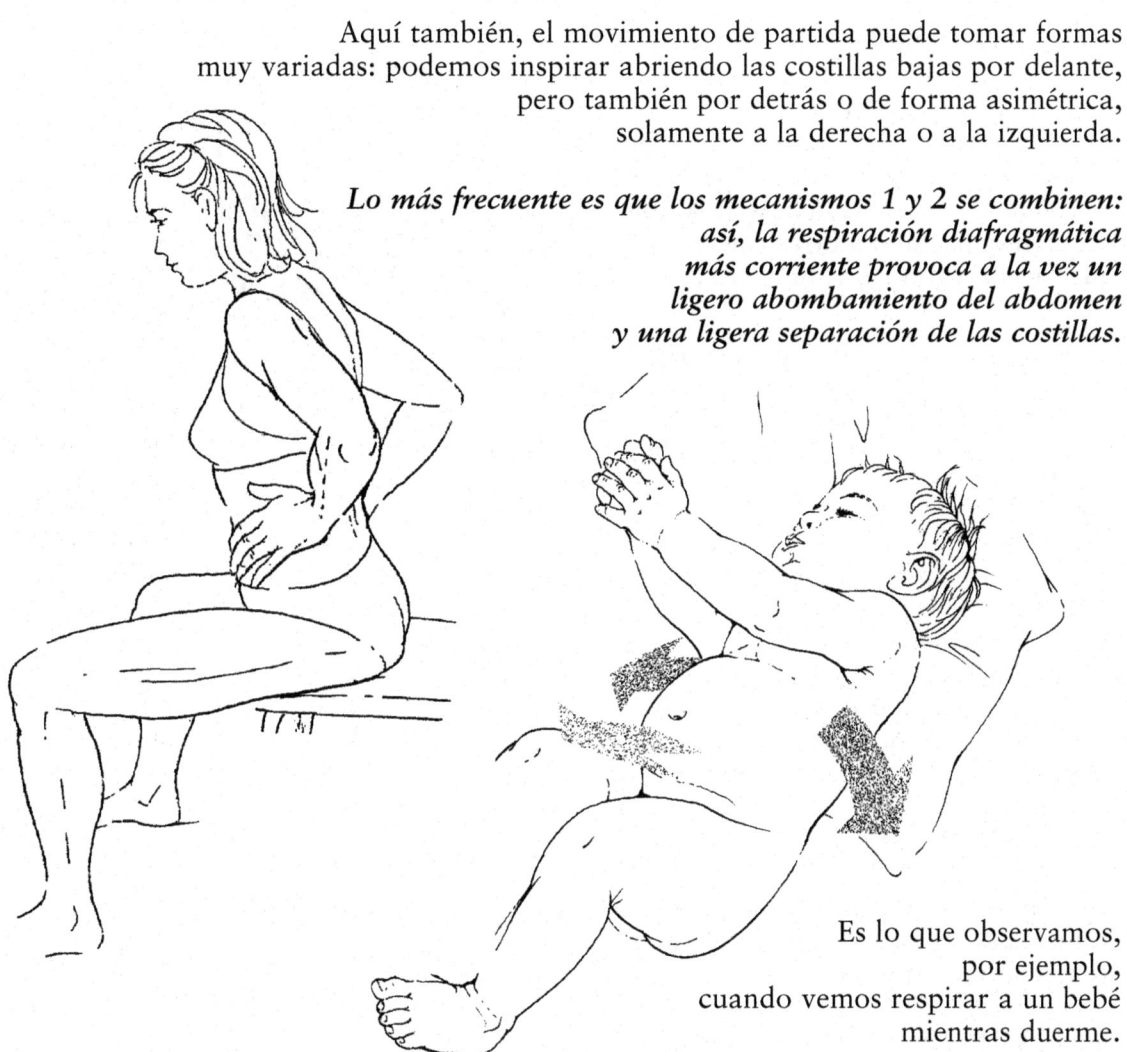

Es lo que observamos, por ejemplo, cuando vemos respirar a un bebé mientras duerme.

¿Cuáles son los intereses de estas respiraciones diafragmáticas de segundo mecanismo?
– Movilizan el abdomen en una región que a menudo está crispada por el estrés: la parte alta del abdomen.
– Empujan menos la masa abdominal hacia abajo que las diafragmáticas de primer mecanismo.

¿Cuáles son los inconvenientes de estas diafragmáticas de segundo mecanismo?
– A medio camino entre las inspiraciones costales y las abdominales, no se distinguen fácilmente de unas ni de otras.

Véase en páginas prácticas 187 y 188 ejercicios correspondientes a estas respiraciones diafragmáticas.

El diafragma y la espiración

No es el diafragma el que hace la espiración, contrariamente a lo que solemos imaginar debido a su forma de cúpula que sube al espirar. Este ascenso nunca se debe a la acción del diafragma, sino a otras causas, que varían según los volúmenes respiratorios.

Sin embargo, el diafragma puede tener una acció durante su ascenso, que varía a menudo según los volúmenes:

En el retorno de un volumen corriente, es el elástico pulmonar (véase pág. 119) el que hace la espiración y que el diafragma suba. Éste último puede contraerse para moderar o modular este retorno elástico Es una contracción poco intensa, incluso inexistente.

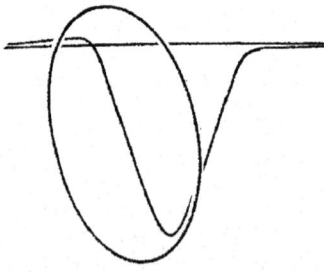

Atención: los gráficos representan las espiraciones como movimientos descendentes; en cambio, decimos que el diafragma **sube** en la espir.

En cambio, *en el retorno de una gran inspiración (VRI)*, la fuerza del retorno elástico del pulmón es mucho más intensa. La contracción del diafragma, igualmente, será mucho más fuerte, sobre todo si este VRI es importante, y especialmente al principio de la espiración de retorno, donde la fuerza elástica del pulmón es máxima (véase página 121).
Pero atención: *en ningún caso esta contracción del diafragma «hace» la espiración.* Esta contracción interviene, no como actor del movimiento, sino como freno, opuesta al movimiento y dosificando la intensidad de éste.

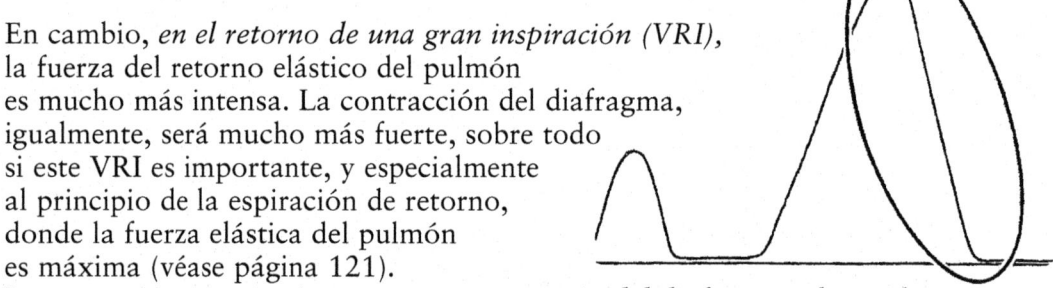

En la espiración de VRE, el pulmón disminuye de volumen bajo la acción de los espiradores. La noción de retorno elástico ya no está presente. El diafragma ya no tiene acción, ni como actor, ni como «frenador». Sube al máximo. *Es una ascensión pasiva.*

La inspiración costal y sus variantes

El mecanismo de la inspiración costal

En la inspiración costal, lo que abre el pulmón
es el *aumento de los diámetros de la caja torácica.*
Hemos visto, pág. 49, que lo que aumenta estos diámetros
es la *elevación de las costillas,*
y *que esta elevación puede hacerse:*

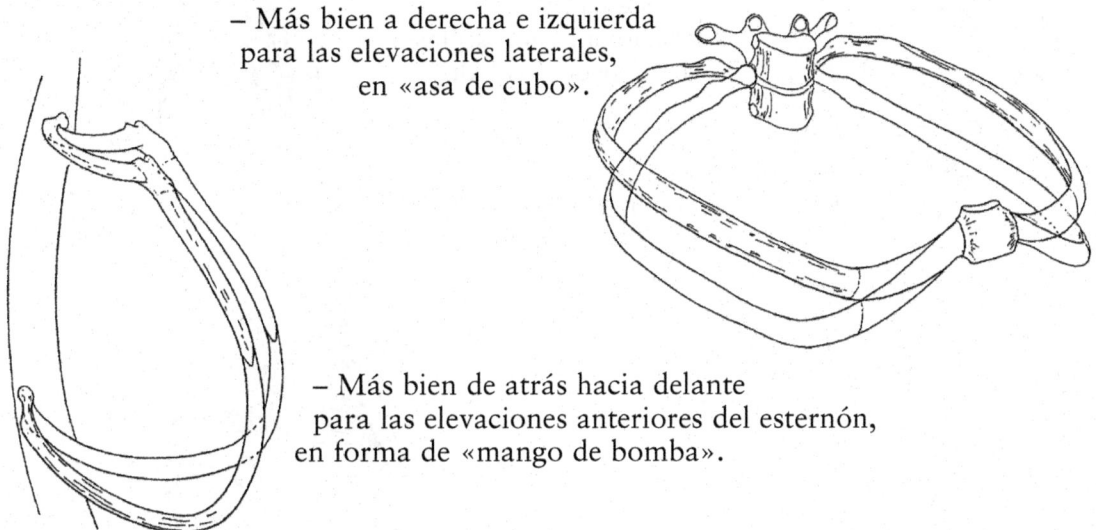

– Más bien a derecha e izquierda
para las elevaciones laterales,
en «asa de cubo».

– Más bien de atrás hacia delante
para las elevaciones anteriores del esternón,
en forma de «mango de bomba».

Así, hay globalmente dos grandes direcciones de inspiración costal:
hacia los lados y de atrás hacia delante.

Todos los músculos que se insertan en las costillas y cuyas fibras se dirigen hacia arriba, pueden participar en estos movimientos de inspiración costal.
Cada uno priorizará una dirección u otra, tal y como veremos más adelante.

Las variantes de la inspiración costal

Las inspiraciones costales pueden variar mucho con estas dos grandes direcciones.
Pueden, por ejemplo:
– Combinarse.
– Acumularse en una inspiración de un gran VRI.
– Relevarse a lo largo de una misma inspiración (por ejemplo, pasar de una toma de aire costal lateral baja a una toma de aire anterior alta...).
– Asimetrizarse.
– Localizarse en tres o cuatro costillas más precisamente...

Pero, si la respiración diafragmática variaba por las combinaciones de la acción del diafragma con el entorno, las respiraciones costales varían por una razón muy diferente: *es porque hay numerosos músculos inspiradores costales, distintos, que mueven la caja torácica cada uno de manera particular.*

Como hemos visto en las páginas 87 a 95,

los escalenos traccionan las costillas 1 y 2 hacia los lados;

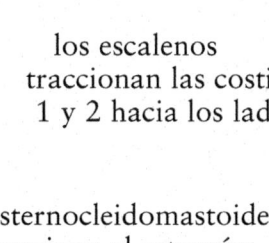

el esternocleidomastoideo tracciona el esternón hacia arriba y hacia delante;

el serrato mayor tracciona las costillas 7, 8, 9 y 10 hacia arriba y hacia los lados;

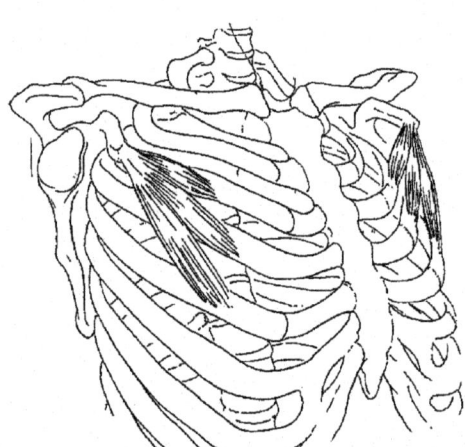

el pectoral menor tracciona las costillas 3, 4 y 5 hacia arriba y hacia delante;

el pectoral mayor tracciona las costillas 6, 7 y 8 hacia arriba y hacia los lados;

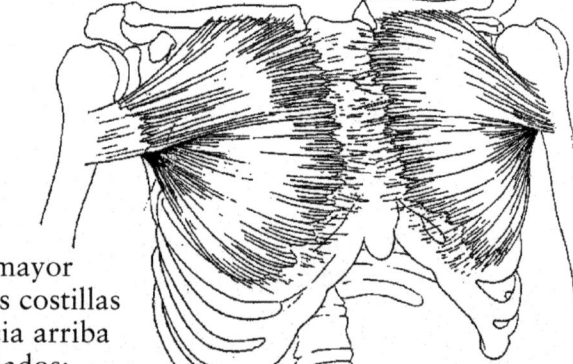

los dorsales, llevando la columna en extensión, elevan la caja torácica por delante (no representado);

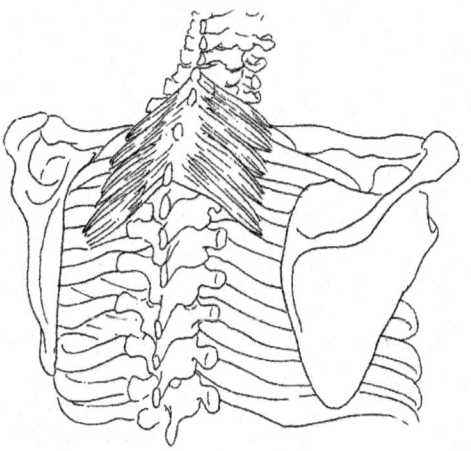
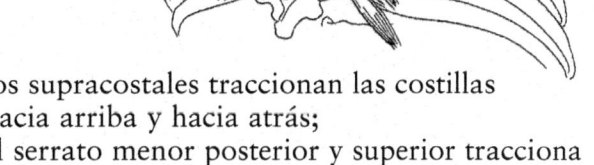

los supracostales traccionan las costillas hacia arriba y hacia atrás;
el serrato menor posterior y superior tracciona las costillas 1, 2, 3, 4 hacia arriba y hacia atrás.

Cada uno de estos músculos implica una manera diferente de movilizar la caja torácica... Así, vemos que las inspiraciones costales son multiformes.

¿Cuáles son las ventajas de estas inspiraciones costales?
– *Tonifican los músculos costales* en todo el contorno de la caja torácica.
– Contribuyen a *conservar la apertura de la caja torácica*, lo cual es importante en el caso de llevar una vida sedentaria.
– Permiten, sumándose a las diafragmáticas, *explorar los grandes volúmenes inspiratorios*.
– A menudo, provocan una *elevación de tono* y, por esta razón, son muy dinamizantes.

¿Cuáles son los inconvenientes de estas inspiraciones costales?
– Son poco *eficaces desde el punto de vista de la ventilación*, siendo necesario mucho esfuerzo muscular para una movilización de aire poco importante.
– Si son el esquema dominante en una persona cuando quiere respirar de manera consciente, *este esquema puede ser muy limitante*, impidiendo encontrar y practicar las inspiraciones diafragmáticas.
– Pueden provocar contracciones demasiado importantes y *rigidez en la zona torácica*.
– Conllevan una fuerte subida del tono y pueden ser factor de estrés.
– En estas inspiraciones, el trabajo muscular predomina en el tórax alto, lo que puede provocar como un «corte» entre la parte superior e inferior del tronco en el esquema del movimiento respiratorio, y en el del movimiento general del cuerpo que se produce simultáneamente (en particular en el trabajo vocal, en el que estas respiraciones se sitúan muy cerca de la región cabeza-cuello, con lo que toda la acción se concentra en la misma zona).

Véanse páginas 189 a 199, ejercicios concernientes a las inspiraciones costales.

La respiración paradójica

Lo que llamamos «respiración paradójica» es una respiración *costal*, en la cual las costillas se abren hasta tal punto que el pulmón, estirado por esta sobreabertura de las costillas, responde subiendo su base, y de ese modo atrae la masa abdominal hacia él.

Resultado: el vientre entra fuertemente en la inspiración, al mismo tiempo que se abren las costillas.

En la espiración que sigue, las costillas vuelven a bajar y se cierran. El abdomen desciende hacia la pelvis: el vientre se abomba.

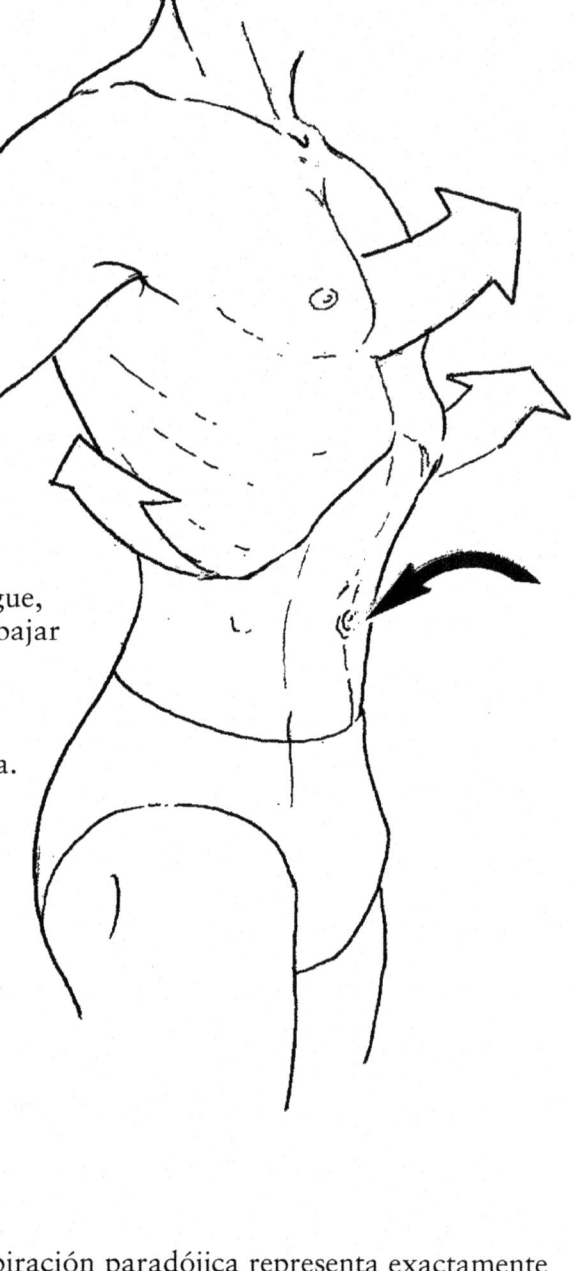

La respiración paradójica representa exactamente lo contrario de la respiración diafragmática. Es, a menudo, la que el principiante «encuentra» primero al intentar efectuar una diafragmática. ¿Por qué? Porque recluta los músculos inspiradores costales, muy superficiales, muy fáciles de sentir bajo la piel, mientras que la contracción del diafragma, como hemos visto en la pág. 86, no se siente fácilmente.
Así, cuando una persona principiante «quiere» efectuar una respiración, tiende a buscar a priori los movimientos en la región torácica.

Por esta razón, el aprendizaje de la respiración diafragmática debe pasar en muchas ocasiones por una «desprogramación» de la paradójica.

Una de las maneras de conseguirlo, cuando la forma paradójica está muy instalada, puede ser empezar trabajando en la espiración, de modo abdominal, lo que, de entrada, le da al abdomen movilidad en la reinspiración (véanse páginas prácticas: pág. 178).

¿Cuáles son los intereses de esta respiración?
- *Desarrolla la fuerza de los músculos inspiradores costales.* Por eso, es interesante en el caso de que se necesite tonificarlos, en particular si la columna dorsal tiene tendencia a hundirse un poco hacia delante, o si las costillas están habitualmente en posición demasiado cerrada.
- *Moviliza las vísceras de los dos cajones (véase página 126) en un sentido completamente inverso al de la respiración diafragmática.* Por esta razón, es útil practicarla en alternancia con esta última, en particular:
... en situaciones de solicitación intensa de la diafragmática (respiraciones de preparación para la voz hablada o cantada), como reequilibración;
... cada vez que efectuamos los movimientos respiratorios para movilizar las vísceras (relajación, estreñimiento...). Lleva las vísceras en el sentido inverso al diafragma.

- *Crea una descompresión de las vísceras abdominales (véase página 150).*

¿Cuáles son los inconvenientes de esta respiración?
- Si es el único modo respiratorio que encuentra una persona, este esquema «paradójico» puede ser muy *limitante*, impidiéndole tener acceso a una diversidad de movimientos ventilatorios.
- Conlleva fuertes contracciones a nivel del tórax que, si el esquema es demasiado repetido, pueden volver *rígida* la región.
- Igualmente, puede provocar una tendencia a mantener el abdomen siempre hacia dentro, lo cual *oprime mucho las vísceras abdominales*, impidiéndoles la movilidad.

Véase en página 180 la práctica de la respiración paradójica.

Los dos grandes tipos de espiración

Para espirar, como para inspirar, existen dos grandes mecanismos, muy diferentes:

– Un mecanismo *torácico*: «cerramos» la caja torácica (así como, en las inspiraciones costales, abríamos esta misma caja).

– Un mecanismo *abdominal*: subimos el abdomen (el «globo de agua») hacia el espacio torácico. Esto comprime los pulmones (así como, en las inspiraciones diafragmáticas, bajábamos este «globo de agua» para expandir los pulmones).

Recordar: para espirar en el volumen corriente o en el VRI, no hace falta trabajo muscular: esta espiración, globalmente, se debe a la acción del elástico pulmonar.

1º) La espiración torácica

Hay dos grandes medios de «cerrar» la caja torácica:
– Aproximar las costillas entre sí.
– Descender la caja torácica.
Ambos disminuyen los diámetros del tórax.

a) aproximar las costillas entre sí

Esto puede hacerse por la contracción de los músculos *intercostales*.
Hemos visto, pág. 104, que esta aproximación es la constante de su acción.

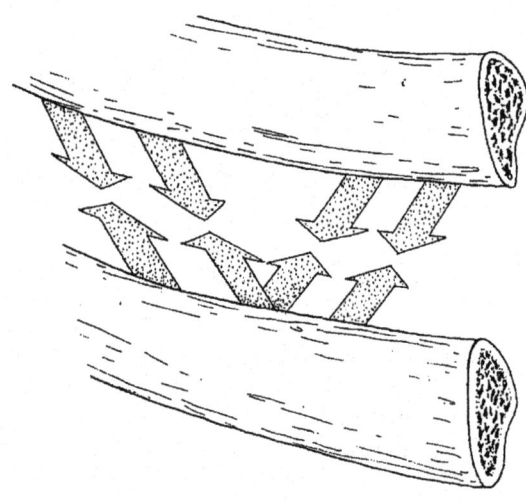

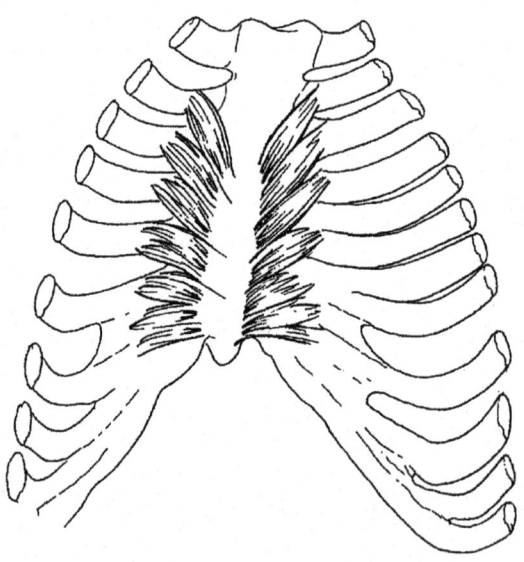

También podemos acercar los cartílagos costales entre sí y acercarlos al esternón, gracias al músculo *triangular del esternón*, que cierra la estructura de forma «radiada» alrededor del esternón.

b) descender la caja torácica

Es el principal medio de disminuir el diámetro del tórax.

Este descenso de la caja torácica se realiza, naturalmente, debido a la gravedad, en varias posiciones: de pie, tumbado sobre la espalda o sobre el vientre (véase página 114).

Pero también puede ser *provocado por los músculos* que traccionan las costillas hacia la pelvis:

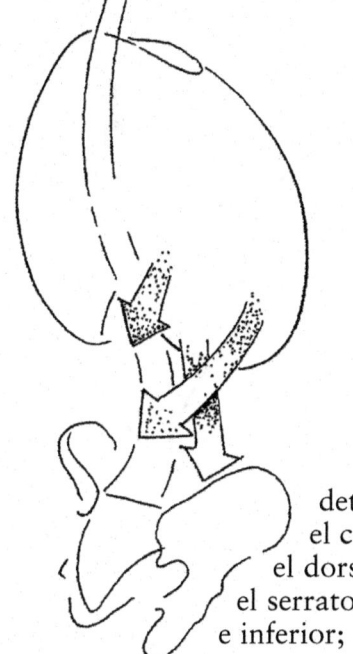

a los lados,
el oblicuo menor
y el mayor*;

detrás,
el cuadrado lumbar,
el dorsal ancho,
el serrato menor posterior
e inferior;

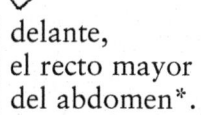

delante,
el recto mayor
del abdomen*.

> *¿Cuáles son los intereses de estas espiraciones costales?*
> – Movilizan las costillas y los cartílagos costales en el sentido espiatorio.
> – Constituyen, por ello, una alternancia importante cuando se han movilizado las costillas en gran abertura (en particular, en ciertas técnicas vocales).

> *¿Cuáles son los inconvenientes de estas espiraciones costales?*
> – Si se practican de manera demasiado exclusiva, participan en una postura del tronco muy asténica, que puede encorvar la columna dorsal.
> – Tienden a llevar el tórax, y después el abdomen, hacia abajo (incluso pueden abombar el vientre), y son prolapsantes para las vísceras de la pelvis menor.

* Estos músculos actúan en este caso más como movilizadores del esqueleto que del «globo de agua» abdominal.

2°) La espiración abdominal

Mediante este modo de espirar, hacemos subir el abdomen hacia el tórax con los músculos que pueden empujar este «globo de agua» hacia arriba y hacia atrás.
Éstos siguen siendo los abdominales. En esta ocasión, no movilizan las costillas, sino que comprimen el «globo de agua».

a) la espiración «apretando» la cintura

El que más la estrecha de todos es el transverso: este músculo tiene casi toda su superficie contráctil en la zona de la cintura. Cuando se contrae, sus fibras, horizontales, crean un auténtico **cinturón** a la altura del ombligo.

Esto empuja el abdomen en parte (la mitad superior) hacia arriba: por lo tanto, tiene un efecto espiratorio.

Al mismo tiempo, la otra mitad del abdomen es empujada hacia abajo.

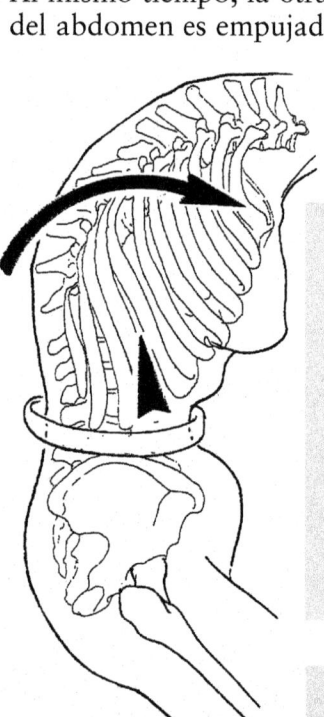

¿Cuáles son los intereses de este tipo de espiración?
– Es un movimiento muy *espontáneo*, que se asocia a menudo con la flexión del tronco, siendo esto facilitado por la gravedad cuando estamos en posición de pie.
Este tipo de espiración se asocia bien con el suspiro (véase pág. 152). Por esta razón, puede incluirse en cualquier *entrenamiento de respiraciones naturales*, sobre todo alternándolas con ciertos aprendizajes de respiraciones más compuestas.
– Permite espirar sin provocar demasiada presión hacia la parte superior del tronco, *dejando libre la circulación en el tórax*.

¿Cuáles son los inconvenientes de este tipo de espiración?
Provoca una compresión sobre las vísceras más bajas del abdomen, que puede ser prolapsante para las vísceras de la pelvis menor.

b) la espiración ascendiendo el abdomen

También podemos comprimir el «globo de agua» de abajo hacia arriba. Esto supone contraer sucesivamente, «ascendiendo», los músculos del cajón abdominal.

Empezar por los más bajos: los músculos del suelo pélvico; después, por los que están situados abajo y delante en el abdomen, sin que esta segunda etapa haga perder la primera.

Continuar sucesivamente con los músculos abdominales cada vez más altos,

conservando siempre las contracción de los músculos bajos.

Ésta es la «coordinación ascendente suelo pélvico-abdominales»*.

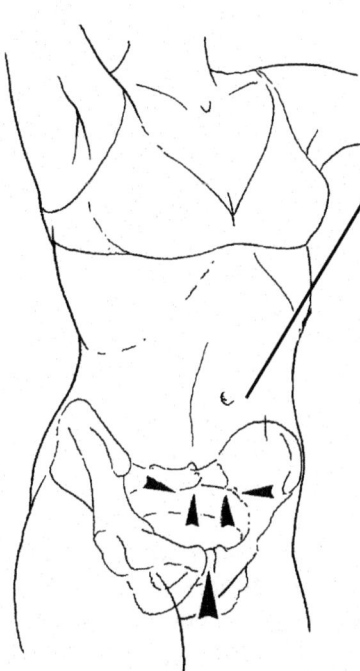

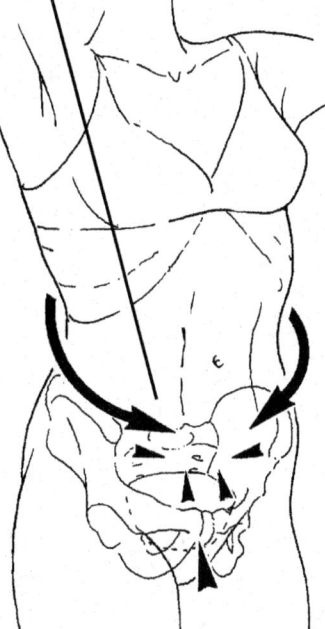

¿Cuáles son las ventajas de este tipo de espiración?
– Tonifican la parte baja del tronco, formando como una «vaina» muy protectora para la columna lumbar.
– Habitúan a una buena coordinación entre el suelo pélvico y los abdominales.

¿Cuáles son los inconvenientes de este tipo de espiración?
– Ascienden la masa abdominal, lo que puede provocar presiones vasculares en el tórax si la contracción es fuerte.
– Crean un esquema de sinergia muscular ascendente, que puede provocar crispaciones musculares excesivas en la región alta del tronco y del cuello.

* Véase *Anatomía por temas*, cuadernos sobre los abdominales, de la misma autora.

Las técnicas de descompresión de las vísceras abdominales

Se presentan aquí en posición tumbado bocaarriba, pero pueden practicarse en otras posiciones.

Gracias a la solidaridad recíproca entre los dos cajones del tronco, podemos provocar en el «globo de agua» abdominal el efecto inverso de la presión que se ejerce sobre él habitualmente.

Dos técnicas pueden llevarnos a este mismo objetivo.

La primera consiste en *conservar abierta la región de las costillas* al mismo tiempo que estamos espirando.

Los pulmones tienden a retraerse elásticamente, debido a la espiración. Sin embargo, esta retracción está impedida, en parte, por la abertura de las costillas. Por esa razón, los pulmones suben su base, arrastrando con este ascenso el diafragma y las vísceras abdominales.

La otra técnica consiste en *efectuar primero una espiración bastante intensa*, seguidamente cerrar la glotis (o sea, ponerse en apnea al final de la espiración), *y efectuar un movimiento de apertura costal, pero sin dejar que entre el aire*. Es lo que llamamos a veces «imitar una inspiración con la glotis cerrada» o «hacer una falsa inspiración».

El pulmón entonces es estirado sin posibilidad de llenarse de aire. En vez de atraer hacia él el aire del exterior (como hemos visto en pág. 135), atrae hacia él la masa abdominal y la sube hacia el tórax.

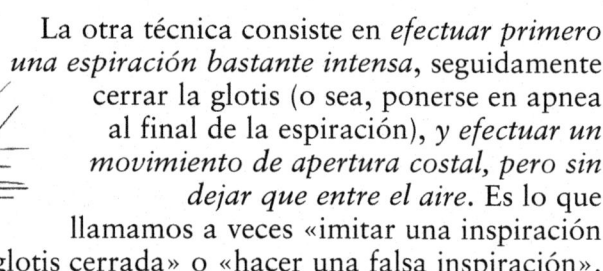

Estas dos técnicas se practican en particular en movimientos de descompresión de las vísceras de la *pelvis menor*. Sin embargo, **su práctica es bastante compleja** y presenta **efectos secundarios no deseables si no se domina bien.**
Se desarrollan con detalle en un suplemento a este libro titulado *Técnicas de descompresión del abdomen*. También se mencionan en el libro *El periné femenino*, pág. 142.

La técnica de Valsalva

Es una utilización particular de la postura del tronco y de la respiración, que tiene como objetivo principalmente proteger la columna (sobre todo lumbar) durante situaciones de riesgos importantes de sobrecarga:
- Cuando flexionamos la columna, especialmente hacia delante, alejándola mucho de la vertical.
- Cuando llevamos cargas importantes en el extremo de los brazos o sobre la espalda.
- Cuando empujamos, tiramos, levantamos, con mucha fuerza.

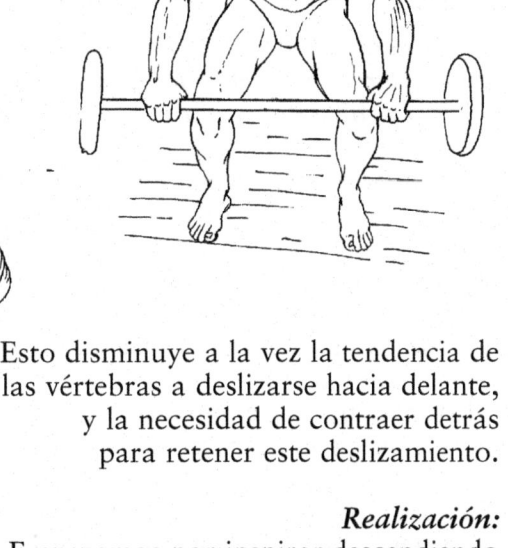

Mecanismo:
El principio es el de constituir delante de la columna una especie de «bolsa» o «saco» rígido, resistente a la flexión, sobre el cual las vértebras puedan apoyarse.

Esto disminuye a la vez la tendencia de las vértebras a deslizarse hacia delante, y la necesidad de contraer detrás para retener este deslizamiento.

Realización:
Empezamos por inspirar descendiendo el diafragma. Después, cerramos la glotis (por lo tanto, dejamos de respirar) y mantenemos el diafragma descendido. Luego, contraemos los abdominales en todo el contorno de la cintura, así como el suelo pélvico. De esa manera, la masa abdominal está fuertemente contenida por todas partes, y empujada hacia la columna.

Consecuencias de la técnica de Valsalva en otras estructuras aparte de la columna:
- La presión ejercida sobre el abdomen repercute *hacia abajo* (sentimos un gran empuje hacia el periné, que no podemos resistir si los músculos del periné son demasiado débiles).
- *También repercute hacia arriba,* frenando la circulación torácica. Sentimos, además, ejercerse una fuerte presión hacia el cuello y la cabeza, que puede provocar una congestión de los vasos sanguíneos.

Estas dos formas de consecuencias pueden ser nefastas si la maniobra se ejecuta con demasiada intensidad, o si la realizan personas con algún tipo de fragilidad en las estructuras implicadas.

El suspiro,
relajación del diafragma

El suspiro es una pequeña espiración que hacemos espontáneamente para relajarnos.

Su particularidad, en relación con la espir normal, es que *conlleva un pequeño impulso, una aceleración en el flujo de aire.* Este impulso puede, según los casos, acelerar el principio o el final del suspiro.

El suspiro se hace normalmente en una *espiración de volumen corriente.*
Así, las fuerzas espiradoras no son los músculos espiradores, sino el retorno elástico del pulmón, al cual se añade la caída de las costillas y una pequeña flexión de la columna dorsal, ya que, en general, cuando suspiramos, relajamos los músculos posturales.

Lo que crea la aceleración es el hecho de que *«soltamos» verdaderamente* el elástico pulmonar, sin intentar retenerlo ni siquiera con un mínimo tono de los inspiradores.
El suspiro puede acompañarse de un pequeño «apoyo»: un momento en el cual frenamos el aire, con un pequeño freno oclusivo, antes de soltar el pulmón.

Puede sonorizarse ligeramente en las cuerdas vocales, sin búsqueda de una vocal particular en la boca. También puede producir un ruido de soplo si buscamos mantener los labios un poco cerrados.

Vemos que, en ese pequeño instante que dura el tiempo de una espiración de volumen corriente, las fuerzas musculares están en reposo.
El tiempo de apnea, que sigue en general a un suspiro, prolongará y, en cierto modo, profundizará este estado (véase página siguiente).

> El suspiro es a la vez el testimonio y el medio de relajación, durante un breve instante, de una gran parte de la musculatura postural y respiratoria, en particular del diafragma.
> Conviene particularmente para los movimientos que deben vivirse en el descanso, la relajación, la fluidez.
> Del mismo modo, ligeramente sonorizado, será útil en las técnicas de voz, para todos los momentos en los que queramos buscar o reencontrar el descanso o la espontaneidad vocal.

La «relajación relámpago»: el tiempo de apnea después de una espiración de volumen corriente

Cuando hemos terminado de espirar
en respiración corriente,
el sistema respiratorio
llega a un estado de equilibrio entre:
– el elástico pulmonar, que ha vuelto
 a su longitud mínima (en tanto que elástico),
– y los músculos inspiradores relajados
 (en tanto que músculos que ya no se contraen).

Teniendo en cuenta que el equilibrio,
en física, se describe como un
«estado de reposo entre dos fuerzas que se anulan»,
aquí vemos que se trata de un estado de reposo...
entre dos fuerzas corporales en reposo.

Así, este tiempo que sigue a la espiración de volumen corriente, y que precede una nueva toma de aire, es un tiempo de apnea (sin movimiento respiratorio).
Sin embargo, esta apnea no es un bloqueo de la respiración o un tiempo activo.
Es un tiempo de descanso de las estructuras.
Y, por extensión, un tiempo de descanso general para el tono corporal.
Lo llamaremos «tiempo de pausa postespiratoria».

¿Cuáles son los intereses de este tiempo de pausa postespiratoria de volumen corriente?

– Es un tiempo esencial en las técnicas de relajación, descanso. Debe buscarse o reencontrarse en todas las situaciones de estrés, o como preparación para estas situaciones.
– Lo encontramos también de manera privilegiada en la respiración del sueño. Puede ayudar a conciliarlo.
– Puede constituir, en la vida corriente, una «minirrelajación».

Véanse en páginas prácticas la pág. 205, ejercicios para explorar este tiempo y sus cualidades corporales.

El hipo

En el hipo, hay *contracción repentina e involuntaria del diafragma, e idéntica contracción de los inspiradores costales*: esto abre bruscamente el tórax, y provocaría una viva inspiración si no hubiera al mismo tiempo un *cierre inmediato de la glotis*.
El movimiento inspiratorio crea súbitamente un estiramiento del tejido pulmonar. Como eso no puede repercutir en un llenado de los pulmones, el abdomen es aspirado de forma brusca por el tórax: vemos (sobre todo en los bebés) cómo se deprime repentinamente la región del epigastrio.

La tos

Muy a menudo, la tos es una acción que tiene como objetivo expulsar algo del aparato respiratorio. Para conseguirlo, *enviamos aire a gran velocidad en el sentido espiratorio*.

He aquí cómo suceden las etapas, al ralentí:

– Nos preparamos *cerrando la glotis* (unión tónica de las cuerdas vocales) y *acumulando aire bajo presión debajo de la glotis cerrada*; los músculos espiradores (abdominales, periné, espiradores costales) comprimen el pulmón, como para un VRE intenso, pero con la glotis cerrada.

– Después, *abrimos bruscamente la glotis*: el aire bajo presión se escapa de golpe.

La tos puede servir para evacuar un objeto, o moco que se encuentra en los pulmones o en los bronquios. Pero, a veces, se produce sin que haya nada que expulsar, sino como reacción a una irritación de la mucosa bronquial: es la tos seca.

En todos los casos, la tos es un mecanismo en el que intervienen los dos cajones, el abdominal y el torácico, y que conlleva una *muy fuerte contrapresión dirigida hacia el periné*. Es importante que éste último pueda responder con una tonicidad correspondiente.

El estornudo

El estornudo es una tos muy fuerte y casi irreprimible que se produce como consecuencia de una irritación (a menudo de origen alérgico) de la mucosa nasal. Sucede el mismo mecanismo que en la tos, pero más rápido, más intenso, y una parte del aire espirado sale por la nariz.

La voz

La voz se produce durante el tiempo espiratorio (espiración de volumen corriente, de VRI o de VRE). *El aire espirado comienza a vibrar a nivel de las cuerdas vocales*. Esto produce el primer sonido vocal, que después se filtra y enriquece en los resonadores-articuladores que hay más arriba.

El grito

En el grito, encontramos los mismos componentes que en la voz, a excepción de una variante: *la presión del aire en el grito es mucho más fuerte*, causada a la vez por un mayor flujo de aire creado por los espiradores, y por una unión de las cuerdas vocales muy tónica, muy estrecha. Ahora bien, la potencia del sonido vocal está en relación con la rapidez de la salida de aire. El grito espontáneo está a menudo vinculado a un tipo de espiración proviniente de la parte alta del abdomen, como se describe en pág. 148.

El jadeo

En el jadeo, *aumentamos la frecuencia de respiraciones, con pequeños volúmenes*. Al mismo tiempo, *eliminamos los tiempos de apnea*, en particular, el tiempo de apnea postespiratoria.

En el jadeo se puede *acentuar la inspiración*, como cuando queremos tomar aire muy rápido. Este modo respiratorio desencadena fácilmente una sobreoxigenación Esto ocurre a causa del aumento de la frecuencia respiratoria, pero también a causa del acortamiento o de la supresión de la apnea. Frecuentemente, acompaña el acto sexual. A veces, se utiliza en técnicas respiratorias que tienen como objetivo trabajar sobre las emociones (en ciertas psicoterapias o somatoterapias).

Al contrario, en el jadeo se puede *acentuar la espiración*. En este caso, a veces es una manera de practicar suspiros sucesivos, como, por ejemplo, para acompañar el dolor. Puede ser también un medio de acompañar un gran cansancio, poniendo el acento en la pasividad de la toma de aire, lo que permite, momentáneamente, descansar el trabajo de los inspiradores, en particular del diafragma (véase «Respiración con fuerzas invertidas», pág. 215).

La risa

En la risa *sacamos aire bajo presión con un sonido vocal* (es decir, con vibración de las cuerdas vocales). *E interrumpimos esta salida de aire y esta emisión de manera rápida y rítmica.*
De manera parecida a lo que ocurre al toser, cuando nos reímos, sacamos cierta cantidad de aire con cierta presión (menor que en la tos). Con cada cierre de la glotis, se forma un breve sonido vocal bajo presión de aire. Para crear esta presión, contraemos los músculos espiradores, en particular los abdominales, lo que explica que, con frecuencia, tengamos «dolor de barriga» cuando nos hemos reído mucho.

El empuje explusivo hacia abajo

En el empuje expulsivo hacia abajo, *contraemos a la vez el diafragma* (que desciende, empujando la masa abdominal hacia el periné) *y los abdominales* (que hacen lo mismo en el contorno del tronco). Al mismo tiempo, *el periné relaja uno de sus esfínteres*: la uretra para la micción, el ano para la defecación. Y en la mujer, la vagina en el día del parto. Estos empujes son muy fuertes (generalmente, demasiados fuertes) para el periné. Es mejor, cada vez que sea posible, moderarlos o, incluso, evitarlos.

La respiración del sueño

Para dormir, efectuamos la ventilación más económica desde el punto de vista muscular. Si dormimos acostados de lado, esto sucede al máximo: la masa abdominal cae hacia delante y hacia la superficie de apoyo, con lo que arrastra el diafragma a la posición inspiratoria. Así, el trabajo de este músculo está muy facilitado en cada inspiración.
En la espir, los pulmones ascienden tirando del diafragma, que adopta una posición un poco más alta. Es una espir de volumen corriente, sin acción muscular.

La espiración hinchando el vientre

Como hemos visto en la pág. 144, en la espiración que sigue a una inspiración paradójica, el abdomen se dirige hacia abajo y hacia delante, después de haber sido «atraído» hacia el tórax en la inspir.
Pero también podemos efectuar una espiración *empujando* el abdomen hacia abajo. Para eso, al mismo tiempo vamos a descender las costillas como hemos visto en la pág. 147, y a empujar el vientre gracias a una contracción del diafragma.
Esta forma de espiración, a veces, acompaña las expulsiones bajas (defecación, micción). Se practica también en algunas formas de meditación en postura sentada. También es útil en las técnicas vocales, para moderar enérgicamente el retorno elástico del pulmón en aquellos pasajes vocales que necesitan una presión de aire muy dosificada.

El movimiento inspiratorio en la espiración

Como hemos visto en la página 16, no hay siempre coincidencia entre los movimientos respiratorios y la respiración.
Habitualmente, inspiramos con un movimiento inspiratorio: abriendo la caja torácica y/o bajando el diafragma.
Seguidamente, en la espiración, estas estructuras vuelven a la posición espiratoria: la caja torácica se cierra y/o el diafragma sube.

Pero *es posible mantener e incluso llevar estas estructuras a una posición inspiratoria durante la espiración:*

podemos mantener
el diafragma descendido
durante una espiración...;

podemos también
mantener
las costillas abiertas...,
podemos incluso
abrirlas todavía más
mientras se desarrolla
la espiración.

En este caso,
*los músculos inspiradores
siguen contrayéndose
durante la espiración.*
Trabajan muy intensamente,
ya que se oponen al retorno elástico del pulmón:
el diafragma frena el ascenso de las bases pulmonares,
los inspiradores costales frenan dicho retorno
de los pulmones bajo las costillas.

Esta práctica respiratoria puede tener objetivos muy diferentes:
– Puede ser útil para movilizar la masa abdominal.
– Puede constituir *un freno retentivo de la espiración, permitiendo dosificarla*: se utiliza en ciertas técnicas de preparación para el canto y los instrumentos de viento. Eso se encuentra desarrollado en un suplemento de esta obra, titulado *El appogio del soplo* (próxima aparición).

Páginas prácticas

Concebidas y realizadas por Blandine Calais Germain

Páginas prácticas

Las páginas prácticas que siguen a continuación no constituyen un método de respiración, sino simplemente la experimentación de numerosos ejemplos estudiados en la primera parte del libro. Están lejos de constituir un repertorio completo de las respiraciones posibles, sino que más bien son una base de movimientos que pueden combinarse mucho.

Precauciones importantes: estas páginas prácticas exponen ejercicios de diferentes tipos: descubrimiento sensorial, acciones de tal o cual músculo, combinaciones de acciones musculares en una u otra respiración...

Estos ejercicios no se presentan como terapia, sino, principalmente, como propuestas de conciencia corporal, de entrenamiento, de arte de vivir. No tienen en cuenta eventuales situaciones patológicas.
Sin embargo, pueden estar incluidos en programas de terapia, lo que supondría adaptarlos a las diversas patologías.

Puede que alguno de estos ejercicios no convenga a todo el mundo: contraindicaciones y precauciones deberán ser observadas por lo que respecta a las personas afectadas o tratadas de raquialgias, enfermedades reumáticas, viscerales, cardiovasculares y respiratorias, cánceres, enfermedades neurológicas y psiquiátricas. En todas estas situaciones, deberá tenerse en cuenta la opinión del médico de cabecera.

Estas páginas prácticas proponen sucesivamente ejercicios:

– Para preparar el cuerpo para el movimiento respiratorio: páginas 161 a 175.
– Para experimentar las inspiraciones diafragmáticas: páginas 176 a 188.
– Para experimentar las inspiraciones costales: páginas 189 a 199.
– Para experimentar las espiraciones costales: páginas 200 y 201.
– Para experimentar las espiraciones abdominales: 202 y 203.
– Para experimentar los diferentes volúmenes respiratorios: páginas 204 a 209.
– Para combinar movimientos respiratorios: páginas 210 a 215.

A) Preparación para la respiración

Las prácticas de las páginas siguientes sirven para preparar ciertas regiones del cuerpo para la respiración. No son respiratorias propiamente dichas.

Su punto en común es que hacen disponible la caja torácica para los movimientos: la región torácica se va volviendo rígida poco a poco, muy a menudo sin que nos demos cuenta. Pero una buena movilidad de esta «caja» permite explorar amplitudes inesperadas de movimientos respiratorios. Permite, sobre todo, una cierta calidad de estos movimientos: más flexibilidad y fluidez, y combinaciones más fáciles.
Importante: flexibilizar la caja torácica no quiere decir solamente abrirla más; buscaremos movilidades tanto en el sentido del cierre como de la abertura.

Los ejercicios siguientes están recomendados particularmente para las personas que tienen necesidad de amplitud respiratoria, tanto en la inspir como en la espir: profesionales de la voz hablada o cantada, músicos de instrumentos de viento, deportistas (en particular nadadores y apneistas). También están indicados para personas que tienen problemas de respiración: asma, bronquitis crónica. Pero, en este caso, es imperativo trabajar, por lo menos al principio, bajo la guía de un fisioterapeuta, que dosificará los ejercicios y los adaptará a cada persona.

Los ejercicios presentados aquí son de varios tipos:

– Ejercicios para mejorar la flexibilidad de las costillas, su capacidad de modificar su curva (página 162).

– Ejercicios para movilizar las articulaciones costillas-vértebras (página 165).

– Ejercicios para estirar los músculos intercostales, permitiendo que las costillas se separen mejor unas en relación a otras (página 166).

– Ejercicios para flexibilizar los grandes músculos del tórax, que unen el tórax al abdomen, a la cabeza, a los hombros (página 168).

– Ejercicios para relajar la región del epigastrio (página 172).

– Ejercicios para estirar el músculo diafragma (página 173).

1°) Curvar las costillas

1°) Presionar las costillas con las manos.
En posición de pie, llevad la palma de vuestra mano derecha sobre el lado derecho de vuestras costillas.
Sentid que es posible empujar particularmente en esta zona, y deformar la curva del tórax.

Intentad el mismo movimiento con las dos manos, una en cada lado; presionad así las costillas hacia el interior del tórax: éste se vuelve «estrecho».

Buscad el mismo efecto por delante, a cada lado del ángulo de Charpy: empujad de delante hacia atrás o de derecha a izquierda. Es la región de los cartílagos costales más largos, los más flexibles. Después, buscad detrás, en las costillas que están justo por encima de la cintura: puede que aquí sea menos fácil.

Intentad ahora presionar al mismo tiempo por detrás en un lado y por delante en el otro, para dar a vuestro cilindro costal una forma asimétrica.

Si intentáis presionar vuestras costillas más arriba, podrán pareceros más rígidas. (Para esas zonas menos móviles de la caja, el ejercicio siguiente es más eficaz.
En él las costillas se movilizan con el empuje de un contraapoyo.)

En la vida cotidiana, podéis utilizar el respaldo de las sillas para «empujaros» las costillas en todas direcciones.

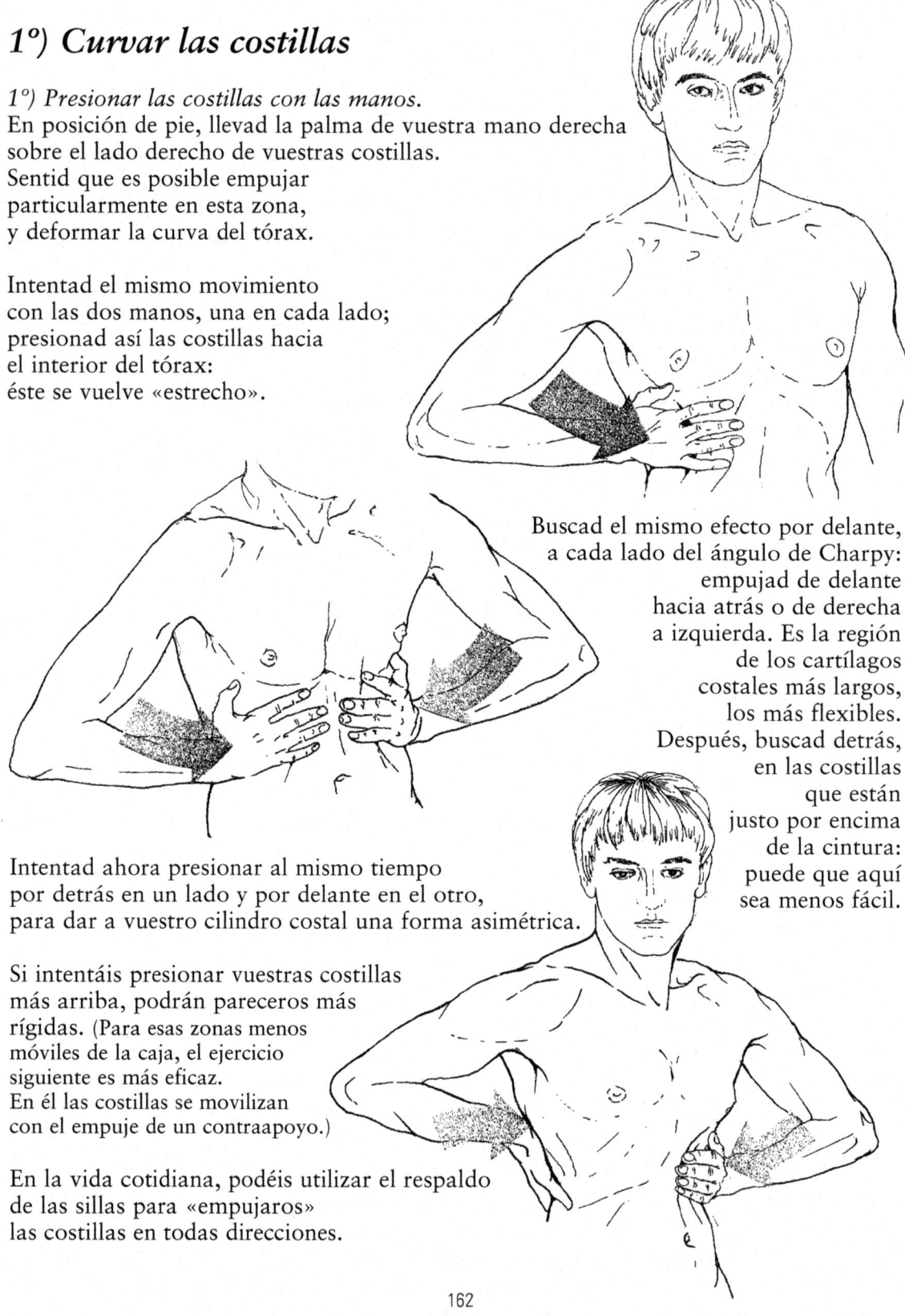

2º) Colocar las costillas sobre un objeto que sirva de «empuje».
Para ello, necesitáis un objeto blando,
de la medida de un balón medio deshinchado.
Puede ir bien un cojín.
Tumbaos boca arriba. Observad los puntos de contacto
y de apoyo de vuestro tórax en el suelo. ¿Dónde os apoyáis?
Situad el balón bajo vuestras costillas derechas, a media altura: un poco a nivel
del omóplato, un poco por debajo.
No muy cerca de vuestra columna, sino a 10 cm de esta:
el balón sobresale por el lado.

Tomad un tiempo para instalaros sobre el balón,
para sentir vuestras costillas adaptarse
a este relieve desigual. ¿Cómo son
empujadas, más o menos fácilmente?

3º) Modificar los apoyos de las costillas moviendo la cabeza.
Girad la cabeza muy lentamente a la derecha o a la izquierda.
Haced movimientos amplios, sin forzar. El objetivo no es ir
lejos con el cuello, sino sentir que, cuando giráis la cabeza
a la derecha, arrastráis vuestro tórax hacia este
mismo lado –sobre todo el tórax alto–
y apoyáis aún más las costillas sobre el balón.
De ese modo, son empujadas, curvadas, un poco más.
Repetid varias veces, sintiendo que podéis dosificar
la presión del balón hacia las costillas.
Más que ir lejos, lo interesante es jugar con la repetición
de un movimiento dosificado y variado.

4º) Modificar los apoyos de las costillas moviendo las caderas.
Llevad caderas, rodillas y tobillos en flexión,
los dos pies planos en el suelo. Levantad el pie derecho
«desplegando» suavemente vuestra rodilla.

Con el pie, haced como si trazarais
círculos en el techo. Pequeños círculos,
de unos 20 cm. de diámetro, no más, pero
suficiente para que sintáis que esto modifica
el apoyo de vuestra pelvis, y, sobre todo,
el apoyo de vuestras costillas
–más bien las bajas, ahora–.
Aquí también, lo importante no es ir
deprisa y lejos con la pierna, sino
Haced este movimiento utilizar esto para movilizar las costillas.
unas diez veces.

5°) Modificar los apoyos de las costillas moviendo los brazos.
Poned ahora las dos manos juntas, los dedos cruzados,
en el aplomo de vuestro pecho, extendiendo
flexiblemente vuestros codos.
Sentid que podéis «tirar» de vuestros omóplatos
hasta despegarlos del suelo.

Después, llevad vuestras dos manos juntas hacia la derecha
y hacia la izquierda, utilizando alternativamente la flexión
de uno de los codos;
el brazo flexionado tira del brazo extendido.

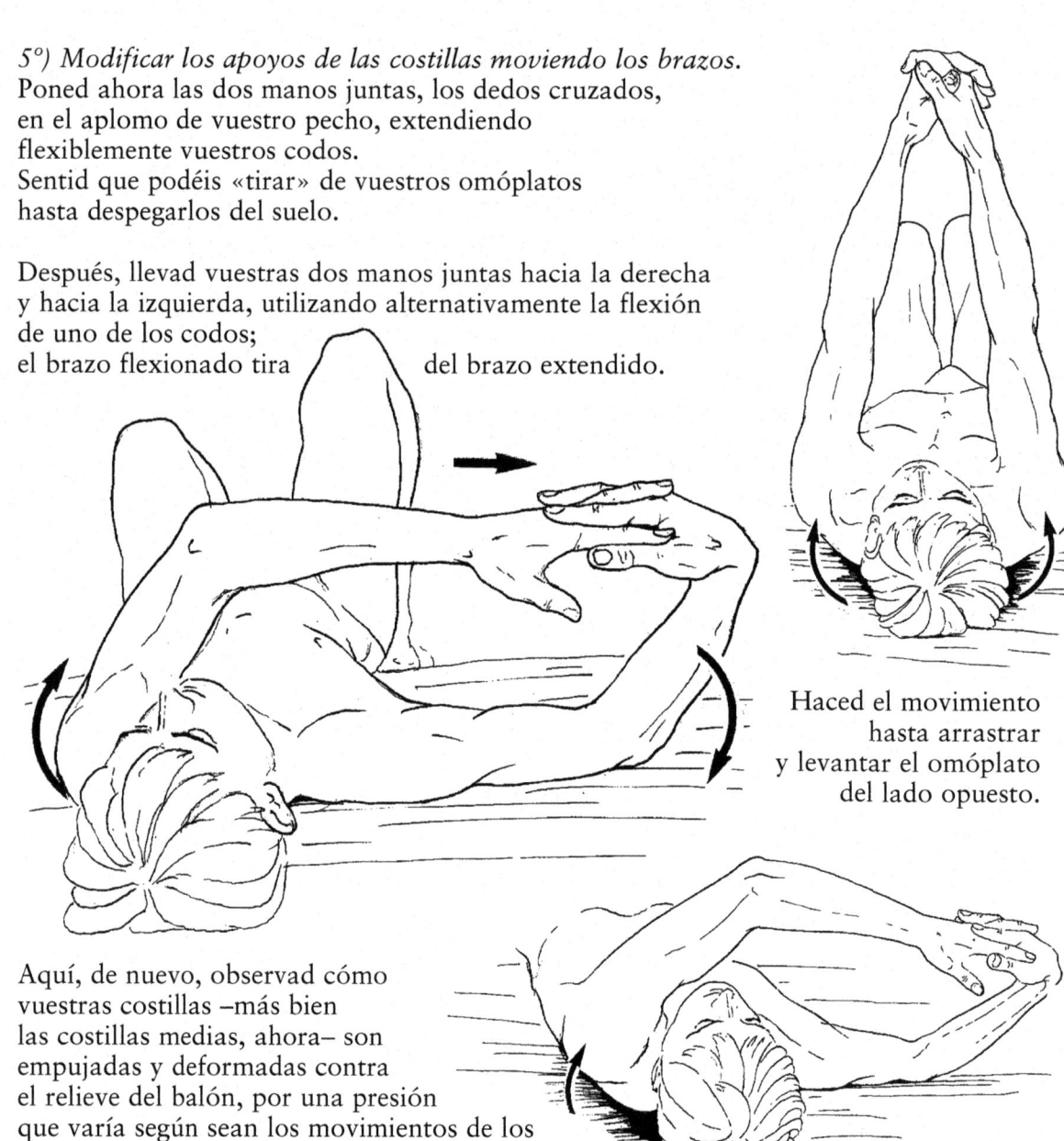

Haced el movimiento
hasta arrastrar
y levantar el omóplato
del lado opuesto.

Aquí, de nuevo, observad cómo
vuestras costillas –más bien
las costillas medias, ahora– son
empujadas y deformadas contra
el relieve del balón, por una presión
que varía según sean los movimientos de los
brazos. Repetid este movimiento unas diez veces.

Una vez hechas estas tres etapas, estiraos ahora completamente. Observad el contacto
de vuestras costillas con el suelo, en relación con el principio del ejercicio. ¿Cómo es a
a derecha e izquierda? ¿Dónde sentís contacto? ¿Dónde os apoyáis? Si respiráis en las
costillas, ¿cómo es en un lado y en el otro? Después, empezadlo todo en el lado opuesto.
Luego, os pondréis de pie y observaréis vuestra respiración costal.
Todo este ejercicio da una mayor movilidad a las costillas, sobre todo por detrás, pero
también, indirectamente, por delante. Permite abordar a continuación, de manera
mucho más eficaz, todas las respiraciones costales propuestas en las páginas 189-199.

2º) Movilizar las articulaciones costillas-vértebras

La región donde buscaréis el movimiento, ahora, está mucho más cerca de la columna. Debéis encontrar, para movilizarla, un objeto más largo (50 cm) y delgado, que servirá de empuje. Puede ser, según os convenga, blando, como una toalla doblada, o duro, como un bastón de pequeño diámetro (no más de 1 cm).

De nuevo, estiraos en el suelo, situando este objeto largo al lado de vuestra columna dorsal, separado unos 6 cm de la cresta de las espinosas.

De esa manera, se encuentra colocado justo por fuera de las apófisis transversas, en el inicio del trayecto de las costillas.

Volved a empezar ahora todos los movimientos de las tres páginas precedentes: este nuevo objeto provocará movilidades muy diferentes en las articulaciones costillas-vértebras. Las sensaciones de movimiento se van a concentrar en la parte media de la espalda. Estas articulaciones prácticamente no se mueven en la vida corriente. Aquí, movilizar sus cápsulas y ligamentos dará una mejor percepción de la parte posterior del tórax en una zona precisa que, añadiéndose a las movilidades ya encontradas, permitirá sentir de manera evidente las respiraciones costales posteriores (véase páginas 196, 197).

3º) Flexibilizar los músculos entre las costillas

1º) Instalar la caja torácica en posición asimétrica.
Para este ejercicio, tomad un objeto un poco voluminoso
(de la medida de una almohada grande), semiduro.
Ponedlo en el suelo y apoyad el tórax sobre él,
tumbados de lado; caderas, rodillas y tobillos
un poco flexionados delante de vosotros.
Sentid que este objeto
«moldea» vuestro tórax:

las costillas están separadas en el lado de arriba, como las varillas de un abanico.
Al contrario en el lado de abajo, están juntas, pudiendo, incluso, llegar a tocarse.

2º) Abrir la caja torácica desde el interior.
Imaginad vuestro hemitórax derecho abierto, como si
fuera un volumen hueco (un iglú, una tienda,
por ejemplo) que «visitáis»
por dentro. Imaginaos que
moldeáis este volumen
desde el interior,
agrandándolo,
abriendo el espacio
entre las costillas.

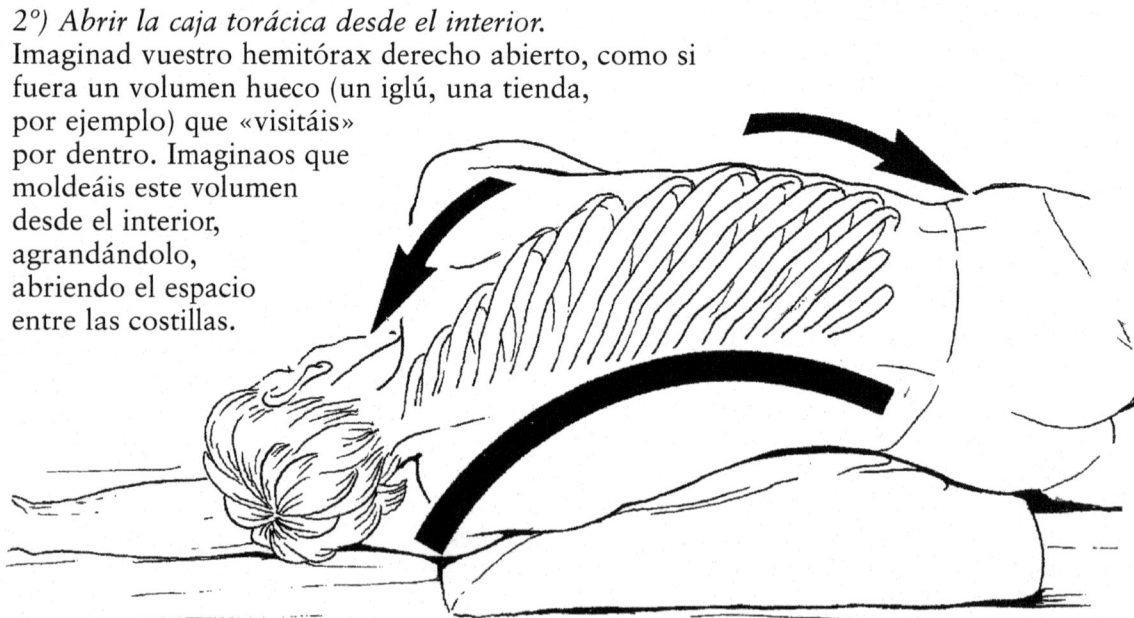

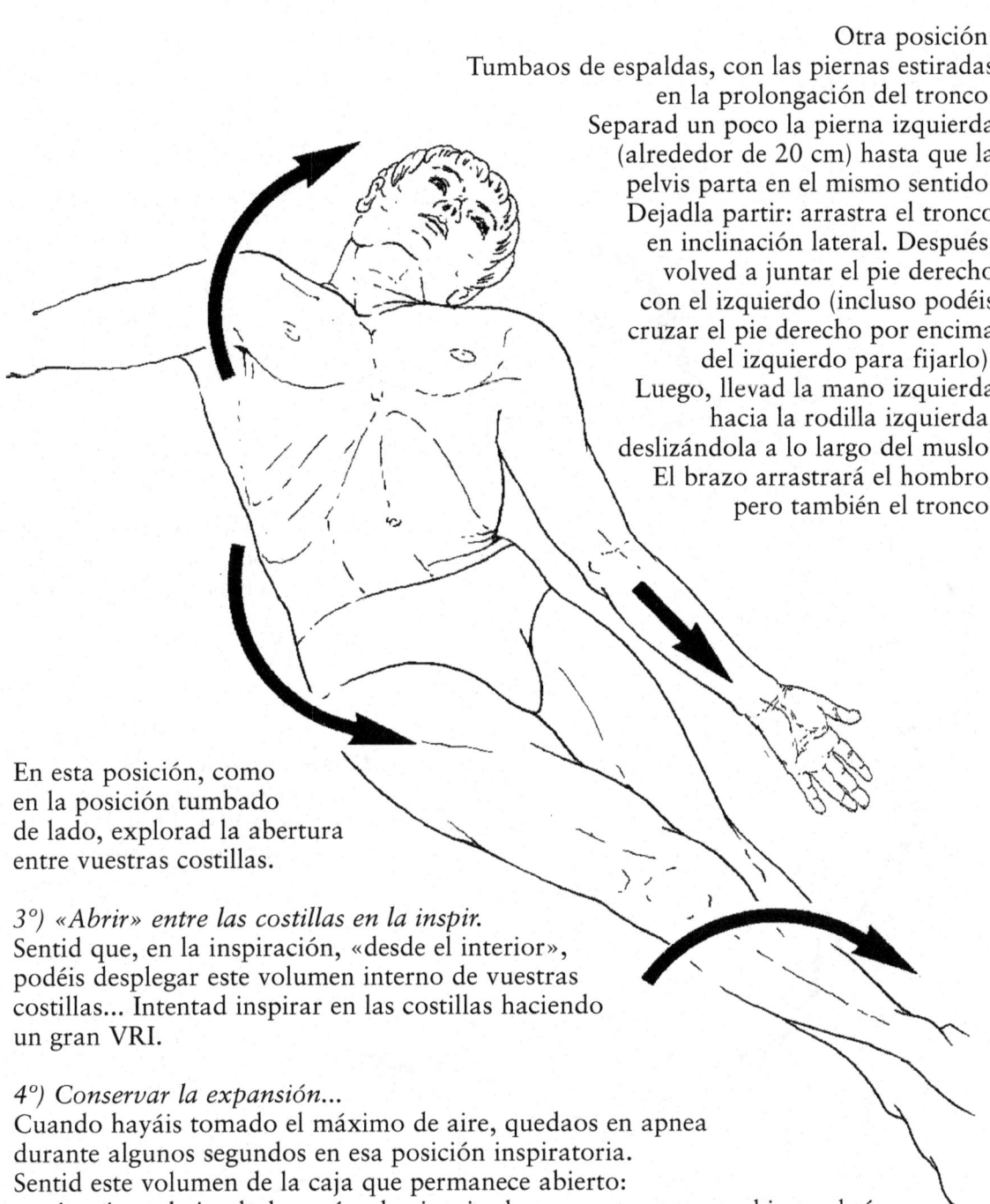

Otra posición:
Tumbaos de espaldas, con las piernas estiradas en la prolongación del tronco. Separad un poco la pierna izquierda (alrededor de 20 cm) hasta que la pelvis parta en el mismo sentido. Dejadla partir: arrastra el tronco en inclinación lateral. Después, volved a juntar el pie derecho con el izquierdo (incluso podéis cruzar el pie derecho por encima del izquierdo para fijarlo). Luego, llevad la mano izquierda hacia la rodilla izquierda, deslizándola a lo largo del muslo. El brazo arrastrará el hombro, pero también el tronco.

En esta posición, como en la posición tumbado de lado, explorad la abertura entre vuestras costillas.

3°) «Abrir» entre las costillas en la inspir.
Sentid que, en la inspiración, «desde el interior», podéis desplegar este volumen interno de vuestras costillas... Intentad inspirar en las costillas haciendo un gran VRI.

4°) Conservar la expansión...
Cuando hayáis tomado el máximo de aire, quedaos en apnea durante algunos segundos en esa posición inspiratoria.
Sentid este volumen de la caja que permanece abierto: aquí están trabajando los músculos inspiradores para mantener abierto el tórax.

5°) «Cerrar» entre las costillas en la espir.
Retomad varias respiraciones corrientes. Luego, prolongad una espiración en VRE, «cerrando» vuestra caja torácica en el lado «pequeño» (lado izquierdo en el dibujo).

4°) Flexibilizar los grandes músculos que van hacia las costillas

En los ejercicios precedentes, vais a añadir el brazo a la postura.

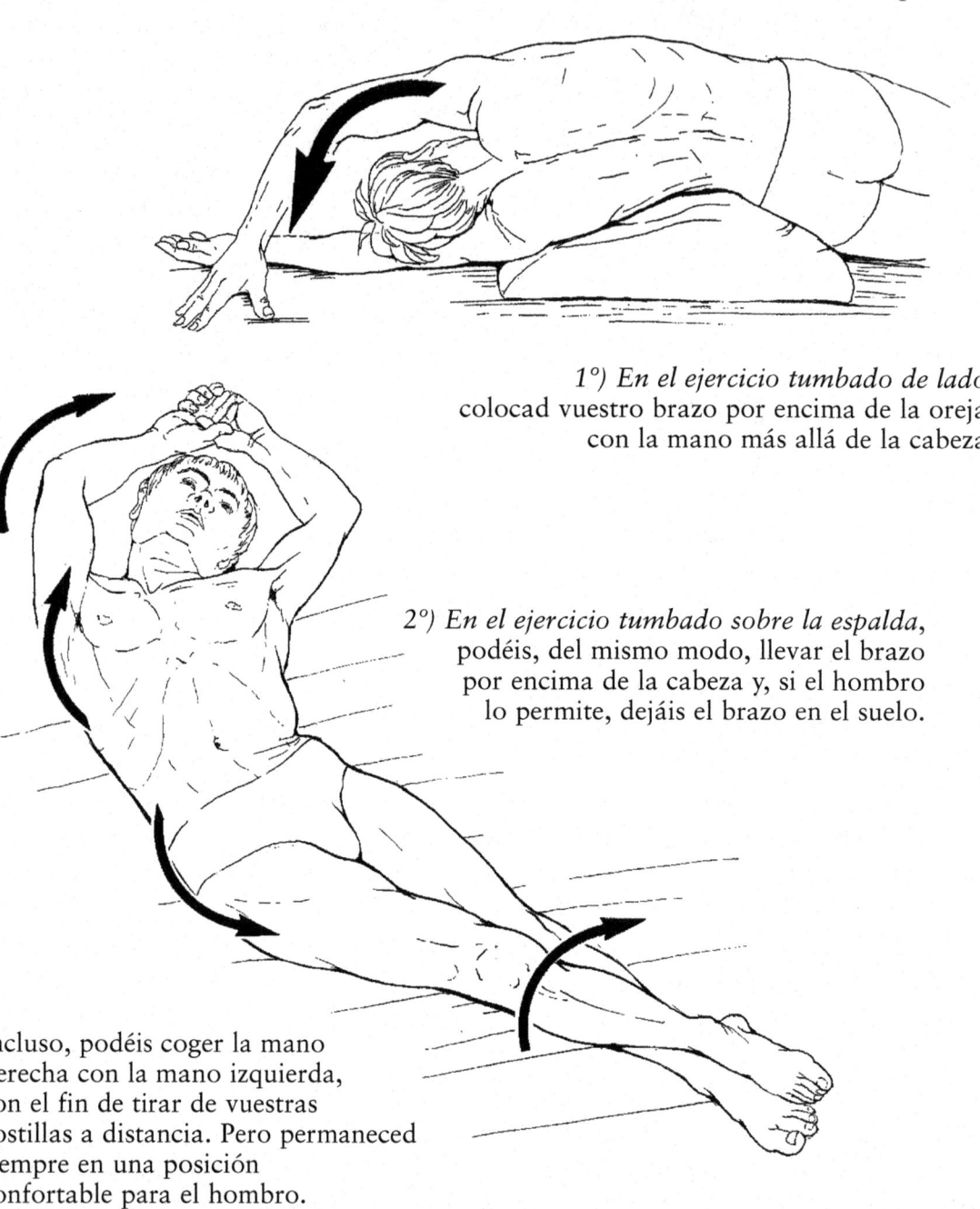

1°) En el ejercicio tumbado de lado, colocad vuestro brazo por encima de la oreja, con la mano más allá de la cabeza.

2°) En el ejercicio tumbado sobre la espalda, podéis, del mismo modo, llevar el brazo por encima de la cabeza y, si el hombro lo permite, dejáis el brazo en el suelo.

Incluso, podéis coger la mano derecha con la mano izquierda, con el fin de tirar de vuestras costillas a distancia. Pero permaneced siempre en una posición confortable para el hombro.

Sentid que esto abre todavía más vuestras costillas. Es porque estáis estirando tres grandes músculos del tronco: el pectoral mayor por delante, el serrato mayor en el costado y el dorsal ancho por detrás. Estos tres músculos traccionan de vuestra caja torácica.

3º) Respiración en el lado «facilitante».
En estas dos posiciones, podéis utilizar una respiración costal para aumentar el efecto del movimiento. Comenzad respirando de la manera más evidente: inspirad «en el lado grande», para abrirlo más. Intentad mantener la posición durante un periodo de apnea de algunos segundos. Luego, espirad «en el lado pequeño» para cerrarlo más y acentuar la curva.

4º) Utilizar la espiración para el estiramiento.
Después, permaneced en la posición y exhalad con un gran VRE; de ese modo, estos músculos se estiran debido a la posición de retorno de las costillas.

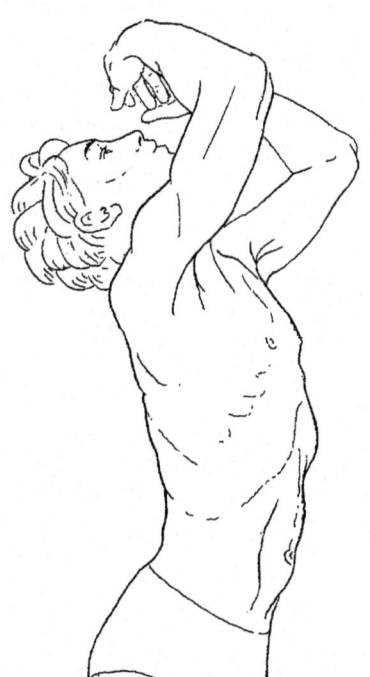

En general, podéis reproducir estiramientos del mismo tipo para estos músculos movilizando a la vez vuestras costillas y vuestros brazos en todo tipo de posiciones.

Por ejemplo, podéis curvar la espalda hacia detrás para abrir la caja torácica por delante, y prolongar el efecto de esta posición subiendo los brazos hacia delante.

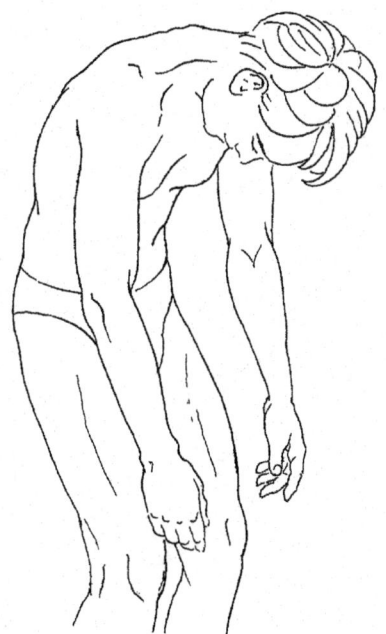

O curvar la columna dorsal hacia delante, lo cual separa las costillas por detrás, y llevar los brazos por delante del tronco.

Estirar los músculos pectorales

Los pectorales son músculos acortados con frecuencia (véase pág. 88); por esa razón, se llevan el hombro por delante del tórax, lo que provoca a su vez que el tórax se hunda hacia delante. Para una buena movilidad de la caja torácica, normalmente es importante estirarlos.

Estirar el pectoral menor

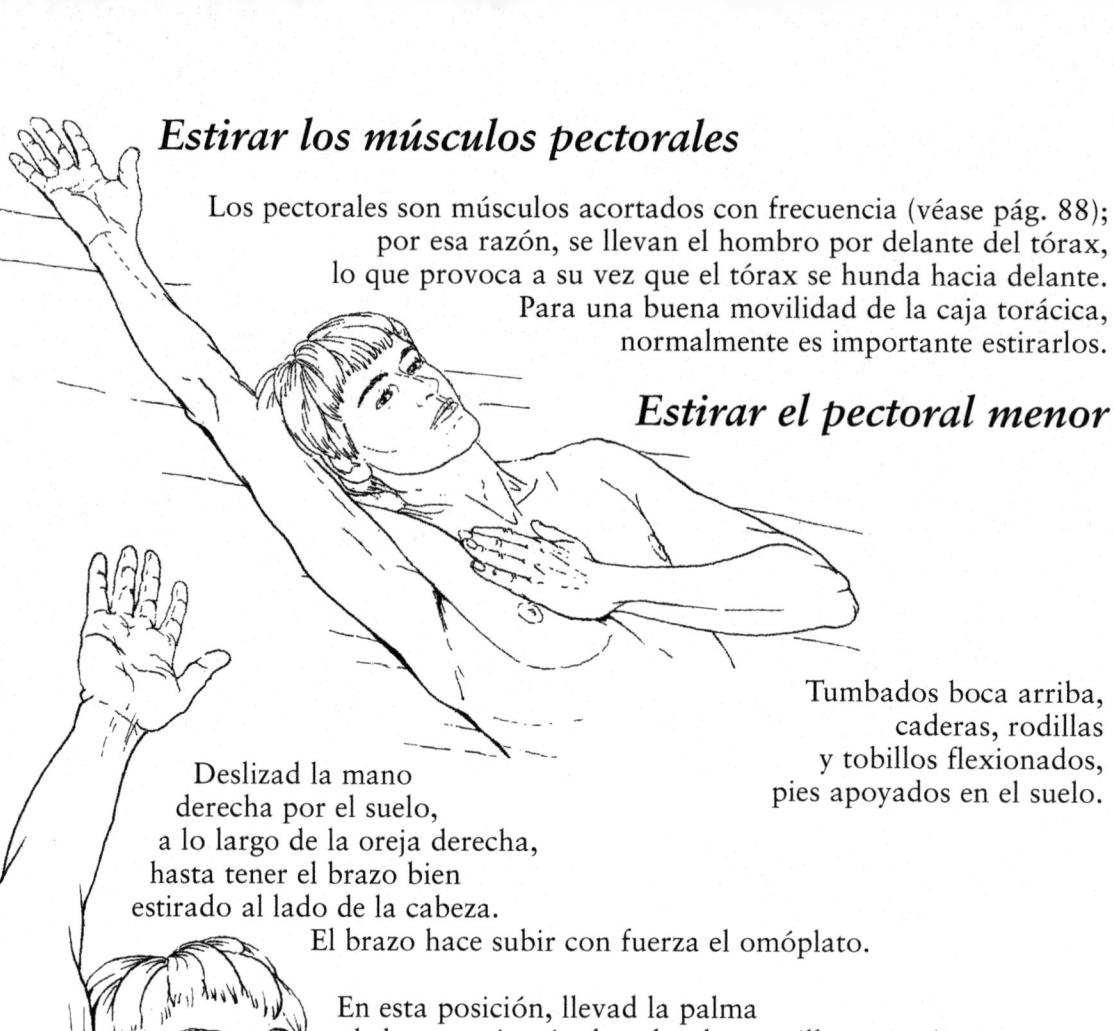

Tumbados boca arriba, caderas, rodillas y tobillos flexionados, pies apoyados en el suelo.

Deslizad la mano derecha por el suelo, a lo largo de la oreja derecha, hasta tener el brazo bien estirado al lado de la cabeza. El brazo hace subir con fuerza el omóplato.

En esta posición, llevad la palma de la mano izquierda sobre las costillas más altas (justo debajo de la clavícula).

En la inspir, subid el brazo derecho tanto como podáis, con ayuda de la respiración, del ascenso de las costillas.

En la espir, mantened el brazo derecho lo más elevado posible, mientras que descendéis las costillas ayudándoos con la mano izquierda.

Después, haced una o dos respiraciones de reposo. Realizad este movimiento de tres a cinco veces. Luego, poned vuestros dos brazos a lo largo del cuerpo, sobre el suelo. Observad el contacto de vuestros omóplatos, de vuestros brazos, y el movimiento de la caja torácica. Después, haced la misma serie por el lado izquierdo.

Estirar el pectoral mayor

Tumbaos de espaldas.
Colocad las dos rodillas flexionadas
y llevadlas hacia el lado izquierdo del tronco
mediante una torsión de la cintura.

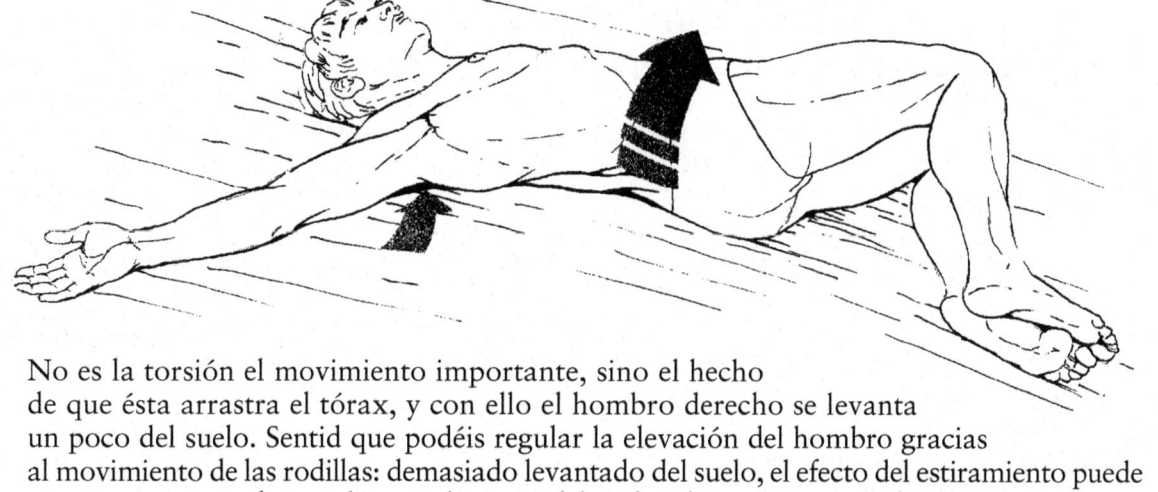

No es la torsión el movimiento importante, sino el hecho
de que ésta arrastra el tórax, y con ello el hombro derecho se levanta
un poco del suelo. Sentid que podéis regular la elevación del hombro gracias
al movimiento de las rodillas: demasiado levantado del suelo, el efecto del estiramiento puede
ser excesivamente fuerte; demasiado cerca del suelo, el movimiento podría no tener efecto.

A partir de ahí, llevad vuestro brazo derecho hacia fuera,
manteniendo siempre el codo en el suelo.
Deslizad vuestro brazo dibujando un gran arco de círculo.
Dado que el hombro está elevado, el brazo
se encontrará un poco más atrás que el tronco
(en retropulsión). Sentiréis, en algunos momentos
del recorrido, el estiramiento del pectoral mayor,
bien reconocible en el pecho y en el borde
anterior de la axila.

Atención: este estiramiento
debe ser confortable, hacedlo con moderación.
Si sentís que se intensifica demasiado, volved las rodillas
hacia la vertical, para llevar el hombro derecho hacia el suelo.

Seguidamente, efectuad con vuestra mano rotaciones: pronaciones, supinaciones, para llevar vuestro brazo y vuestro hombro en el mismo sentido. Sentiréis, según los movimientos, estirarse zonas diferentes del pectoral mayor.

Haced estos movimientos de tres a cinco veces. Después, estirad vuestros dos brazos a lo largo del cuerpo. Como para el pectoral menor, observad el contacto del omóplato sobre el suelo, la movilidad de las costillas a la derecha y a la izquierda. Después, haced el mismo ejercicio por el otro lado.

5º) Relajar la región inferior de las costillas y el epigastrio

El epigastrio (debajo de la punta del esternón) es una región que suele estar crispada. La relajación de esta zona es una buena preparación para el trabajo del diafragma.

Tumbaos de espaldas, en la posición de la página 163.

Con la punta de los dedos, palpad el borde de la caja torácica en la parte anterior del tronco. Seguid el ángulo de Charpy, formado por la punta del esternón y los cartílagos costales.

Con vuestros dedos, haced como si «andarais» suavemente a lo largo de este límite, para reconocerlo bien.

Después, intentad coger entre los dedos un pliegue de piel en esta región; al principio, ahí donde os sea más fácil (si no es posible, no insistáis).

Si podeis hacerlo, entonces coged 1 ó 2 cm de piel entre los dedos y tirad de ella suavemente. Hacedlo durante el tiempo de la espir (una espiración-suspiro de volumen corriente).

Intentad utilizar la calidad del suspiro para aflojar la tensión. Después de haber soltado el pliegue, inspirad-espirad-descansad «en este sitio». Reemprended esta maniobra a lo largo de 5-10 cm. A continuación, observad si esto modifica vuestra respiración.

Después, colocad tres dedos juntos justo debajo de este borde de la caja torácica, en el lugar donde os sea más fácil.
En la inspir, presionad un poco con vuestros dedos y, al mismo tiempo, haced como si inspirarais empujando vuestra mano. Es una inspiración diafragmática, en la cual el empuje del diafragma se dirige hacia vuestros dedos.
En la espir, hundid un poco, sin forzar, vuestros dedos en la zona (excepto si esto os duele, en cuyo caso no se debe insistir). Después, relajad.
Podéis concluir de la misma manera en la región del abdomen cubierta por el ángulo de Charpy, que corresponde sobre todo al estómago, al hígado y, más hacia atrás, al páncreas.

6º) *Estirar el diafragma*

Como todo músculo, el diafragma puede estirarse, alargarse.
Y para ello realizamos, igual que con cualquier otro músculo, lo contrario de su acción: es inspirador, por tanto,
lo estiraremos durante una espiración.
E incluso, *durante la espiración más completa posible*:
«al final del recorrido del VRE»,
para elevar al máximo el centro frénico.
Sólo así podremos hablar de estiramiento.

¿Cómo estar seguros de que hemos llegado al máximo del VRE?
En efecto, si queremos espirar completamente, no vamos a sentir un límite claro, y es cierto que subsiste siempre un volumen residual que hace que no sepamos nunca si hemos llegado hasta el límite de la espiración.

O sea, que nos esforzaremos en espirar tanto como nos sea posible *abriendo la boca e incluso el fondo de la garganta*, «como para hacer vaho sobre un cristal». Esto permite conseguir una espiración máxima muy rápidamente.

Sin embargo, observaremos que cada vez que el estiramiento se intensifique, tenderemos a transformar esta amplia espiración en un pequeño hilo de aire, formando un freno oclusivo, en general con la boca: haremos FFF... o SSS... o apretaremos los labios, para que el aire salga más despacio. Es una manera de ir menos lejos en la amplitud del VRE y, para el diafragma, un modo de evitar el estiramiento.
Por tanto, trataremos de mantener esta espiración con la glotis y la boca abiertas, en particular cuando busquemos el estiramiento del diafragma con las posturas que siguen a continuación.

Estirar el diafragma por la postura

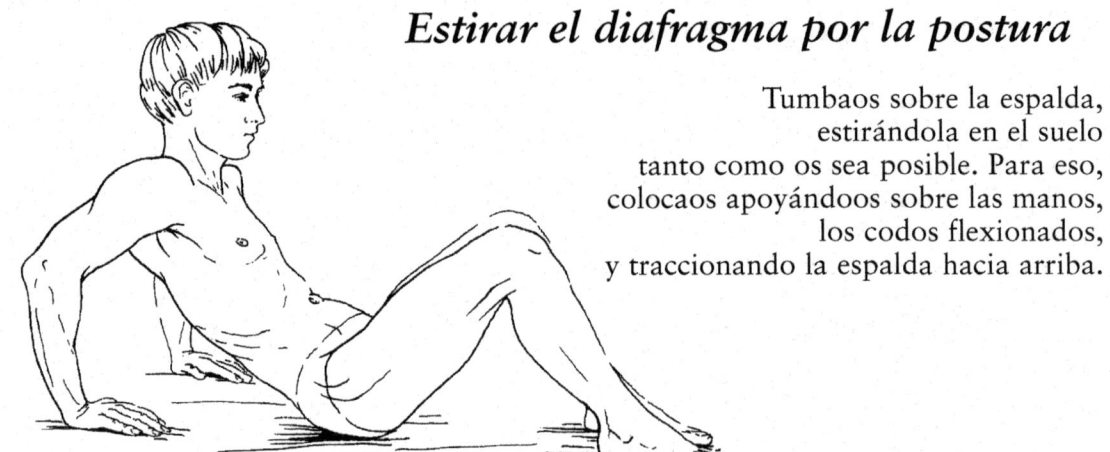

Tumbaos sobre la espalda, estirándola en el suelo tanto como os sea posible. Para eso, colocaos apoyándoos sobre las manos, los codos flexionados, y traccionando la espalda hacia arriba.

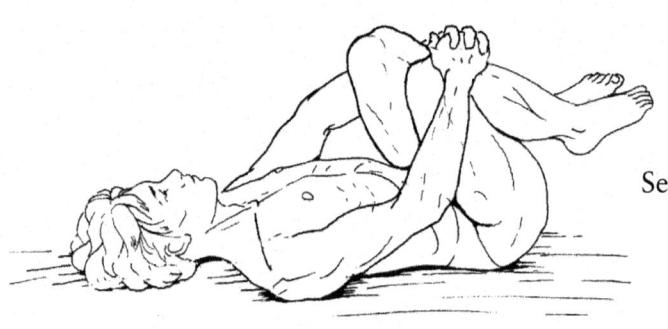

Después, flexionad las caderas y las rodillas sobre el vientre para alargar la parte baja de la espalda.

Seguidamente, apoyad primero un pie y luego el otro en el suelo, caderas y rodillas flexionadas, la espalda muy alargada.

Estirad los brazos sobre el suelo, lejos detrás de la cabeza (si es posible).
El objetivo no es flexibilizar los hombros,
sino arrastrar las costillas en abertura
por la elevación de los brazos.
Haced una
gran inspiración
de VRI: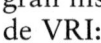

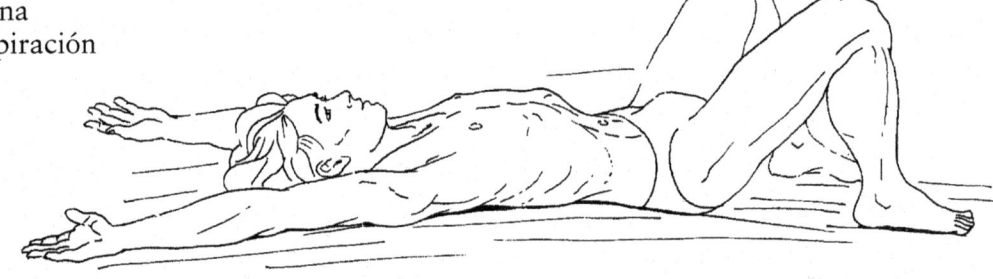

usad esta inspir
para abrir todavía más vuestras costillas, alargando un poco más vuestros brazos;
después, abrid la boca y espirad desde el fondo de la garganta,
manteniendo la nuca alargada.
Id lo más lejos posible en la espiración, manteniendo los brazos estirados al máximo y
las costillas abiertas todo lo que podais.
Para eso, espirad con la boca y la glotis abiertas, como hemos visto en la página precedente.

Vigilad dos puntos importantes:

– Mantened la nuca alargada
(tenderá a arquearse tanto más
cuanto más profundamente espiréis).

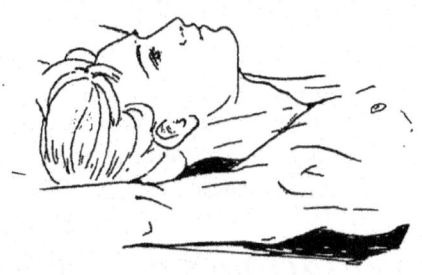

Para eso, podéis conservar
el mentón ligeramente «entrado»
durante el tiempo del ejercicio.

– Permaneced con las lumbares apoyadas en el suelo.
(La región de la cintura tenderá a ahuecarse
a medida que espiréis. ¿Por qué?
Porque el diafragma, estirado en el perímetro
de las costillas, compensa traccionando
de sus inserciones lumbares, que lleva a la lordosis.)

Para eso, mantened
las rodillas flexionadas, o incluso volved
de nuevo a la posición de caderas-rodillas
flexionadas sobre el vientre. En efecto, si practicáis
con las piernas estiradas, el ahuecamiento
de la cintura puede llegar a ser muy importante y,
en este caso, el diafragma no se estira verdaderamente.

De una manera más sencilla,
podemos estirar el diafragma
encontrando todos estos elementos
del ejercicio en posición de pie: brazos levantados,
espiración profunda.

B) Inspiraciones diafragmáticas

En las páginas siguientes, se describen prácticas para todo tipo de respiraciones. Su punto en común es que todas son provocadas por las contracción del diafragma. Cada una se describe como un ejercicio aislado. Más tarde, pueden combinarse entre sí o con las respiraciones costales.

Inspiraciones diafragmáticas de mecanismo 1

En esta primera serie de respiraciones, el diafragma desciende su centro frénico hacia la pelvis, mientras que sus inserciones bajas (el perímetro de las costillas) no se mueven o lo hacen muy poco (véanse págs. 134-137).

1°) Observación de la respiración espontánea

Los ejercicios están descritos en posición tumbado boca arriba: esto permite eliminar numerosas contracciones debidas a la postura, que parasitarían las sensaciones de los movimientos propiamente respiratorios. Sin embargo, todos estos ejercicios pueden practicarse en otras posiciones. Incluso será importante, pasada una primera etapa de adquisición, encontrar estas precisiones sensoriales en posiciones diferentes.

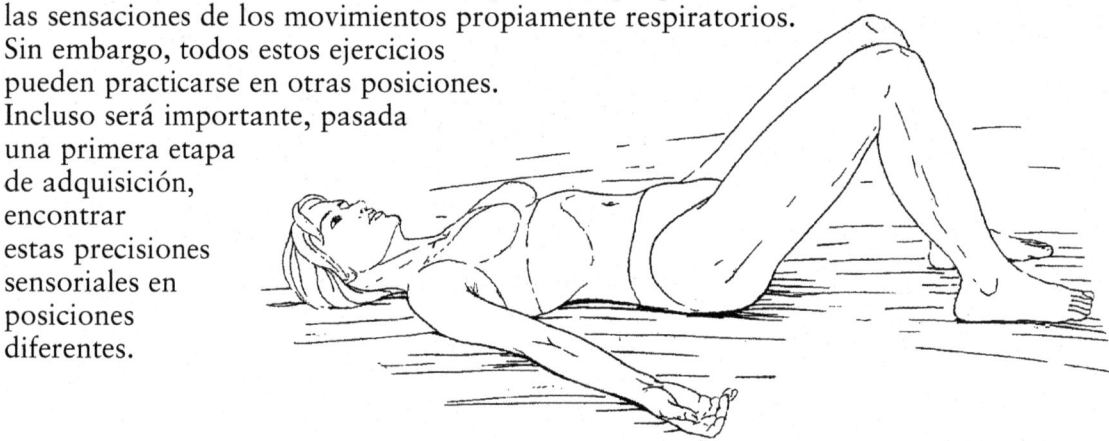

Tumbaos de espaldas sobre un suelo confortable, semiduro (espuma, moqueta). Flexionad las caderas, las rodillas y los tobillos; las plantas de los pies, totalmente apoyadas en el suelo; la espalda, en posición más bien alargada. Los músculos abdominales están relajados, los movimientos anteriores del abdomen son libres.

Para empezar, incluso podemos situar la pelvis en posición de retroversión, mediante un cojín situado debajo del coxis y de la parte inferior del sacro, lo que libera todavía más los movimientos del abdomen.

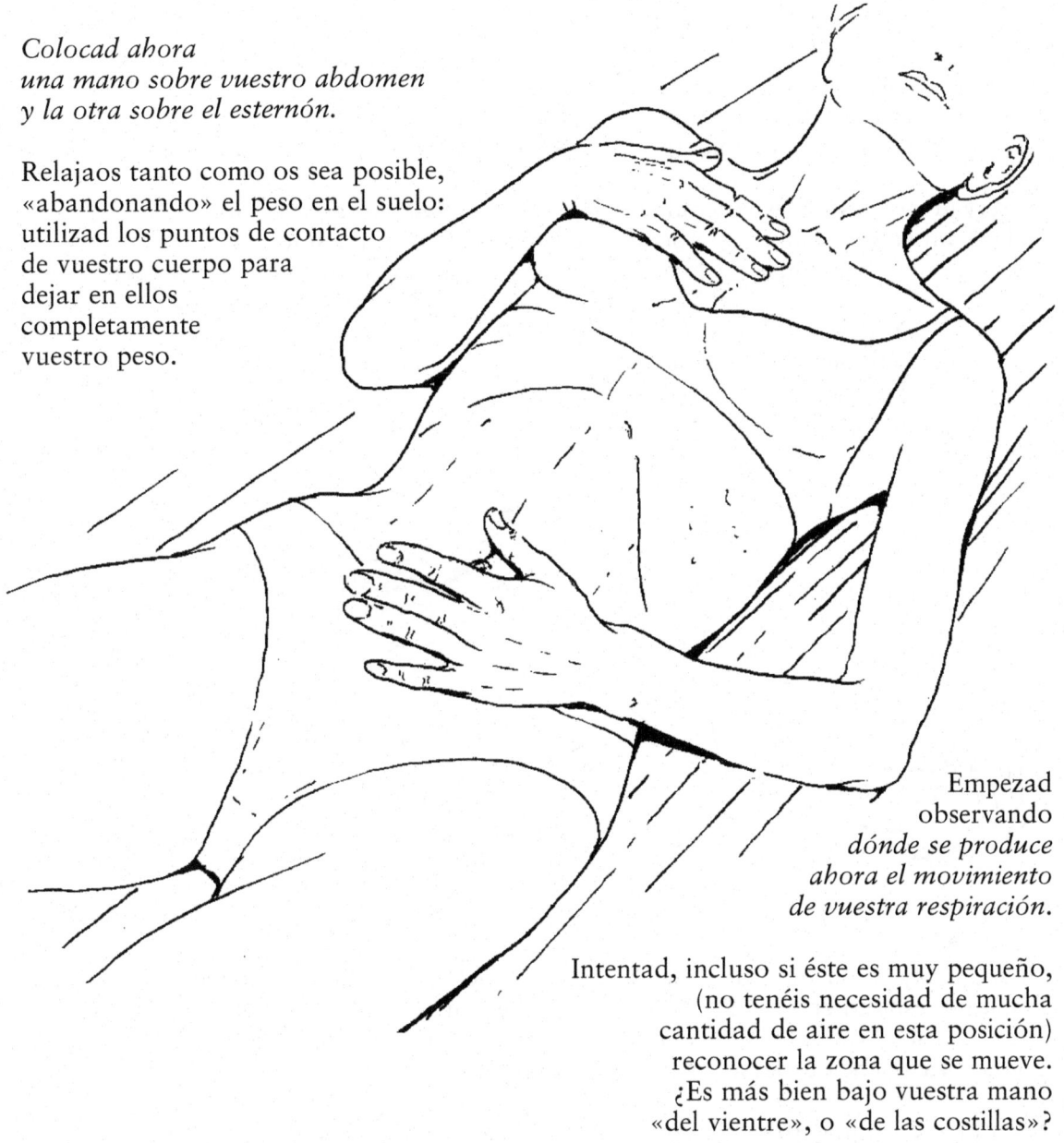

*Colocad ahora
una mano sobre vuestro abdomen
y la otra sobre el esternón.*

Relajaos tanto como os sea posible, «abandonando» el peso en el suelo: utilizad los puntos de contacto de vuestro cuerpo para dejar en ellos completamente vuestro peso.

Empezad observando *dónde se produce ahora el movimiento de vuestra respiración.*

Intentad, incluso si éste es muy pequeño, (no tenéis necesidad de mucha cantidad de aire en esta posición) reconocer la zona que se mueve. ¿Es más bien bajo vuestra mano «del vientre», o «de las costillas»?

Tomaos el tiempo necesario para reconocer lo que ocurre, sin juzgar a priori según lo que hayáis podido aprender sobre las buenas o malas respiraciones. Situaos simplemente como un observador (este papel es mucho más sutil de lo que parece, pues, habitualmente, cuando observamos la respiración, la modificamos).

Es muy importante hacer este balance al principio, antes de empezar los ejercicios siguientes, en los que, al contrario, intervendréis sobre vuestra respiración. Igualmente, será importante volver a él, de forma regular, entre las series de respiraciones que siguen a continuación.

2º) Alargar la espiración

En lugar de observar vuestra respiración, ahora vais a intervenir para *crear un cierto tipo de respiración*.
Ya no se trata de un movimiento espontáneo.

Observad en vuestra respiración *el tiempo del movimiento espiratorio*. Volved varias veces sobre este tiempo de la espiración, e intentad alargarlo muy ligeramente o hacerlo un poquito más intenso.

Y ahora, ¿podéis hacer que sólo
se mueva la mano de abajo?
En la espiración, *vuestro abdomen
se hunde levemente bajo vuestra mano.*

Cuando hayáis encontrado esta localización del movimiento, intentad aumentar su amplitud: espirad en un VRE donde sentís con claridad que el abdomen se hunde. (Sin embargo, no vayáis a un VRE máximo, que movilizaría vuestras costillas: el movimiento que realizáis debe quedarse justo en el abdomen.)

Eventualmente, podéis sonorizar este movimiento, por ejemplo con el sonido FFFFF o CHCHCHCH..., sin buscar la intensidad del sonido, sino su duración. Sentid la solicitación de los abdominales.

(Aquí, estamos tumbados, la columna está alineada, el abdomen no se dirige hacia abajo: el VRE se «hace» con los músculos abdominales, que suben el abdomen hacia el tórax.)

3º) Inspiración diafragmática abdominal anterior global

Habéis reconocido bien el movimiento del abdomen cuando se hunde.
Sentid ahora *el movimiento que va a producirse, por sí solo,
en la inspiración siguiente*: vuestro abdomen,
que se había hundido en la espiración,
seguidamente se abomba cuando entra el aire.

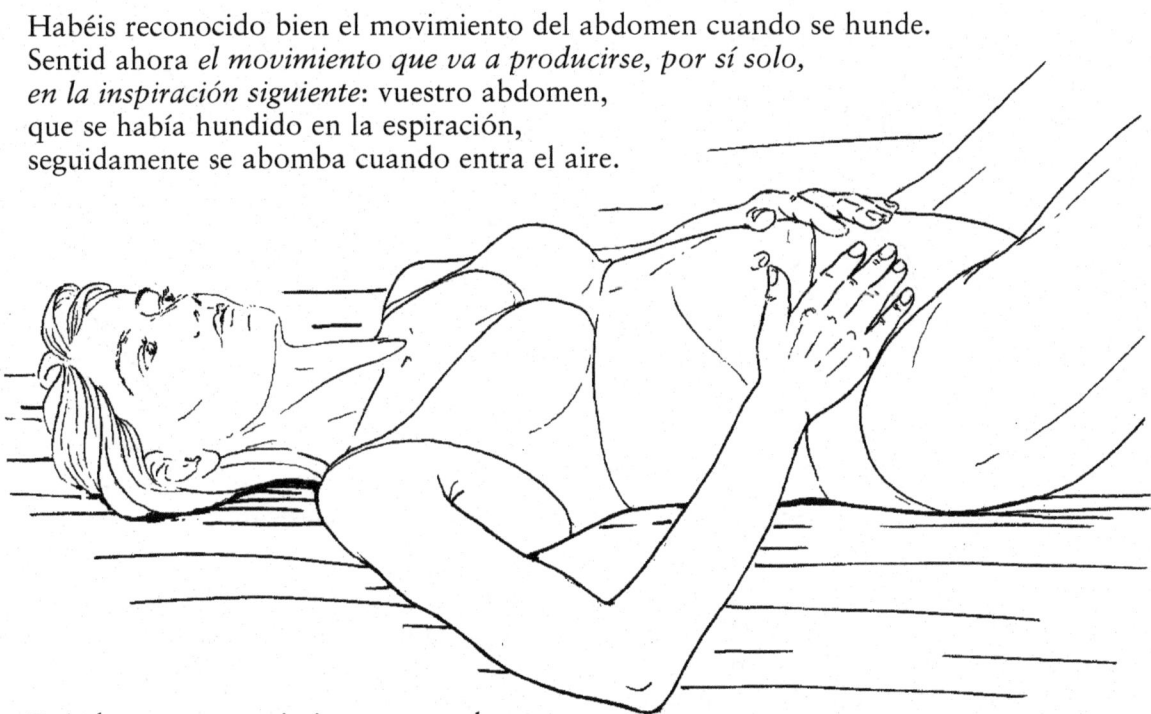

Dejad que este movimiento se produzca,
e invada progresivamente todo vuestro abdomen allí donde resulta más fácil,
es decir, delante. Instaladlo confortablemente en vuestro cuerpo.

Acordaos de lo que ocurre, teóricamente, en este momento: vuestro diafragma desciende hacia vuestra pelvis. Vuestro abdomen se deja deformar por este descenso del diafragma donde es más evidente: hacia delante, más o menos a la altura del ombligo.

Intentad ahora reconocer el lugar, pero también la duración de este movimiento: ¿podéis hacer el mismo tipo de inspiración en un VRI de pequeña amplitud, o incluso, a continuación, de una amplitud mayor?
Después, intentad encontrar este mismo movimiento con pequeños volúmenes, como pequeños volúmenes corrientes.

> Esta primera inspiración, sin localización precisa de la zona del abdomen que se mueve, ni dirección precisa del empuje, se produce en el abdomen de manera global, lo que le da el nombre de *respiración diafragmática anterior global*.
> Es la forma de inspiración diafragmática más evidente, la que encontramos como primer ejercicio en la mayor parte de prácticas respiraorias realizadas en las técnicas de soplo, canto, dicción, relajación.

*Paréntesis: esta primera coordinación, contracción
del diafragma – relajación de los abdominales,
en muchas personas ya no es posible.*

Podemos observar varias cosas:

... Otras formas de respiración:
– Estas personas llevan, de entrada, su respiración
a la zona costal.

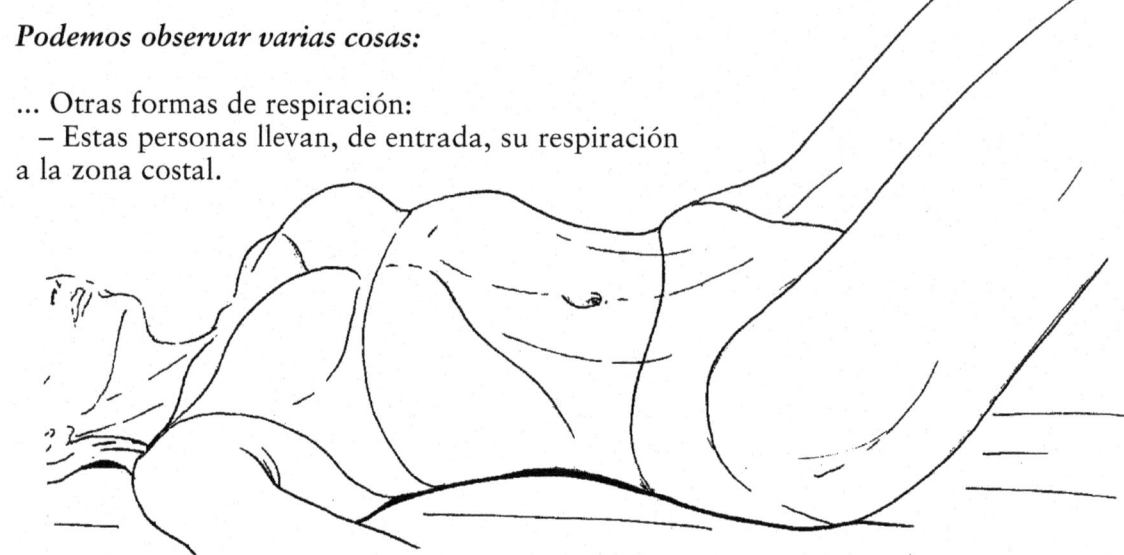

Abren las costillas de diversas maneras, a menudo por el deseo de hacerlo bien,
o porque la región de las costillas se siente mejor que la del diafragma; a veces también
porque, culturalmente, «sacar barriga» está mal aceptado, y la persona cree que sólo se
va a hacer eso durante los ejercicios.
– O bien están en una inspiración llamada «paradójica»: las costillas se abren hasta tal
punto que el pulmón, estirado por esta sobreabertura de las costillas, reacciona subiendo
su base, atrayendo así la masa abdominal hacia él: *el vientre entra mucho en la inspiración, al mismo tiempo que se abren las costillas (véase página 144).* Consecuencia: en la
espiración, las costillas caen y el abdomen desciende y se abomba. El movimiento respiratorio
está así totalmente invertido en relación con la respiración diafragmática.

... Un movimiento «parecido»:
Algunas personas arquean la columna lumbar para hinchar el abdomen
(el movimiento del abdomen no viene,
en ese caso, del empuje del diafragma,
sino de la contracción de los músculos
de la espalda).

Esto es más frecuente
cuando practicamos de pie.
Por esa razón es importante,
al principio,
trabajar con la espalda
completamente en contacto
con el suelo.

Cuando esta primera respiración global esté bien instalada, cuando con facilidad sepáis encontrarla, dejarla, vivirla con velocidades y amplitudes diferentes, será posible variar su *forma*.
Es decir, que el empuje de vuestro diafragma, combinado con la respuesta de los abdominales, deformará otras partes del abdomen: por delante más arriba, más abajo, de lado; pero también hacia atrás, con tantas variaciones como hacia delante; o incluso hacia abajo, hacia el periné.
Estas respiraciones siempre son diafragmáticas, de mecanismo 1.
Pero llevarán un segundo nombre, según la parte del abdomen que se deforme.

4°) *Inspiración diafragmática abdominal escalonada*

Poned ahora vuestras dos manos sobre el abdomen,
una en la región por encima del pubis,
la otra en la región del epigastrio.

Retomad la respiración diafragmática. Observad,
en vuestras manos sobre el abdomen,
cuál de las dos
se mueve más
en la inspiración.

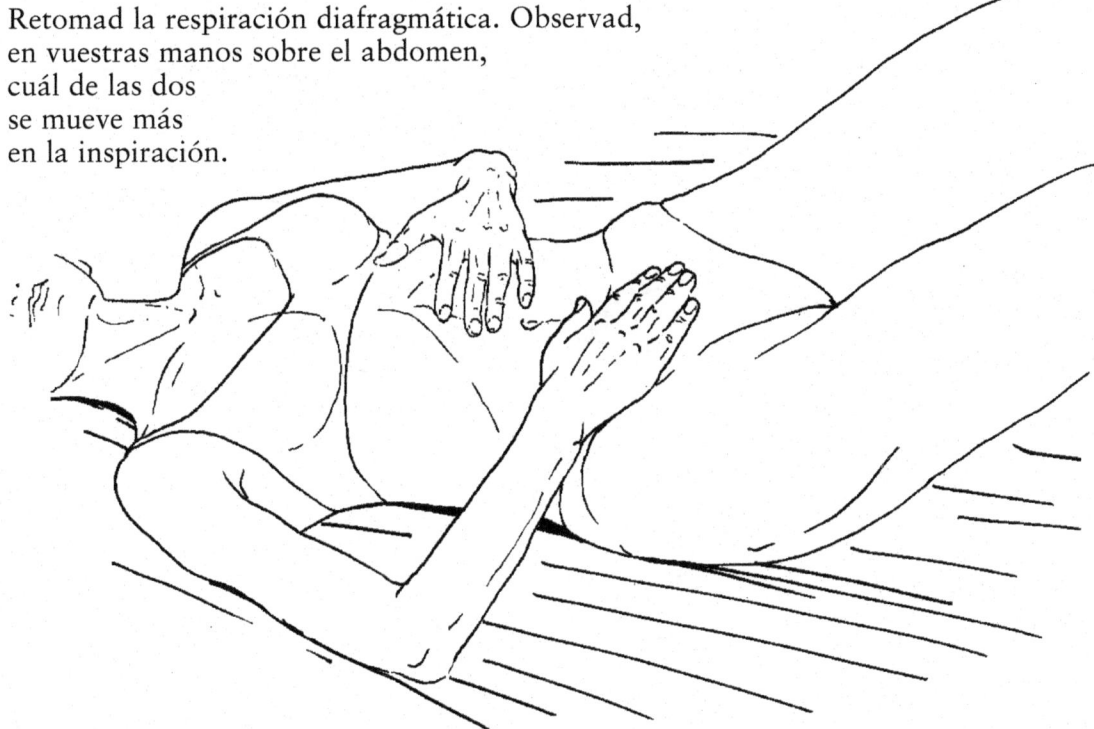

¿La de arriba?, ¿la de abajo?
Ésta es, de nuevo, una fase de observación.

El predominio del movimiento puede variar según diversos factores: estrés, fatiga, digestión, etc... No será extraño, pues, que en esta observación haya diferencias de un día a otro.

Ahora, de nuevo, intervendréis escogiendo,
por ejemplo, mover sólo la zona de arriba
y nada la de abajo:

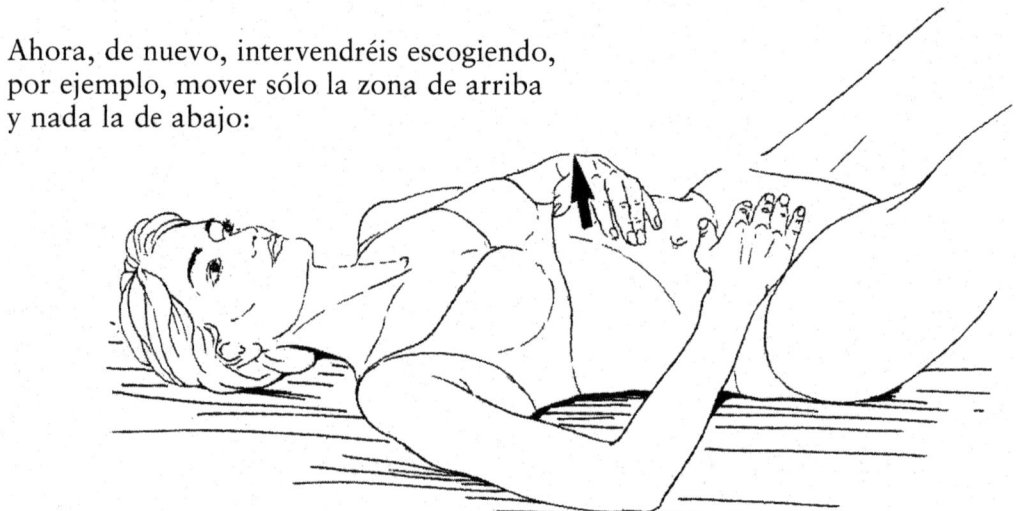

a nivel de la mano suprapúbica,
intentad que no haya ningún movimiento del abdomen; a nivel de la mano
epigástrica, por encima del ombligo, procurad que el movimiento sólo ocurra ahí
y que, poco a poco, tenga toda su amplitud.

Después, intentad *invertir el nivel del abdomen que se mueve:*
ya no es el epigastrio el que «sale» con cada inspiración,
sino la región por encima del pubis.

Aquí también, procurad que esta región baja se mueva en toda su amplitud, aunque para eso sintáis que tenéis que «empujar» hacia dicha zona, y que no haya movimiento en la región alta.

Escalonar de esta manera vuestra respiración puede llevar varios días. No os extrañéis si no llegáis a un resultado inmediato: como toda coordinación, ésta puede necesitar entrenamiento.

5°) *Inspiración diafragmática anterior dirigida hacia atrás*

Tumbaos ahora sobre el vientre y haced de nuevo las respiraciones precedentes.
En el momento en el cual vuestro abdomen
debería ir hacia delante,
la resistencia
del suelo
se lo impide.

Dicha resistencia dirige el movimiento hacia la parte posterior del tronco: ¿sentís que vuestra columna lumbar se eleva, de este modo,
gracias a un empuje que viene del suelo?

Tomad el tiempo necesario para instalar este movimiento y, sobre todo,
para identificarlo bien,
viviéndolo, pues aquí no es el vientre el
que, al entrar, redondea la espalda.
Lo que crea el movimiento
de rectificación de la curva,
e incluso de cifosis lumbar,
es *el empuje del diafragma*,
que repercute hacia atrás gracias al contrapoyo anterior.

> Estas inspiraciones son muy interesantes para movilizar la columna de manera muy fluida; estarán particularmente indicadas para mantener con suavidad el movimiento de la columna vertebral a este nivel.
> Pueden formar parte de una gama de movimientos para movilizar de la columna.

A continuación, podréis matizar estos movimientos de dos grandes maneras:
... Escalonarlos en altura, más arriba o más abajo en la columna. Si el movimiento se dirige muy abajo (justo encima del pubis), conlleva una anteversión de la pelvis, lo cual provoca una lordosis lumbar baja, mientras que si se dirige más arriba, a nivel de las vértebras L1, L2, L3, será típicamente deslordosante.

... Podéis hacerlo también preferentemente de un lado o del otro de la columna lumbar, creando en este caso una movilización un poco asimétrica.

6°) Inspiración diafragmática posterior.

Representaos de nuevo vuestro cajón abdominal y sus límites.
Imaginad que ahora el empuje del diafragma deforma vuestro abdomen, ya no hacia delante ni tampoco a los lados, *sino hacia detrás*. Es decir, que en la inspiración *es vuestra espalda la que va a abombarse* y pegarse, en cierta manera, sobre el suelo, a apoyarse más en él.

Aquí, el empuje va directamente hacia atrás. A la vez porque las fibras de vuestro diafragma lo dirigen hacia ahí, pero también porque vuestros abdominales, mantenidos tónicos delante, impiden que el abdomen se hinche en esa dirección.

También podéis poner una mano bajo la espalda, o una espuma fina, que empujaréis con vuestra región lumbar.

Si este movimiento respiratorio os parece difícil de encontrar, empezad de esta manera: colocaos tumbados de lado, el tronco enrollado en gran flexión.
Esta posición abre la parte de detrás del tronco y puede favorecer la respiración posterior (sin embargo, no apretéis vuestros muslos contra el vientre: esto constituiría un «apoyo anterior» y estarías en el ejercicio número 5, ya no sería una diafragmática *posterior*).

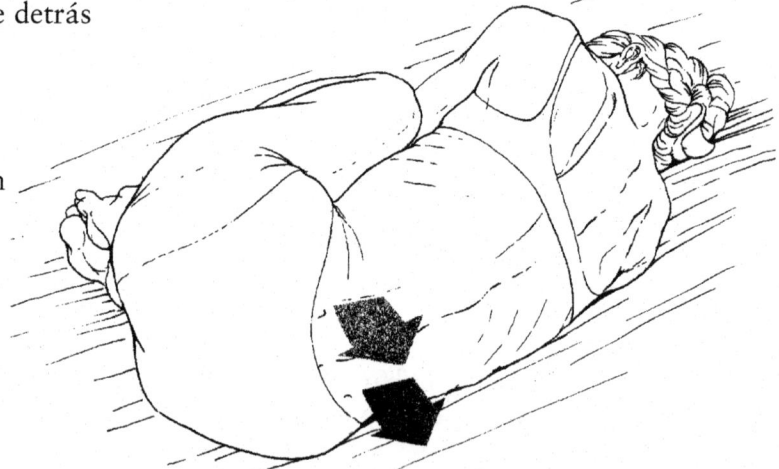

Este empuje posterior podéis, como los precedentes, enviarlo más arriba en vuestro abdomen, es decir, a las costillas bajas, por detrás; o más abajo, es decir, hacia las fosas ilíacas, también por detrás.

7º) *Inspiración diafragmática asimétrica*

Ahora, poned vuestras manos, ya no en el medio de vuestro abdomen, sino un poco a derecha e izquierda de vuestro ombligo. No están en los costados, sino siempre delante del abdomen, a ambos lados del ombligo.

Retomando una respiración de volumen corriente, observad de nuevo cómo se mueve vuestro abdomen, si lo hace más en un lado o en el otro.

¿El movimiento es totalmente simétrico, o predomina en un lado? Más tarde, intentad que el abdomen se mueva sobre todo bajo vuestra mano derecha.

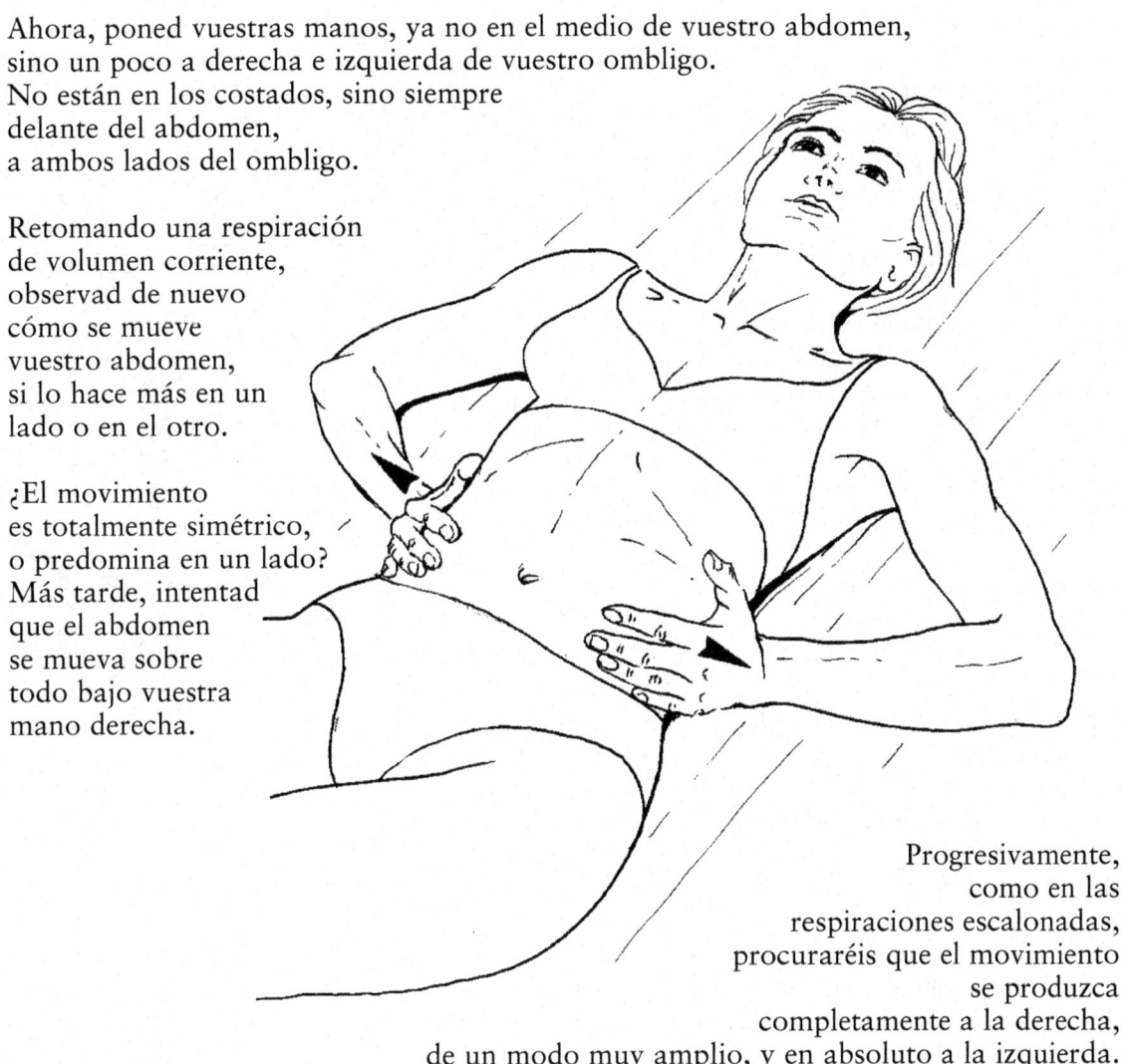

Progresivamente, como en las respiraciones escalonadas, procuraréis que el movimiento se produzca completamente a la derecha, de un modo muy amplio, y en absoluto a la izquierda.

Cuando hayáis localizado este movimiento, podréis intentarlo en el lado izquierdo. Más tarde, cuando hayáis encontrado estos diferentes movimientos, asimétricos, a nivel del contorno de la cintura, podréis intentarlos a otros niveles. Por ejemplo: podéis poner las manos a cada lado de la línea media, abajo. Estáis entonces en las fosas ilíacas derecha e izquierda. También podéis hacer que la respiración domine, de manera asimétrica, en uno u otro lado de vuestra región supraumbilical: en este caso, tendréis respiraciones asimétricas altas.

El interés de guiar así el movimiento producido por el diafragma es, sobre todo, el de movilizar de manera bastante electiva una u otra víscera abdominal.

8°) *Respiración diafragmática perineal*

El empuje del diafragma también lo podemos dirigir directamente hacia la parte baja del tronco: entonces repercutirá en la región del *periné*.
Por razones prácticas, si es necesario, es mejor ir al lavabo antes de ejercitarse en ello.

Tomad de nuevo la posición de la página 176.
Ahora, tratad de descender vuestro diafragma sin que el vientre se hinche, ni la espalda, ni ningún sitio a los lados del tronco.

¿Sentís que, entonces, el único sitio donde puede dirigirse esta presión es la región más baja del tronco, la parte más baja de vuestra pelvis?
Es decir, el periné.

La respuesta de vuestro periné puede ser de varios tipos:

Hay una respuesta de los *esfínteres*, la más familiar en la vida corriente; habitualmente, cuando empujamos así hacia el periné, esto se acompaña de la abertura de un esfínter, para orinar o para defecar.

Pero, al mismo tiempo, hay una respuesta de los músculos del suelo pélvico, dispuestos como un »pequeño diafragma» en sentido inverso, en la parte baja del cajón abdominal. Esta «hamaca» muscular puede reaccionar de diversas maneras. Más exactamente: con un tono variable.

Sentid, pues, que cuando empujáis así hacia abajo, la región del periné puede:
– Contraerse fuertemente, sin dejarse deformar en absoluto por la presión... (Es un poco lo que hacemos cuando realizamos un esfuerzo, por ejemplo, para levantar un objeto, y «empujamos» hacia el periné.)
– O, al contrario, relajarse completamente, como dejándose deformar por la presión.

Entre estas dos respuestas extremas existe toda una gama de respuestas más matizadas. Podemos ejercitarnos en ellas, tanto en la inspiración como en la espiración.
Se trata aquí de lo que hacemos muy a menudo durante las acciones de expulsiones bajas: micción, defecación, pero también, más excepcionalmente, la expulsión en el parto. Es, por supuesto, indispensable vaciar antes el recto y la vejiga.

Inspiraciones diafragmáticas de mecanismo 2

Podéis conservar la misma posición que para las respiraciones precedentes o, de entrada, trabajar de pie.

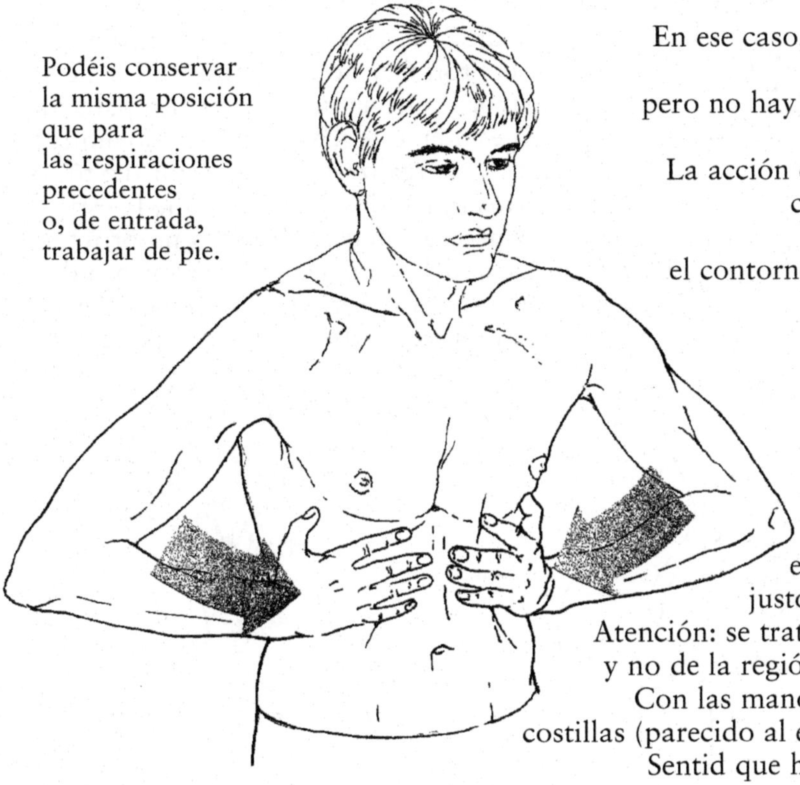

En ese caso, sigue siendo el diafragma el que actúa, pero no hay movimiento del abdomen: el centro frénico está fijo.
La acción del diafragma hace que las costillas suban y se separen (más exactamente, el contorno bajo de la caja torácica).

1°) *Diafragmática lateral*

Poned vuestras manos en los lados de las costillas, justo por encima de la cintura.
Atención: se trata de las costillas inferiores y no de la región por debajo de las axilas.
Con las manos, empujad sobre vuestras costillas (parecido al ejercicio de la página 162).
Sentid que hacéis un tórax «estrecho».

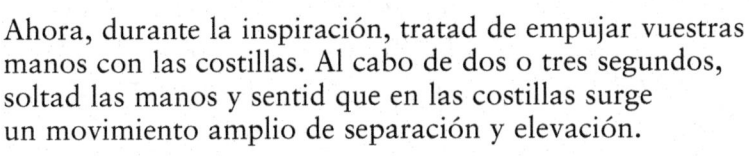

Ahora, durante la inspiración, tratad de empujar vuestras manos con las costillas. Al cabo de dos o tres segundos, soltad las manos y sentid que en las costillas surge un movimiento amplio de separación y elevación.

2°) *Diafragmática anterior*

Situad ahora las dos manos más hacia delante, por encima del epigastrio, en el reborde de los cartílagos costales que encuadran el ángulo de Charpy.

¿Sentís que, en la inspir, es posible mover las costillas bajo vuestras manos?
El esternón sube, los cartílagos costales suben y se separan un poco.

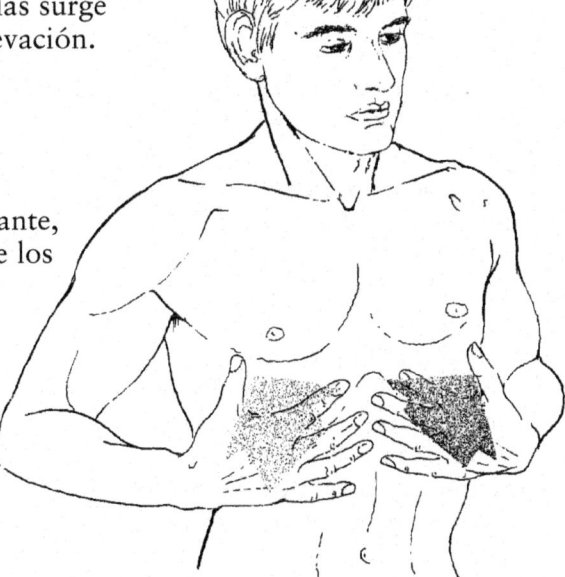

Diafragmática anterior (continuación)

Sentid que el impulso del movimiento viene del interior del tórax (y no del exterior). En efecto, el pectoral mayor ocasiona un movimiento parecido, pero la diferencia está en este matiz, que su movimiento se realiza por el exterior del tórax.
Si practicáis tumbados, procurad que la espalda permanezca en contacto con el suelo, para no proyectar el esternón hacia delante por un ahuecamiento de la espalda (en este caso, sería una inspiración hecha con los músculos dorsales, véase página 92).

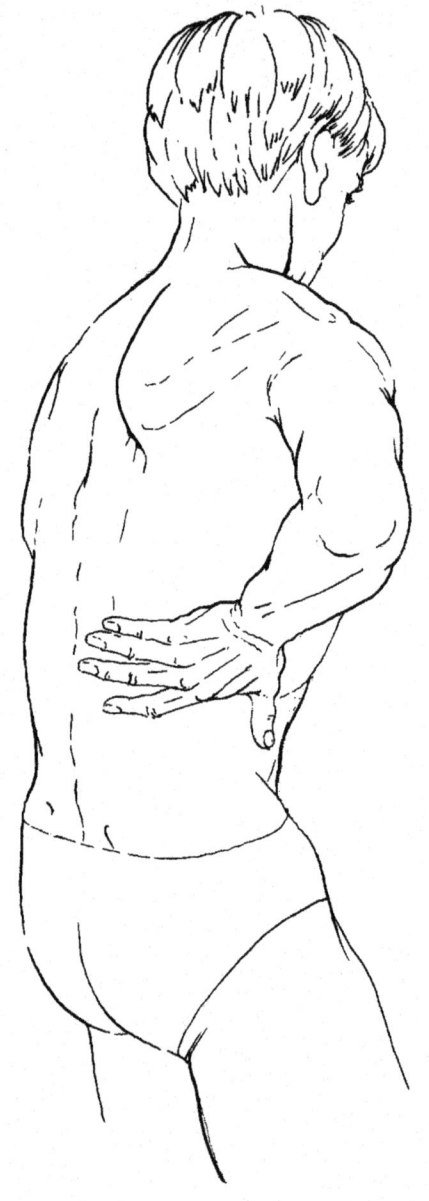

3°) Diafragmática posterior

Después, pasad las dos manos
detrás de las costillas inferiores,
en la parte posterior del tronco.
Si trabajáis tumbados,
también podéis colocar en esta zona una pequeña
espuma de la medida de una esponja, o
de una toalla pequeña de lavabo
doblada en cuatro partes.

En la inspir, intentad empujar
esta zona con un movimiento de las costillas.
Esta inspiración es muy parecida
a la de la página 184
(diafragmática posterior de mecanismo 1).
Los dos modos, en esta región del tronco,
no son muy diferenciables.

C) *Inspiraciones costales*

Los siguientes movimientos respiratorios van a solicitar *la parte alta de vuestro tronco*. Igual que para las inspiraciones diafragmáticas, podremos constatar una gran variedad de estos movimientos.

Las respiraciones que se detallan en las primeras páginas proponen una acción músculo a músculo, solicitando cada inspirador costal por separado. Después, se presentan respiraciones que implican la acción de varios músculos al mismo tiempo, en coordinaciones más globales de la caja torácica.

Todas estas inspiraciones costales, observadas una a una para su estudio, pueden mezclarse y combinarse con las inspiraciones diafragmáticas vistas anteriormente, y ejercitarse en todos los volúmenes y en todas las velocidades.

Recomendaciones para las prácticas de las inspiraciones costales

1º) Después de una primera etapa de localización, para desarrollar la acción de los músculos, podremos practicar con *inspiraciones sucesivas*, creando «plataformas» de apnea: inspiración de volumen corriente;
después, pequeña parada en apnea;
después, reinspiración de mayor amplitud;
después, de nuevo apnea, permaneciendo en esta amplitud;
después, quizá todavía una inspiración más amplia...
Después, relajar completamente.

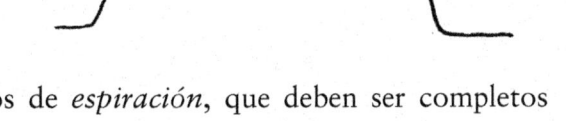

2º) Será necesario respetar bien los tiempos de *espiración*, que deben ser completos (yendo, a veces, incluso hacia el VRE):
– Para evitar volver a inspirar demasiado deprisa, lo que es frecuente en las respiraciones costales y provoca en ocasiones una sobreoxigenación, con impresión de vértigos.
– Para mover el tórax en los dos sentidos, tanto hacia el cierre como hacia la abertura.

Las respiraciones costales, a veces, movilizarán partes poco ventiladas de los pulmones. Además, a menudo van acompañadas de una elevación del tono.

1º) Inspirar bajo la clavícula con el pectoral menor

> Un ejercicio fundamental para «abrir» la parte alta del pecho y liberar el hombro.

El comienzo de este ejercicio os permitirá representaros la región de vuestro pectoral menor:

Sentaos sobre un asiento de la altura de un taburete, cerca de una pared. Colocad la espalda contra la pared; después, giraos un poco hacia la derecha, para apoyar solamente vuestro omóplato derecho en la pared.

Llevad vuestra mano izquierda, un poco plana, sobre vuestras costillas, en la región situada justo debajo de la clavícula.

Sentid este hueso con la punta de vuestros dedos y, con el resto de vuestra mano, sentid la región de las costillas que se encuentra debajo y un poco hacia atrás en relación a la clavícula.

Seguidamente, reconoced el contacto de vuestro omóplato con la pared.

Haceos una clara representación del espacio que existe entre la pared, el omóplato apoyado en esta pared (a través de la ropa) y el volumen de vuestras costillas altas, hasta vuestra mano.
En este lugar, la parte de delante y de detrás del cuerpo no son paralelas, como se suele imaginar: el omóplato y la parte alta de las costillas correspondientes están a 45° en relación al plano de las costillas por delante.
Este espacio corresponde al de la parte casi más alta de los pulmones. Es una zona que no solemos movilizar (movilizamos a menudo las costillas, pero no tan arriba). No os extrañéis, pues, de que haga falta un cierto tiempo para encontrar aquí movimiento y respiración.

¿Podéis, en esta región de vuestro cuerpo, percibir movimientos respiratorios delante y detrás? Mientras reconocéis estos movimientos delante, ¿podéis mantener siempre un contacto de la parte posterior con la pared?

Seguidamente, ¿os es posible *aumentar estos movimientos* a la vez en el sentido de la abertura y del cierre? Haciendo eso, suscitáis una respiración costal alta.

Intentaréis llegar progresivamente, aquí, a un movimiento más amplio: una inspiración en un VRI de amplitud media. Intentad permanecer ahí en apnea, antes de espirar para encontrar, por contraste, un movimiento lo más amplio posible en el otro sentido.

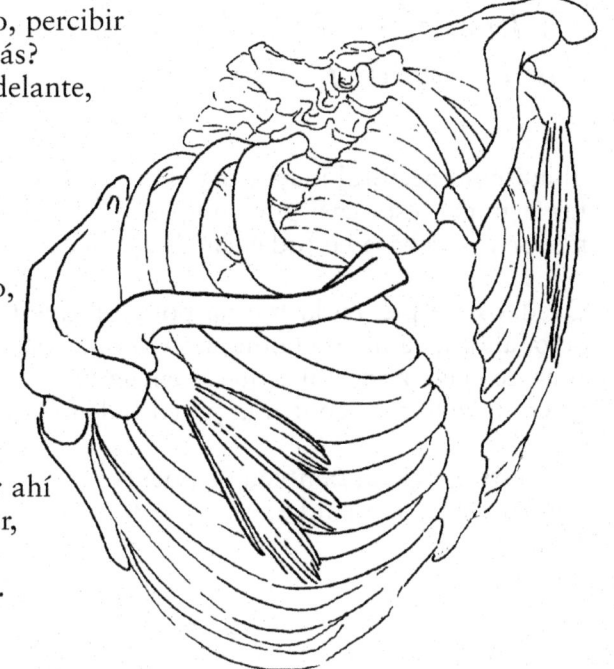

Por delante, vuestra mano está en contacto con el músculo pectoral mayor. Pero el músculo que eleva, aquí, vuestras costillas más altas es el pectoral menor, situado debajo de él: en la inspiración, su contracción se produce en una capa subyacente y eleva, así vuestras primeras costillas, las que están bajo vuestra mano.

Dejad vuestro brazo derecho inactivo, el hombro también, para que el movimiento se precise bien en las *costillas* y no en el hombro: éste permanece lo más relajado posible.

Después, haced este mismo ejercicio en el lado simétrico. A continuación, puede ser interesante intentar trabajar las dos regiones conjuntamente, a cada lado de la parte superior del esternón, y sentir cómo se abre la región alta del pecho, justo debajo de las clavículas. Pero hay que vigilar, durante el trabajo de toda esta zona, el mantener bien la contraamplitud del movimiento por detrás, para evitar, sobre todo en el trabajo bilateral, compensar la abertura de las costillas altas con un «cierre» de la columna dorsal detrás, lo que puede volver rígida esta región.

Esta respiración puede ser precedida por un trabajo de relajación del hombro y de estiramiento de los músculos pectorales (véase página 170). Pero también puede preceder a estos estiramientos, ya que respirar en la parte alta del tórax es una preparación eficaz para relajar estos músculos.

Es también una movilización de una parte a menudo poco ventilada de los pulmones. Además, estas respiraciones suelen ir a la par con una elevación del tono.

2º) Inspirar «abriendo el pecho por delante» con el pectoral mayor

El músculo pectoral mayor extiende su superficie en la parte alta del pecho.
En la mujer, está casi por completo bajo el seno. Recubre completamente el pectoral menor y lo rebasa en todas las direcciones.

Quedaos, de pie, en la misma posición que teníais para el trabajo del pectoral menor, pero, ahora, ya no es el omóplato lo que queréis poner en contacto con la pared, sino la zona de vuestras costillas que se encuentra justo debajo de éste. Para eso, situad la espalda completamente contra la pared (además, en este momento, el omóplato se separará de ésta).
Para este ejercicio, también os podéis tumbar sobre la espalda.

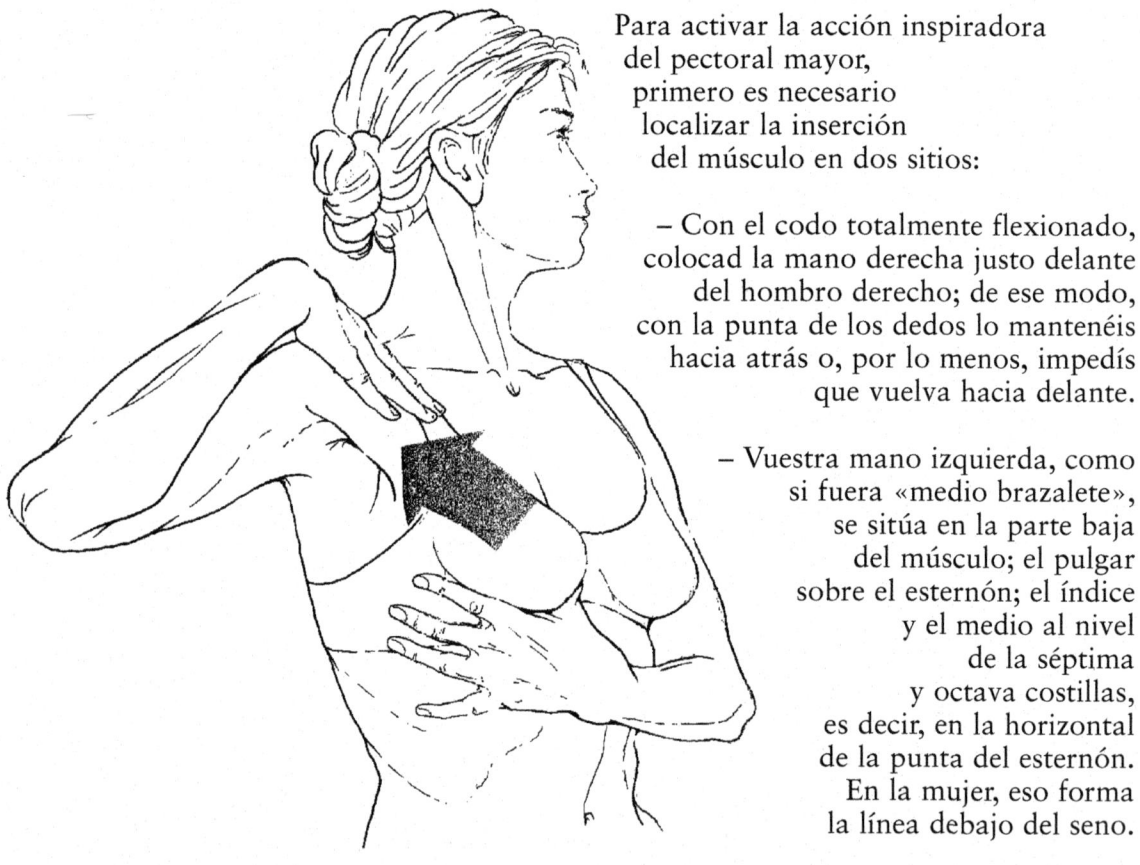

Para activar la acción inspiradora del pectoral mayor, primero es necesario localizar la inserción del músculo en dos sitios:

– Con el codo totalmente flexionado, colocad la mano derecha justo delante del hombro derecho; de ese modo, con la punta de los dedos lo mantenéis hacia atrás o, por lo menos, impedís que vuelva hacia delante.

– Vuestra mano izquierda, como si fuera «medio brazalete», se sitúa en la parte baja del músculo; el pulgar sobre el esternón; el índice y el medio al nivel de la séptima y octava costillas, es decir, en la horizontal de la punta del esternón. En la mujer, eso forma la línea debajo del seno.

Manteniendo vuestras costillas en contacto, por detrás, con la pared, observad ahora si puede haber movimiento en las costillas que están debajo de vuestra mano izquierda.

En la inspiración, ¿esta zona puede elevarse, abrirse?

Durante la espiración, volved completamente en sentido inverso: para encontrar, por contraste, movimiento en este lugar.
A continuación, ¿podéis sentir aquí amplitud (es claramente más fácil que en la región del pectoral menor, puesto que estas costillas son mucho más libres y grandes)?

Procurad conservar el contacto posterior con la pared, para no sustituir este movimiento de las costillas por un ahuecamiento de la región dorsal (en este caso, sería un trabajo de los dorsales y no de los pectorales).

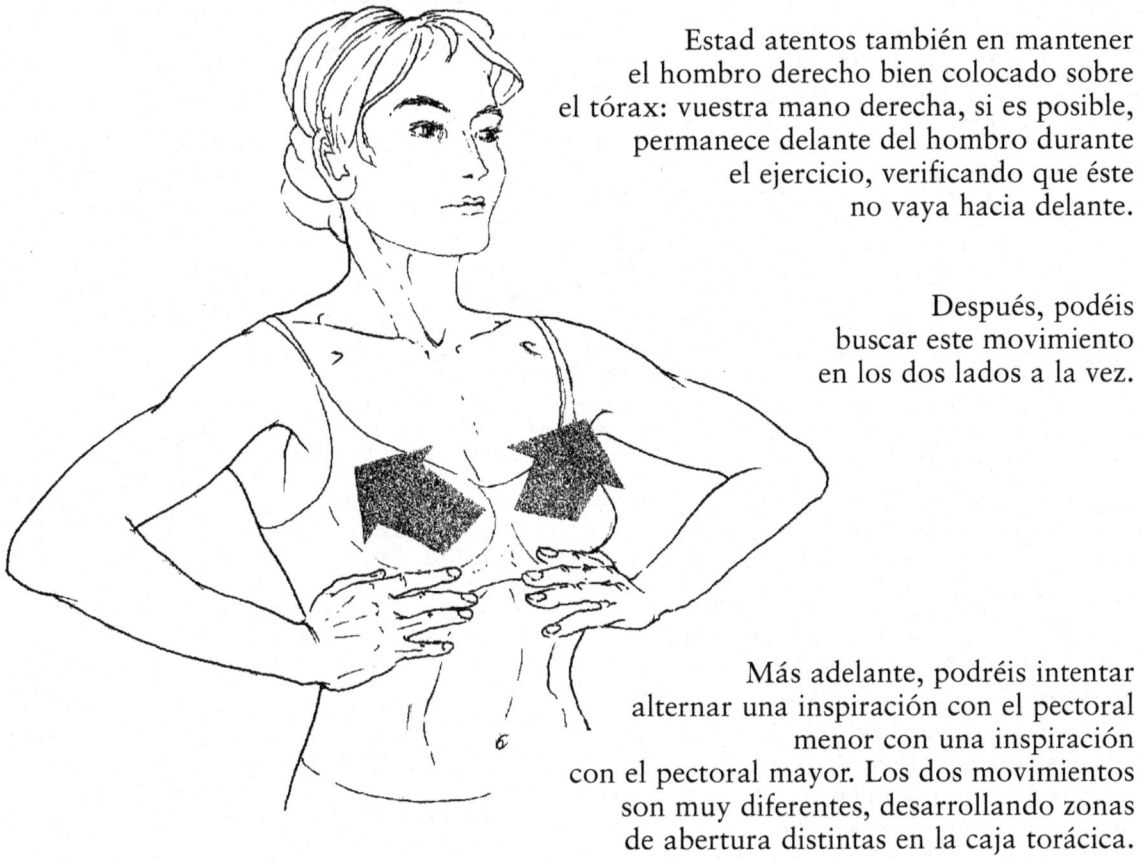

Estad atentos también en mantener el hombro derecho bien colocado sobre el tórax: vuestra mano derecha, si es posible, permanece delante del hombro durante el ejercicio, verificando que éste no vaya hacia delante.

Después, podéis buscar este movimiento en los dos lados a la vez.

Más adelante, podréis intentar alternar una inspiración con el pectoral menor con una inspiración con el pectoral mayor. Los dos movimientos son muy diferentes, desarrollando zonas de abertura distintas en la caja torácica.

Por lo que respecta a la respiración como preparación a las técnicas vocales, el trabajo del pectoral mayor es importante para desarrollar en las costillas *la amplitud rápida en la toma de aire*. Esto se ve aquí favorecido por el hecho de que el movimiento de las costillas es poco limitado, y que el músculo es grande en superficie.

3º) Inspirar abriendo las costillas debajo de los brazos con el serrato mayor

Quedaos ahora de pie, sin apoyaros en la pared. Flexionando los codos, colocad las manos a los lados de las costillas, lo más arriba posible: ponéis bien la palma, bien las falanges, según os convenga.

Dejad caer el peso de los brazos sobre las costillas, sintiendo que os apoyáis sobre ellas y que eso las curva, haciendo el tórax más estrecho.

A continuación, en la inspiración, intentad *empujar vuestras manos con vuestras costillas*: éstas se ensanchan, separando vuestras manos. Cuando encontréis este movimiento, dejad de presionar con los brazos, permitiendo que las costillas partan ampliamente hacia el exterior. Después, utilizad de nuevo el peso de vuestros brazos en la espiración, para hacer el movimiento inverso en toda su amplitud.

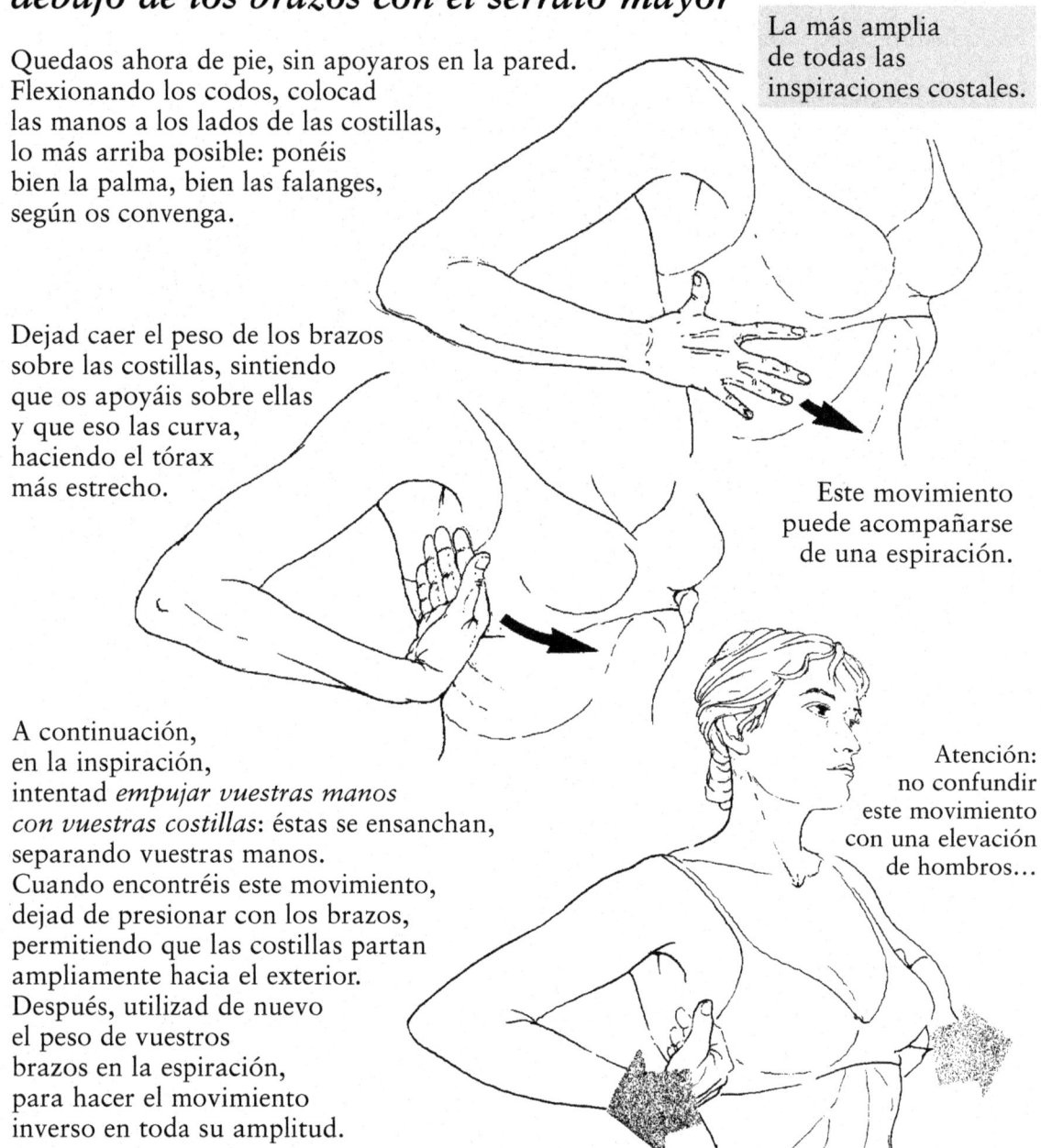

La más amplia de todas las inspiraciones costales.

Este movimiento puede acompañarse de una espiración.

Atención: no confundir este movimiento con una elevación de hombros...

¿Sentís que la inspiración obtenida de esta manera es amplia, lateral, sin manifestarse prácticamente delante? Es una inspiración hecha con el serrato mayor. Permite grandes volúmenes de inspiración; permite también una buena alternancia con las respiraciones pectorales, que desarrollan sobre todo (a veces, demasiado...) el aspecto anterior del movimiento respiratorio.

4º) Inspirar hundiendo la región dorsal con los músculos dorsales

Haced una gran inspiración anterior (un gran VRI)
con los pectorales mayores (como hemos visto en la pág. 192):
la parte de delante del tórax se abre de manera importante.

Relajad, espirad; después, retomad
el mismo tipo de inspiración.
Observad ahora, no la parte anterior,
sino la parte posterior de vuestra caja torácica:
si hacéis esto espontáneamente, sin intentar
corregir nada, ¿podéis sentir que esta región
se ha cerrado, «plegado» sobre sí misma,
al mismo tiempo que la parte de delante se abre?

Las costillas se han aproximado y, sobre todo,
la columna dorsal se ha ido en extensión,
acercando sus espinosas por detrás.

Este último movimiento puede ser pasivo:
en este caso, las vértebras siguen el movimiento de la caja
y se adaptan a su forma. Pero también puede ser activo,
y más aún: este movimiento de «arqueamiento de las dorsales»
puede ser el que causa la abertura de las costillas por delante.

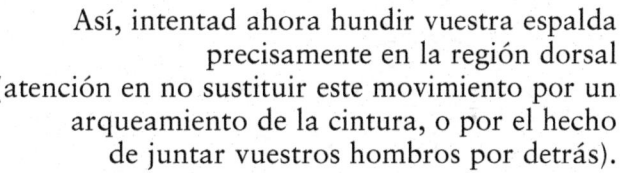

Así, intentad ahora hundir vuestra espalda
precisamente en la región dorsal
(atención en no sustituir este movimiento por un
arqueamiento de la cintura, o por el hecho
de juntar vuestros hombros por detrás).

Intentad acercar al máximo vuestras espinosas por detrás,
y sentid que este movimiento modifica vuestras costillas
por delante: encontráis aquí una abertura parecida
a la que hacen los pectorales mayores. Se parece en la forma,
pero no en las sensaciones: en este caso, el movimiento
está hecho con los músculos posteriores de la columna vertebral.
Delante no se siente ninguna contracción

Este cierre atrás, más o menos activo, acompaña muy a menudo
las respiraciones anteriores de los principiantes.
Según los casos, permitiremos hacer la respiración
de ese modo para respetar la espontaneidad del movimiento, o, al contrario, lo impediremos, si deseamos que la abertura por delante se acompañe de la misma abertura detrás.

5º) Inspirar abriendo las costillas por detrás con los supracostales

Estas inspiraciones movilizan la parte posterior de las costillas. No es una región fácil de sentir, porque está en la espalda y, generalmente, la respiración se imagina y se practica por delante. Para encontrarla, hay que adoptar una posición muy redondeada de la caja torácica (en cifosis dorsal). Por ejemplo, sentado, espalda inclinada hacia delante sobre un apoyo (véase página 212); o acostado de lado, la espalda enrollada hacia delante; o lo que se ha ilustrado aquí: sentado, espalda inclinada completamente hacia delante, eventualmente sobre un cojín.

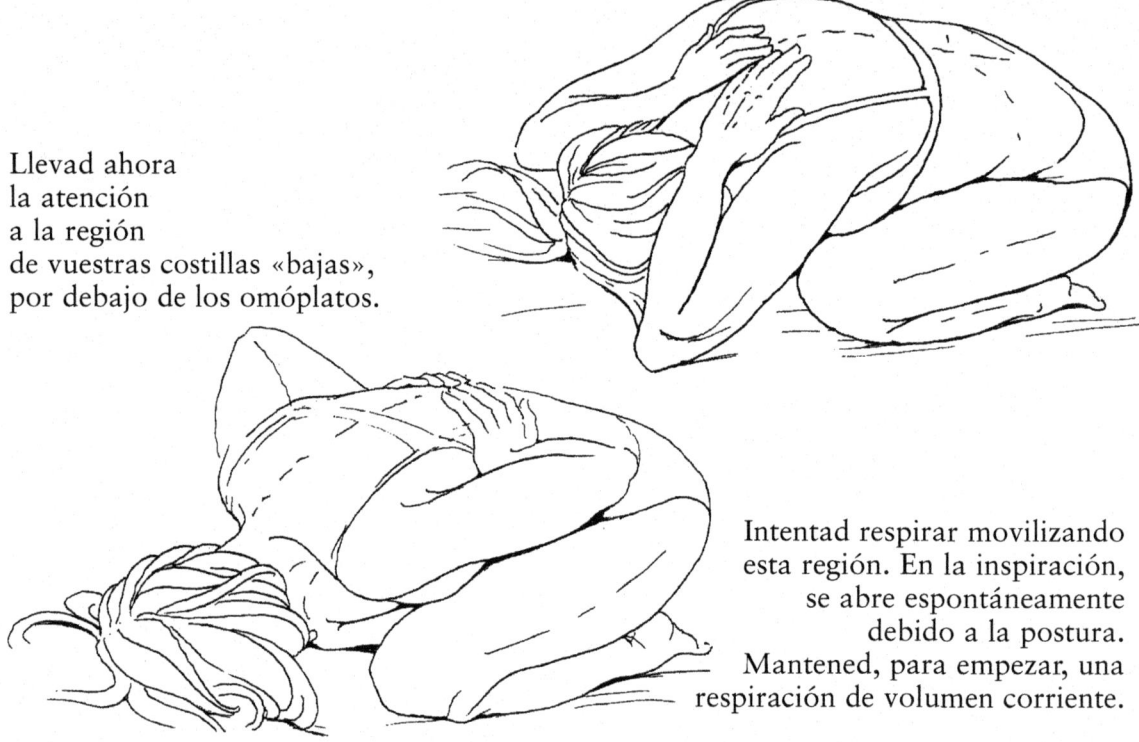

Llevad ahora la atención a la región de vuestras costillas «bajas», por debajo de los omóplatos.

Intentad respirar movilizando esta región. En la inspiración, se abre espontáneamente debido a la postura. Mantened, para empezar, una respiración de volumen corriente.

Imaginad que «os cepillan vuestras costillas al revés» (ascendiendo). Sentid que, en la espiración, las costillas vuelven sobre sí mismas.
Repetid varias veces esta respiración con volumen corriente. Seguidamente, intentad aumentar la amplitud en la inspiración. Permitid que la zona siempre vuelva sobre sí misma en la espiración.

Movilizar las costillas más altas
Luego, estirad un brazo lejos delante de vosotros.
Situad la segunda mano sobre la primera.
Este avance de los brazos eleva el omóplato y las costillas más altas.

Ahora, intentad inspirar
siempre por detrás, pero en estas costillas altas.
Se mueven mucho menos (véase página 46).
Esta zona puede ser incluso dolorosa, rígida.
Buscad los movimientos de manera muy progresiva, quizá durante varias sesiones.
Poco a poco, buscaréis amplitud de movimiento y de respiración en todas estas costillas posteriores, alternando los niveles y los volúmenes respiratorios.

Más tarde, cuando os hayáis familiarizado con esta movilidad posterior, trataréis de encontrarla en posiciones sin flexión hacia delante: de pie, tumbados sobre la espalda, sobre el vientre, etc...

6º) Inspirar arriba y detrás con los serratos menores posteriores y superiores

Después, palpad en la parte
posterior de vuestro cuello
las espinosas, sobre la línea media.
Las de medio cuello (C4,C5)
son muy cortas; las de la base
del cuello, al contrario, son largas.
Colocad ahora la punta de vuestros
dedos a cada lado de las espinosas
de la base del cuello (C6, C7, T1),
es decir, un poco más abajo que
el lugar más cóncavo de vuestro cuello.

Ahora, imaginad que inspiráis elevando
vuestras costillas más altas por detrás,
gracias a una contracción que viene
de esta región que está bajo vuestros dedos.

Los músculos solicitados, aquí,
son los serratos menores posteriores y superiores.

La respiración posterior en esta región es mínima, debido al tamaño de la costilla... Sin embargo, tratad de buscarla: es muy interesante, justamente para movilizar, aunque sea muy poco, esta región de vértebras y costillas.

7º) Inspirar arriba y delante con el esternocleidomastoideo

Las respiraciones más altas, por encima de las clavículas.

Palpad ahora la parte alta del esternón y ese pequeño hueco llamado fosa supraesternal o, a veces, horquilla esternal, debido a su forma.

Si levantáis (mínimamente) la cabeza, o incluso si simuláis este movimiento, sentiréis salir dos tendones que encuadran este hueco: los tendones del músculo esterno-cleido-occipito-mastoideo.

Sin apretar, con una palpación muy ligera, subid a lo largo de este músculo para encontrar su inserción alta: se inserta en vuestro cráneo a nivel de la apófisis mastoides, pequeño saliente óseo que se encuentra debajo y detrás del agujero de la oreja. La inserción se prolonga hacia atrás hasta el occipital, hueso situado de 4 a 5 cm. por detrás. Sentiréis muy bien estas inserciones si, por etapas, levantáis y reposáis de nuevo la cabeza sobre el suelo.

Mantened las dos manos sobre estos músculos. *Ahora, haced inspiraciones con la boca cerrada, por la nariz,* como si olierais un perfume haciéndolo subir hasta el fondo de la nariz con pequeños «tirones» sucesivos.
Esto eleva la parte más alta de vuestro esternón.

Es como si inspirarais «en el cuello».
¿Sentís la contracción de los esternocleidomastoideos?
¿Y que esta contracción no es forzosamente simétrica?
Repetid varias veces la experiencia.

Después, podéis inspirar, también de este modo, con el mayor volumen posible, en VRI. Pero no hagáis demasiado tiempo este tipo de respiración, pues entonces puede provocar crispaciones en el cuello y los hombros.

8º) Inspirar arriba, más lateralmente, con los escalenos

Palpad de nuevo
el esternocleidomastoideo,
a media altura del cuello.
Buscad una zona
un poquito más hacia detrás.
Ahí estáis a los lados
de vuestra columna cervical,
a nivel de la apófisis transversas,
que podemos notar
como volúmenes
un poco duros a través
de los músculos
laterales del cuello.
Esas masas musculares
son los escalenos.

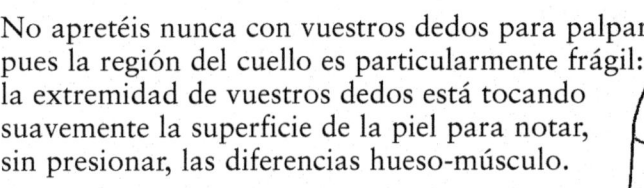

No apretéis nunca con vuestros dedos para palpar,
pues la región del cuello es particularmente frágil:
la extremidad de vuestros dedos está tocando
suavemente la superficie de la piel para notar,
sin presionar, las diferencias hueso-músculo.

Ahora, haced de nuevo las respiraciones
precedentes, muy altas, pero en lugar de intentar elevar la parte superior del esternón,
imaginad el contorno de vuestras dos primeras costillas en la parte más alta de vuestro
tórax (la primera costilla se encuentra, aquí, por encima de la clavícula), e imaginad
también que eleváis estas dos primeras costillas por los lados, «en asa de cubo».
El movimiento es aquí mucho más restringido que en la región baja de las costillas:
– Las costillas son mucho más pequeñas.
– El cartílago costal es mucho más corto.
– El eje de la articulación costilla-vértebra permite, a este nivel, más movimientos sagitales que laterales.

Por consiguiente, no os extrañéis de que el movimiento aquí sea mínimo en amplitud.
A pesar de todo, haced una inspiración muy alta, intentando un VRI en esta región, en
pequeñas etapas, como si inspiraseis con una decena de «golpes inspiratorios».
¿Sentís, después de cuatro o cinco reinspiraciones, la contracción de los escalenos bajo
vuestros dedos? Luego, espirad y volved a hacer varias respiraciones ordinarias en otra
zona de vuestro tronco, para no crisparos con demasiadas inspiraciones altas.

D) Espiraciones costales

Para percibir con claridad las espiraciones propuestas en las páginas siguientes, haced antes esta experiencia:

Sentados en una silla o de pie, sentid primeramente vuestro tronco erguido, vertical.
Luego, hundíos un poco dejando que vuestro tronco «caiga» ligeramente sobre sí mismo, tal como hacemos de manera espontánea cuando estamos cansados (mantened la mirada hacia delante).

Al mismo tiempo, las costillas descienden, el esternón retrocede: la caja torácica se cierra en posición espiratoria.
Con esta experiencia, vemos que la espiración costal más espontánea se acompaña de una pequeña flexión de la columna.
El movimiento lo hace la gravedad.

Haced de nuevo varias veces este tipo de espiración.
¿Sentís en qué volumen estáis en la espir?
Podéis espirar un poco más allá del volumen corriente: empezad el VRE.

Observad ahora *en qué zonas* se flexiona la columna: en costillas altas – base del cuello (C7-D1); en las costillas bajas, por encima de la cintura (D11-D12-L1).

Es decir, en las dos regiones-frontera de la columna dorsal: cérvico-dorsal, dorso-lumbar.

Estas maneras de espirar son muy naturales, interesantes para encontrar una cualidad espontánea del movimiento respiratorio. Se asocian bien con el suspiro.

1°) Descender las costillas con los abdominales

Después, intentad espirar más, con este mismo movimiento. Debéis descender todavía más vuestras costillas.
Probad primero la acción *moviendo la punta del esternón*: vuestra caja torácica se aplana un poco.
Ponéis en acción el recto mayor.

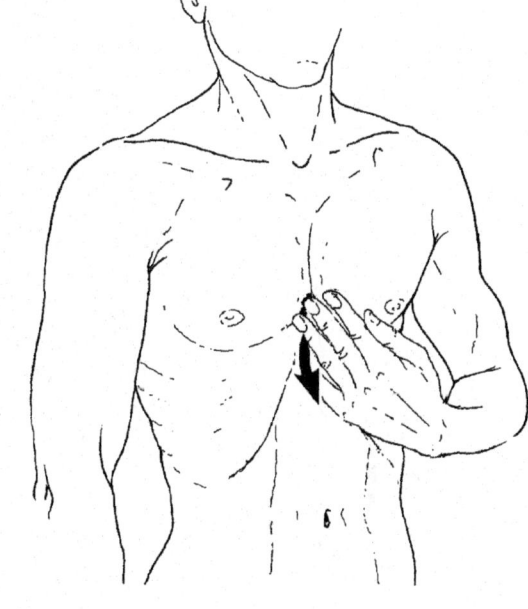

Seguidamente, intentad *descender las costillas desde los lados de la cintura*: vuestra caja torácica se estrecha.
Ponéis en acción los oblicuos.
En los dos casos, ¿sentís que el descenso de las costillas se acompaña de una flexión de la columna en D11, D12, L1?

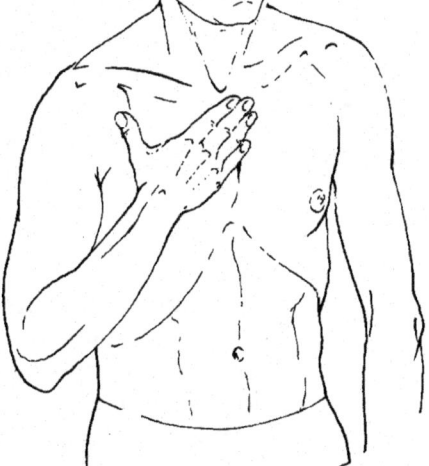

2°) Descender las costillas con el triangular del esternón

Poned ahora la mano en la mitad superior del esternón. Buscad la acción retrocediendo esta zona del hueso y no su punta.
Ponéis en acción el triangular.
¿Sentís que esta acción se acompaña de una flexión de la columna, pero esta vez en C7-D1?

E) Espiraciones abdominales

1°) Entrar la parte alta del abdomen

De pie, retomad de nuevo el movimiento del principio de la página precedente: dejad que la columna se hunda sobre sí misma. Mientras lo hacéis, ahora tratad de espirar *sin descender* (aún más) *las costillas*: es vuestro vientre lo que se moviliza.

¿Sentís que el sitio más fácil, el más evidente, para espirar de esta manera es la región del epigastrio? El vientre se hunde en toda la zona debajo del ángulo de Charpy.

La localización es casi la misma que en las espiraciones costales bajas. Sin embargo, el movimiento es diferente: no buscáis cerrar las costillas, sino «entrar el vientre hacia arriba».

Intentad una espir rápida y fuerte de esta manera; el soplo sale *como si viniera directamente del movimiento del vientre.*

Esta espiración, en la cual el movimiento domina a nivel de medio tronco, es muy fácil de encontrar: se asocia con el movimiento de flexión de la columna que domina en el mismo sitio, como hemos visto en la página precedente.
Aquí también, la podemos practicar cada vez que queramos trabajar la espontaneidad respiratoria.
Igualmente, podemos realizarla cuando queremos encontrar una relación inmediata abdomen-soplo en el trabajo vocal con voz natural.

Después, haced de nuevo el mismo tipo de espiración *sin curvar la columna*. Espirad lo más completamente posible. Poned una mano en la parte inferior de vuestro abdomen. En la espiración completa, si el movimiento domina a nivel de medio tronco, toda esta región no participa. Más aún: puede que se abombe (al recibir una parte de la presión creada en el epigastrio). Quizá también haya presión hacia el periné.

Este tipo de acción puede parecer perjudicial. *Lo es sobre todo si vuestra espiración en VRE se produce siempre de esta manera.* Por eso, es importante ejercitarse en espirar también reclutando los abdominales «de abajo hacia arriba», como se describe en la página siguiente.

2°) *Espiración abdominal ascendente*

En esta espiración, contraeréis sucesivamente los diferentes niveles del abdomen desde el más bajo hasta el más alto. Cuidad el mantener, cada vez que subís un nivel, la contracción del nivel o niveles inferiores.

1° Contracción de la región del periné.

Empezad contrayendo el ano para sentir la parte posterior de vuestro suelo pélvico. Después, intentad contraer toda la zona anterior (no se trata de una contracción de los glúteos o de los abdominales, sino de una contracción en el fondo de vuestra pelvis). Repetidlo varias veces alternando bien contracción y relajación.

2° Seguidamente, dirigid la contracción hacia la región inferior del abdomen.

Es una zona todavía por debajo de la cintura; ésta última no se contrae. Intentad contraer sucesivamente 1 y después 2. Asociad estas dos contracciones sucesivas con una espir de inicio de VRE Si os ayuda, espirad haciendo un pequeño freno oclusivo en la boca, con el sonido FFF o SSS.

Esperad a asimilar perfectamente esta etapa antes de continuar. Quizás necesitéis varios días.

3° Empezando siempre por abajo, llevad la contracción del abdomen hasta la cintura.

Atención: en este nivel *predomina la contracción del transverso*; es frecuente entonces «perder la contracción del periné», porque el transverso comprime fuertemente el abdomen en la cintura y esto puede crear una fuerte presión hacia abajo.

Dominar esta fase puede llevar... un cierto tiempo: no dudéis en repetir muchas veces las fases 1 y 2 antes de añadir la 3. Aquí también, asociad el movimiento abdominal a una espir de VRE., eventualmente formando un sonido SSS o FFF.

4° Finalmente, subiréis la contracción hasta la altura del epigastrio.

...Siempre sin perder los niveles inferiores. La contracción del transverso es ahora dominante: hay que vigilar todavía más el conservar las contracciones bajas, particularmente el periné.

> Este tipo de acción es especialmente interesante para fortalecer la parte inferior del abdomen. Pero muy pocas veces es espontánea; lo más frecuente es que se necesite un aprendizaje progresivo al principio, y luego, un entrenamiento para quedar bien adquirida.

Prácticas de los volúmenes respiratorios

Como hemos visto a lo largo de esta obra, las respiraciones pueden practicarse en volúmenes diferentes, y las fuerzas que actúan varían según estos volúmenes.

Es posible organizar respiraciones diferentes a partir de este parámetro de los volúmenes.

Este capítulo propone, primeramente, una práctica sensorial sistemática de cada uno de estos volúmenes. Pueden vivirse con respiraciones altas, bajas, anteriores, posteriores... Se sugerirán algunas, pero no son la únicas posibles.
Después, expone, a título de ejemplo, algunos recorridos por estos volúmenes, para mostrar que pueden encadenarse de muchas maneras, como una partitura de música o un texto de lectura.
Finalmente, propone algunos ejemplos típicos donde el hecho de respirar con un volumen u otro provoca una respiración completamente diferente de la habitual, desde el punto de vista de las fuerzas que intervienen...

Experimentar el volumen corriente

Lo mejor para ello es que os instaléis
en posición de reposo,
tumbados confortablemente.
Observad vuestra propia respiración:
su ritmo, su amplitud;
al estar reducida vuestra actividad muscular,
no tenéis una gran necesidad
de intercambios gaseosos.
¿Vuestra respiración provoca mucho movimiento?
¿Estos movimientos son visibles
por una persona exterior?
¿En qué zona de vuestro cuerpo?
¿Este volumen de flujo de aire
es el mismo de una ventilación a otra?

Variar la localización
¿Podéis dejar que vuestro movimiento respiratorio se produzca más bien en el vientre, muy alto en las costillas o, al contrario, en el contorno de la cintura? Siempre en un volumen corriente.

La inspiración de volumen corriente

En esta inspir, sentid que el principio de la toma de aire es progresivo. No hay una necesidad importante de aire: ninguna precipitación es necesaria.
Los inspiradores (sobre todo el diafragma) trabajan muy suavemente, adaptándose a la orden neurológica bulbar «calcada» de los gases de la sangre.
Encuentran poco a poco la resistencia del elástico pulmonar, que aumenta también muy progresivamente, pero de manera moderada.

La apnea que sigue a la inspiración

Es un tiempo de suspensión muy corto. Aquí, el juego de fuerzas está todavía presente, está en su máximo para este volumen, pero dispuesto a ceder. Es una apnea breve, tónica, muy diferente a la que sigue a la espiración.

La espiración de volumen corriente

Sentid aquí que el juego de fuerzas no es constante: al principio, el flujo de aire es rápido; después, va decreciendo. Se debe a que el elástico pulmonar tiene algo más de fuerza al principio de su retorno que al final, donde está cada vez más relajado hasta su estado de reposo elástico, que se continúa sin interrupción con el principio de la apnea siguiente.

La apnea que sigue a la espiración

Observad esta apnea que sigue a la espiración-suspiro de volumen corriente: el flujo de aire se ha parado. ¿Podéis dar a este momento su duración completa, sin volver a tomar aire demasiado rápido, dejando que vuestro cuerpo manifieste la necesidad?
¿Cómo os sentís, en este instante, en vuestro cuerpo? ¿Cómo son vuestros apoyos en el suelo? ¿Cómo es vuestro tono corporal?
¿Sentís que este tono está «en el diapasón» del tono de los inspiradores, es decir, relajado? Experimentar este estado de relajación de vuestros músculos es fundamental: es como «una huella sensorial» que podréis encontrar más tarde, en numerosos momentos de vuestra vida cotidiana. Un mini-instante de relajación.

> Hay que saber que en los estados de estrés tendemos a acortar este tiempo de apnea, y a retomar demasiado deprisa la inspiración siguiente (véase «El jadeo», página 155).

Experimentar el volumen de reserva inspiratorio

VRI relacionados con el esfuerzo

La manera sencilla de experimentar este volumen de VRI es aumentar la rapidez y la intensidad de vuestro esfuerzo físico.
Por ejemplo, durante algunos minutos correr lo más rápido posible, o bailar a un ritmo mantenido o pedalear deprisa y cuesta arriba, etc...
Durante el esfuerzo, aumentamos más bien la *frecuencia* de las respiraciones.
En el tiempo que sigue, llamado «de recuperación», aumentamos la *amplitud*: hacemos de manera espontánea inspiraciones más grandes. A menudo, lo hacemos con la boca abierta, para tomar rápidamente el máximo de aire (véase página 77: «¿Respirar por la nariz o por la boca?»). En este momento, estamos en respiraciones de VRI

VRI no relacionados con el esfuerzo

Aparte de estos VRI de esfuerzo, podéis experimentar este volumen por otras razones diferentes de la hematosis: para tonificar ciertos inspiradores, para ensanchar la caja torácica y flexibilizar los intercostales, etc.
Sin embargo, como en estas situaciones vuestro cuerpo apenas hace esfuerzo muscular, las inspiraciones pueden hiperoxigenaros enseguida.
Observad también la siguiente regla: alternad siempre una o dos inspiraciones de VRI con algunas respiraciones de volumen corriente para evitar la hiperoxigenación, que provoca algunas veces sensaciones desagradables de vértigo.

Inspir de VRI y apneas por etapas o «plataformas»

Percibid vuestro volumen corriente.
En la próxima inspiración, intentad tomar el máximo de aire... Insistid, para conseguir lo que consideráis que es vuestro máximo.
Y ahí, quedaos en suspensión durante un momento (en apnea).
Reinspirad a partir de ahí. Y quedaos de nuevo en suspensión. Reinspirad una vez más y, por fin, aflojadlo todo espirando. Retomad el volumen corriente. Esta manera de inspirar por etapas permite desarrollar eficazmente el VRI Y permite estar menos hiperoxigenado. Las apneas son muy activas, para mantener la posición abierta del pulmón.

VRI en las costillas

¿Podéis intentar esta inspiración en las costillas, abriendo, sucesivamente, diferentes regiones de vuestra caja?
Por ejemplo: delante; delante hacia arriba y hacia abajo; después, en los lados; después, detrás...; detrás hacia abajo; luego, incluso arriba...
Después, relajad y retomad algunas respiraciones espontáneas.

VRI en el abdomen

Espirad al máximo, todo lo que podáis. Reinspirad soltando el vientre; hacedlo ampliamente, hinchando el abdomen tanto como os sea posible (véase página 179).

Espiración en el VRI

Haced una gran inspiración, como antes.
Observad la espiración que sigue: es parecida a una gran relajación. Se hace con una cierta velocidad, sobre todo al principio.
Si la inspir ha sido de gran amplitud, ¿sentís que, espontáneamente, en la siguiente espir, la glotis se cierra un poco para «retener» esta velocidad?

Retener la espir de VRI

Intentad ralentizar al máximo la espir de VRI manteniendo la glotis completamente abierta.
¿Podéis sentir los dos grandes medios para conseguirlo? O bien intentáis separar las costillas mientras espiráis (lo cual puede hacer entrar un poco el vientre), o bien mantenéis el vientre un poco abombado. O bien los dos a la vez.

Apneas en el retorno de VRI

Volved a las respiraciones precedentes.
Durante el transcurso de la espir, deteneos completamente, sin cerrar la glotis: con la boca abierta y la glotis abierta.
Sentid cuál es la tonicidad de esta apnea: no es una pausa, como la apnea de volumen corriente. Es una apnea activa, incluso muy activa si la hacéis al principio de la espiración de VRI.
Podéis sentir esta fuerza muscular bien en las costillas, bien en la parte alta del abdomen, mientras el diafragma sigue contraído para frenar su propio ascenso.

Experimentar el volumen de reserva espiratorio

Haced una respiración (inspirar-espirar) de volumen corriente.
Al final de la espir, después de un pequeño tiempo de pausa, seguid espirando aún más.
Sentid que, para hacerlo, podéis actuar con las costillas o con el vientre.

VRE máximo tosiendo

Si queréis explorar completamente este volumen, primero espirad a fondo en el VRE.
Luego, *tosed de siete a diez veces*, pero sin tomar aire mientras tanto. Sentid hasta dónde puede ir el VRE: de hecho, no hay un límite claro. Cuanto más toséis, más intenso es el trabajo muscular.

VRE en las costillas

¿Podéis intentar esta espir con un movimiento de las costillas, como hemos visto en la página 201?
Juntad vuestras costillas lo más posible alrededor del esternón, como para cerrar la caja torácica por delante,
o descended vuestro esternón hacia el pubis,
o descended las costillas por los lados de la cintura.

VRE en el abdomen

¿Podéis intentar esta espiración con un movimiento que haga entrar el abdomen?
Meted el vientre por encima del ombligo, a media altura del tronco (epigastrio); meted el vientre «de abajo hacia arriba» (como hemos detallado en la página 203).

Espir de VRE por fases o «plataformas»

Volved a vuestro volumen corriente.
En la próxima espiración, intentad sacar el máximo de aire. Y deteneos ahí un momento (en apnea).
Reespirad a partir de ahí. Después, parad de nuevo. Si es posible, volved a espirar un poco más y, finalmente, soltadlo todo inspirando.
Esta manera de espirar, por fases, permite desarrollar eficazmente el VRE y llegar más lejos de lo que imaginábamos.
Al final, vuestros espiradores se reclutan intensamente. Poned atención en cuidar la tonicidad del periné, ya que la espir profunda puede crear una presión en la parte baja del abdomen.

Apnea en el VRE

Después de varias respiraciones corrientes, espirad lentamente en un gran VRE, como antes. Quedaos algunos segundos en apnea «al final del VRE». ¿Sentís que esta apnea no es un tiempo de reposo, sino un tiempo de intensa actividad muscular? ¿Sentís el trabajo (estático) de los músculos espiradores, tanto en las costillas como en el abdomen y el periné?

Inspiración en el VRE

Volved a empezar, y quedaos de esa manera un poco más de tiempo. Después, observad la inspiración siguiente: para reinspirar, debéis relajar todo el trabajo de los músculos espiradores del instante precedente.

Inspiración en el VRE y prolongación en el volumen corriente

Repetid el ejercicio precedente.

Cuando hagáis de nuevo la inspiración, dejadla venir hasta una clara toma activa de aire.

Intentad sentir en qué momento pasáis la frontera entre
...la reinspiración pasiva, que sigue directamente al VRE
(donde el pulmón recupera su lugar después de haber sido comprimido en la espiración),
...y el hecho de reabrir estos mismos pulmones por una acción de los inspiradores:
o bien el diafragma empuja el abdomen,
o bien las costillas son elevadas por los inspiradores costales.

La gran respiración completa

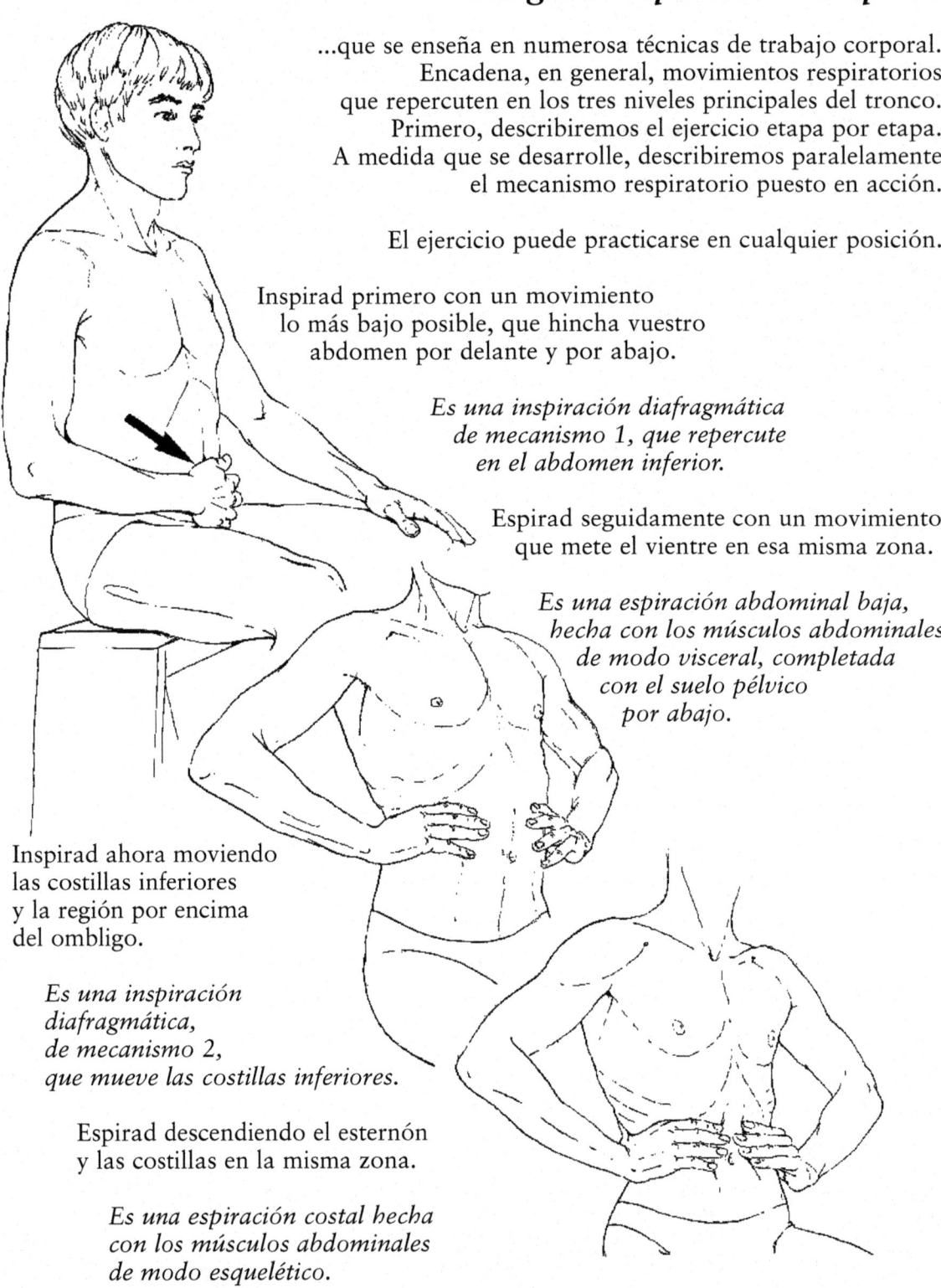

...que se enseña en numerosa técnicas de trabajo corporal. Encadena, en general, movimientos respiratorios que repercuten en los tres niveles principales del tronco. Primero, describiremos el ejercicio etapa por etapa. A medida que se desarrolle, describiremos paralelamente el mecanismo respiratorio puesto en acción.

El ejercicio puede practicarse en cualquier posición.

Inspirad primero con un movimiento lo más bajo posible, que hincha vuestro abdomen por delante y por abajo.

Es una inspiración diafragmática de mecanismo 1, que repercute en el abdomen inferior.

Espirad seguidamente con un movimiento que mete el vientre en esa misma zona.

Es una espiración abdominal baja, hecha con los músculos abdominales de modo visceral, completada con el suelo pélvico por abajo.

Inspirad ahora moviendo las costillas inferiores y la región por encima del ombligo.

Es una inspiración diafragmática, de mecanismo 2, que mueve las costillas inferiores.

Espirad descendiendo el esternón y las costillas en la misma zona.

Es una espiración costal hecha con los músculos abdominales de modo esquelético.

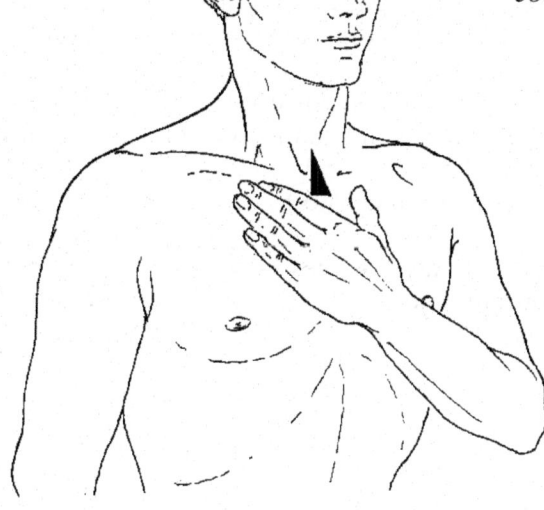

Inspirad tanto como os sea posible, elevando las costillas en la parte alta del tórax.

Es una inspiración costal hecha con el pectoral mayor y el menor.

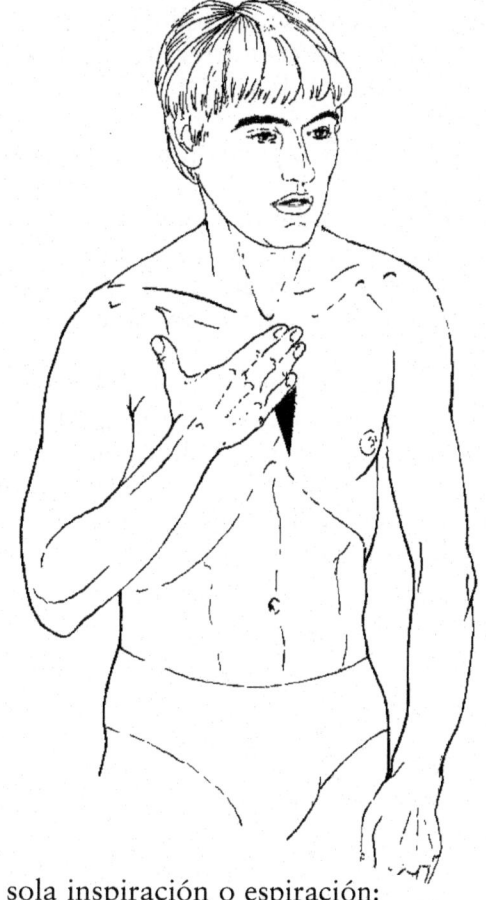

Espirad moviendo la misma zona, descendiendo la parte superior del esternón y las costilla más altas, debajo de la clavícula.

Es una espiración hecha por la gravedad, que hace caer las costillas, y el triangular del esternón, que las cierra por delante.

Después, encadenad estos tres niveles en una sola inspiración o espiración:

– *En la inspir*, empezad hinchando la parte inferior del abdomen; luego, continuad hinchando la parte superior y abriendo las costillas más bajas; y después, seguid elevando la caja torácica en su parte más alta. De esta manera, habéis hecho un gran VRI.

– *En la espir*, empezad por espirar entrando la parte inferior del abdomen; después, la parte del abdomen que está en las costillas, por encima del ombligo; finalmente, terminad vuestra espiración descendiendo la parte alta del esternón.

Esta gran respiración tiene la ventaja de movilizar la totalidad del tronco. Atención, sin embargo, al discurso que cita las regiones del tronco: muchas personas creerán que respiran efectivamente «en el abdomen», después «en el epigastrio»... (véase página 22).

Gran encadenamiento de respiraciones posteriores

He aquí un ejemplo de encadenamiento sucesivo de algunas respiraciones vistas anteriormente. Está presentado en una versión ejecutada por dos personas; una de ellas (A) pone sus manos en diferentes niveles de la espalda del otro (B), para suscitar en ellos una localización del movimiento respiratorio. Estos niveles corresponden a zonas, músculos y mecanismos de respiración diferentes.

La finalidad será encontrar movilidades y respiraciones posteriores ahí donde están puestas las manos. El contacto, la presión y el calor de las manos permitirán encontrar la zona.

(Todo este ejercicio puede practicarlo perfectamente uno solo.)

Instalaos en un asiento: silla o taburete. Colocad vuestros pies sobre un soporte (una caja pequeña, un taburete bajo), para subir vuestras rodillas y que las caderas estén bien flexionadas contra el abdomen.

Inclinaos hacia delante, con el abdomen apoyado sobre los muslos. Si es necesario, podéis poner un cojín bajo el vientre; ajustad la altura del reposapiés y la posición de los brazos, para redondear bien la columna en flexión hacia delante, descansando ésta sobre un apoyo.

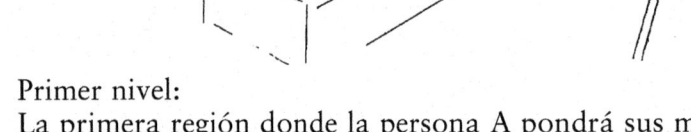

Primer nivel:
La primera región donde la persona A pondrá sus manos es detrás de la cintura, en la cintura baja, tocando las crestas ilíacas (lo que normalmente llamamos «las caderas»).
Una respiración posterior aquí corresponde a una diafragmática de mecanismo 1, dirigida hacia abajo y hacia atrás.

Segundo nivel: las manos se ponen detrás de la cintura propiamente dicha.
Sigue siendo una diafragmática de mecanismo 1 dirigida hacia atrás, pero no tan abajo, más bien hacia la región lumbar.

Tercer nivel:
Las manos se ponen detrás de la cintura, más arriba, rebasando el contorno inferior de las costillas; *es una diafragmática posterior, pero de mecanismo 2.*

Cuarto nivel:
Las manos se ponen en la parte posterior de las costillas, por debajo del nivel de los omóplatos. *Es una costal posterior, hecha con los supracostales.*

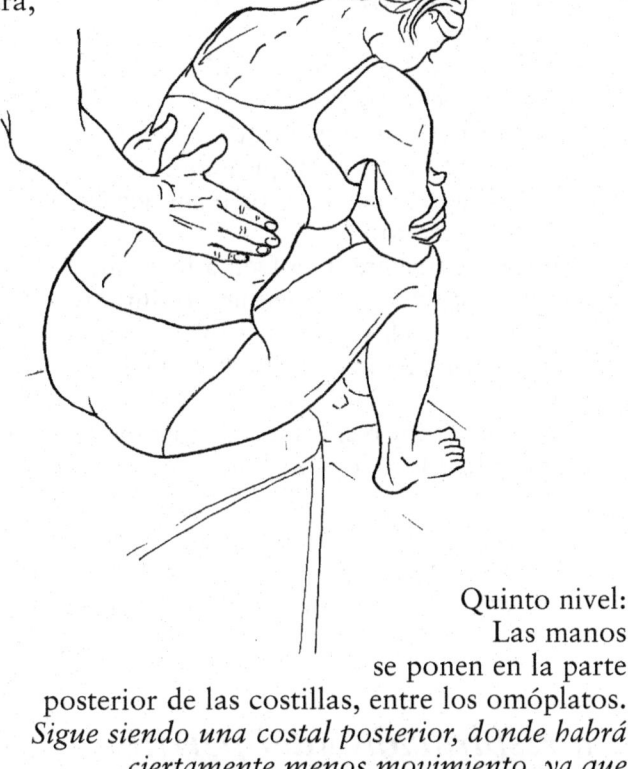

Quinto nivel:
Las manos se ponen en la parte posterior de las costillas, entre los omóplatos. *Sigue siendo una costal posterior, donde habrá ciertamente menos movimiento, ya que las costillas son poco móviles a este nivel.*

Sexto nivel:
Las manos se ponen completamente en la parte superior de las costillas, en la frontera entre las costillas y la base del cuello. *Es una costal alta y posterior, hecha con los serratos menores.*

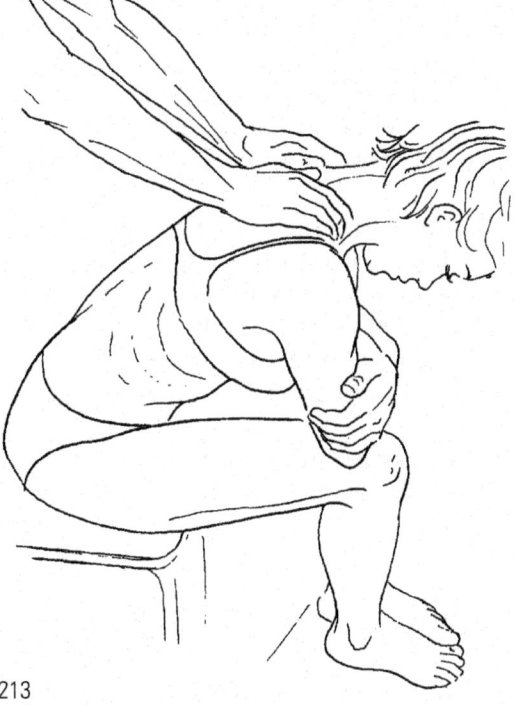

Respirar permaneciendo en el VRI

Inspirad con bastante intensidad (con un VRI).
Espirad un poco, sin vaciar
completamente el aire inspirado.
Y haced enseguida otra inspiración.
Espirad de nuevo, pero también sin llegar
al final de la espiración
de volumen corriente, y volved a inspirar.
Mantened este tipo de movimiento durante
una decena de ciclos respiratorios.
Podéis hacer una pausa después de la espir, pero esta pausa se sitúa en el VRI.

¿Podéis sentir que, respirando de este modo, mantenemos constantemente los inspiradores contraídos? Esto los tonifica, si se hace a pequeñas dosis y es una respiración elegida.

En cambio, si permanecemos en este tipo de respiración, sobre todo sin darnos cuenta de ello (como ocurre, por ejemplo, en situación de estrés), esta contracción permanente de los inspiradores puede dar una respiración muy crispada y fatigante (véase «El jadeo», página 155).

La respiración «del perrito»

Esta respiración se ha preconizado durante varias decenas de años como preparación al «parto sin dolor». A partir de todos los datos acumulados en los capítulos precedentes, es posible practicarla y analizarla.

Inspirad del mismo modo que en el apartado anterior, permaneciendo en el VRI, con un detalle suplementario: haced vuestra respiración en la parte más alta posible de las costillas. Es una respiración hecha sobre todo por los escalenos (véanse págs. 198, 199).

Espirad poco, y retomad la inspiración lo más rápido posible. No permitáis que el movimiento llegue a las costillas bajas y aún menos al abdomen.
¿Sentís que una respiración de ese tipo moviliza sobre todo la parte alta del tronco, y prácticamente nada la parte baja?
Esto se recomendaba a las mujeres el día del parto, con el fin de no estimular las contracciones del diafragma y de disociarlo del útero durante las contracciones de éste.

El problema, para una mujer «principiante», es que el hecho de respirar alto suscita a menudo una sobreinspiración, lo cual es un factor de estrés, inadecuado para el parto...

Permanecer durante varias respiraciones en el VRE

La respiración con fuerzas invertidas: inspir pasiva
espir activa

Este ejercicio puede practicarse en cualquier posición.

Empezad espirando profundamente (con un VRE más o menos intenso).
Sentid el trabajo de los músculos espiradores bien para descender las costillas, bien para empujar el abdomen hacia arriba: la espiración es activa.

A continuación, haced una inspiración, pero de volumen pequeño, sin sobrepasar el límite del volumen corriente. Y retomad enseguida la espiración insistiendo en la amplitud del movimiento.

Aquí, la inspir es pasiva, mientras que la espir es activa: es lo contrario de lo que ocurre normalmente en el volumen corriente.

Mantened esta manera de respirar durante algunas ventilaciones.

Podéis reconocer así lo que dicen algunos profesores en el trabajo corporal: «Dejaos inspirar, espirad con insistencia».

En conclusión

El trabajo presentado en este libro es un útil de lectura y de práctica del gesto respiratorio, que puede aplicarse a numerosas circunstancias, profesionales o cotidianas. A modo de conclusión, expondremos aquí varios ejemplos. Para algunos de ellos, están previstas continuaciones de esta obra, actualmente en preparación.

Los profesionales del movimiento podrán buscar una *mejor concordancia entre el gesto respiratorio y el gesto corporal* que ejecutan o que hacen ejecutar: bien en sincronizaciones donde la respiración facilita el movimiento (p. ej., subir el brazo inspirando), o bien en coordinaciones más contradictorias, donde ésta parece que va en un sentido diferente al del gesto corporal (p. ej., al revés, subir el brazo espirando). Esto puede enriquecer mucho la situación de movimiento, volviéndola a veces más accesible, o más variada o matizada.

Las personas que practican todas las técnicas relacionadas con la relajación podrán valerse de algunos ritmos y volúmenes respiratorios para modificar el *tono corporal*.

Estas modificaciones del tono en relación con la respiración pueden afinar mucho la *precisión de las sensaciones,* para aquellos que trabajan en el ámbito de las técnicas de conciencia corporal.

En el mismo sentido, las personas que trabajan en el campo de las técnicas psico-corporales podrán reconocer y adaptar de un modo más claro la *relación recíproca entre las emociones y la respiración.*

Los profesionales que ponen en acción los dos cajones del tronco (tórax, abdomen) podrán afinar en movimiento la *precisión de las sincronizaciones* –respiratorias o en apnea– que intervienen en sus *dinámicas de compresión o descompresión.* Esto se desarrollará en una obra sobre los dos cajones del tronco y los músculos abdominales.

Los que trabajan su voz o con su voz, y quieren perfeccionarla o simplemente cuidarla, pueden encontrar un *mejor acuerdo entre su respiración y su voz.* Esto se desarrollará en obras sobre la anatomía de la voz y sobre las técnicas de soplo vocal.

Bibliografía

P. V. Basmadjan. *Anatomie*. Editions Maloine.

P. Bellugue. *Introduction à l'étude de la forme humaine, anatomie plastique et mécanique*. Editions Maloine.

A. Bouchet, J. Cuilleret. *Anatomie topographique, descriptive et fonctionnelle*. Editions Simep (Existe traducción en castellano: *Anatomía descriptiva topográfica y funcional*. Editorial Médica Panamericana, 1999.)

J. Brizon, J. Castaing. *Les feuillets d'anatomie*. Editions Maloine.

P. Campignion. *Respir-Actions*. ICT. GDS. (Existe traducción en castellano: *Respir-Acciones*. ICT. GDS.)

J. Castaing. *Anatomie fonctionnelle de l'appareil locomoteur : Cahier sur le complexe de l'épaule*. Editions Vigot.

J. Castaing, J. J. Santini. *Anatomie fonctionnelle de l'appareil locomoteur : Le rachis*. Editions Vigot.

Carmine D. Clemente. *Anatomy: A regional atlas of the human body*. Ed. Urban & Scwarzenberg.

B. J. Dolto. *Le corps entre les mains*. Edition Hermann (Existe traducción en castellano: *La cinesiterapia práctica*, Editorial Paidotribo, 1995.)

W. Kahle, H. Leonhardt, W. Platze. *Anatomie*. Editions Flammarion. (Existe traducción en castellano: *Atlas de anatomía*, Ediciones Omega.)

A. Kapandji. *Physiologie articulaire*. Editions Maloine (Existe traducción en castellano: *Cuadernos de fisiología articular*, Editorial Masson, 2004.)

H. Kendall, F. Kendall & G. Wadsworth. *Les muscles*. Editions Maloine (Existe traducción en castellano: *Músculos: pruebas y funciones*, Editorial Jims, 1985.)

Mac Minn, Hutchings, Logan. *Anatomie de la tête et du cou*. Editions André Delcourt. (Existe traducción en castellano: *Gran atlas de anatomía humana*, Ediciones Centrum Técnicas y Científicas, 1992.)

E. N. Marieb. *Anatomie et physiologie humaines*. Editions De Boeck Université.

F. H. Netter. *Atlas d'anatomia humaine*. Editions Maloine (Existe traducción en castellano: *Atlas de anatomía humana*, Editorial Masson, 2004.)

H. Rouviere. *Anatomie humaine descriptive et topographique*. Editions Masson (Existe traducción en castellano: *Anatomía humana descriptiva, topográfica y funcional*, Editorial Masson, 1999.)

J. Sobotta. *Atlas d'anatomie*. Editions Maloine (Existe traducción en castellano: *Atlas de anatomía humana*, Editorial Médica Panamericana, 2005.)

P. R. Wheater, B. Young, J. W. Heath. *Histologie fonctionnelle*. Editions De Boeck Universitéh (Existe traducción en castellano: *Histopatología básica: texto y atlas en color*, Editorial Jims, 1986.)

Índice

agujero occipital, 55
alveolo, 60
ápex, 59
apnea, 21
árbol bronquial, 64
arco costal, 39
articulación
    acromioclavicular, 53
    cervicodorsal, 54
    costovertebral, 47
    escapulohumeral, 53
    esternoclavicular, 53
    temporomandibular, 74
basilar, apófisis, 55
boca, 74
bronquios, 64
caja torácica, 37, 38
cajón abdominal, 51, 128
cajón torácico, 127
cartílago
    aritenoides, 68
    costal, 42
    cricoides, 68
    epiglótico, 69
    tiroides, 69
centro frénico, 82
Charpy, ángulo de, 42
clavícula, 52
coanas, 73
cornetes, 55, 73
costilla, 40, 41
coxis, 50
cresta ilíaca, 50
cresta sacra, 50
cuello (costilla), 41
diafragma, 80-83, 134, 137
diente, 74
elástico pulmonar, 61
epiglotis, 69
esfenoides, 55
espina ilíaca ant. sup., 50
espirógrafo, 31
esternón, 43

estornudo, 154
etmoides, 55, 73
faringe, 66
fosa nasal, 73
frontal, 55
garganta, 71
glotis, 69
grito, 155
hematosis, 15
hilio, 59
hueso
    frontal, 72
    nasal, 72
    palatino, 55
húmero, 53
ilíaco, hueso, 50
inspiración, 18
isquion, 50
istmo de la garganta, 75
jadeo, 155
labios, 74
laringe, 66
laringofaringe, 71
lengua, 75
línea alba, 97-100
líquido pleural, 63
Louis, ángulo de, 43
manubrio, 43
mastoides, 55
maxilar, 55, 74
mediastino, 58
moco, 65
mucosa, 65
músculos
    cuadrado lumbar, 103
    diafragma, 80, 134
    elevador del ano, 101
    escalenos, 95
    esternocleidomastoideo, 94
    intercostales, 104
    isquiocoxígeo, 101
    oblícuo mayor, 99
    oblícuo menor, 98

pectoral mayor, 89
pectoral menor, 88
recto mayor, 100
serrato mayor, 90
serrato menor inferior, 103
serrato menor superior, 93
transverso, 97
narina, 72
nariz, 72
occipital, 55
omóplato, 52
orofaringe, 71
paladar, 55
paradójica, respiración, 144
pelvis mayor, 51
pelvis menor, 51
pilares del velo, 75
pleura, 62
pubis, 50
pulmón, 58
respiración externa, 15
respiración interna, 15
rinofaringe, 71
risa, 156
sacro, 50
suspiro, 152
temporal, 55
tos, 154
tráquea, 66, 67
tuberosidad costal, 41
Valsalva, 151
velo del paladar, 75
ventilación, 15
vértebras lumbares, 51
vibrisas, 73
volumen corriente, 26
volúmenes respiratorios, 25
vómer, 55, 72
voz, 155
VR, 29
VRE, 28
VRI, 27
xifoides, apéndice, 43